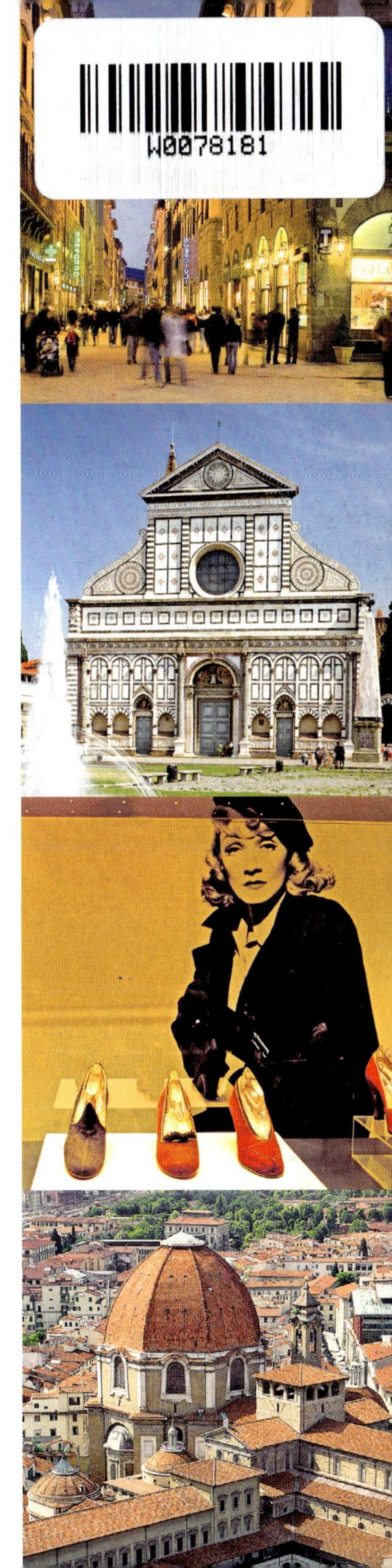

Leserforum

Die Meinung unserer Leserinnen und Leser ist wichtig, daher freuen wir uns von Ihnen zu hören. Wenn Ihnen dieser Reiseführer gefällt, wenn Sie Hinweise zu den Inhalten haben – Ergänzungs- und Verbesserungsvorschläge, Tipps und Korrekturen – dann kontaktieren Sie uns bitte:

Redaktion ADAC Reiseführer
ADAC Verlag GmbH
Am Westpark 8, 81365 München
Tel. 089/76 76 41 59
verlag@adac.de,
www.adac.de/reisefuehrer

Karten und Pläne

Service

Florenz Impressionen

Stadt der Medici, Zentrum der Künste

Florenz (ital. *Firenze*, 370 000 Einw.), die malerisch am *Arno* gelegene Hauptstadt der Toskana, gilt als eine der bedeutendsten Kulturmetropolen der Welt. Die Stadt der *Medici*, in der einst Berühmtheiten wie Dante und Giotto, Leonardo und Michelangelo, Raffael und Botticelli tätig waren, birgt eine berauschende Fülle an Meisterwerken der Kunst und Architektur von der *Gotik* bis zur *Renaissance* und bezaubert zugleich mit eleganter toskanischer Lebensart. Die Verlockungen reichen von allerlei Gaumengenüssen über atemberaubende Alta Moda bis zu edlem Möbeldesign.

Im Herzen von Florenz erhebt sich der imposante **Duomo Santa Maria del Fiore**. Die viertgrößte Kirche Europas wird bekrönt von *Brunelleschis* 107 m hoher Kuppel, einer der Großtaten der Renaissance-Architektur. Gleich gegenüber erstrahlt das **Battistero San Giovanni** im Glanz erlesenster Kunstschätze: Vor der vergoldeten Paradiestür *Ghibertis* und unter der gewaltigen Kuppel mit ihren geheimnisvoll funkelnden Mosaikzyklen im Innern versammeln sich Kunstbegeisterte aus aller Welt. Komplettiert wird das bedeutende Architekturensemble aus Taufkirche und Kathedrale durch *Giottos* eleganten Glockenturm, den 85 m hohen **Campanile**, von dessen Spitze man weit über die Metropole blickt.

Elegante Helden und Alte Meister

Anschließend schlendert man durch die vornehme **Via dei Calzaiuoli** mit ihren alten Palazzi, schicken Geschäften und verlockenden Restaurants Richtung Arno. Florenz als Zentrum der *Mode* und des *Designs* entfaltet hier wie allenthalben in der Altstadt nobles Flair. Gediegene Stadtpalais bilden den Rahmen für kühles, raffiniertes Ladendekor, wahre Augenweiden für Modebegeisterte und andere Ästheten.

Doch weiter zur grandiosen **Piazza della Signoria**. Sie ist in ihrer Bedeutung dem Domplatz ebenbürtig, verkörpert sie doch die weltliche Macht der einstigen freien Stadtrepublik Florenz. Platzbeherrschend ist der trutzige **Palazzo Vecchio** mit seinem 94 m hohen Turm. Er war Residenz der Medici und Kommunalpa-

last, vor seinem Portal posiert der ›David‹ Michelangelos (Kopie), die 4,34 m große Kolossalstatue eines athletisch-schönen Heroen, der von den Zeitgenossen seines Schöpfers als Symbolfigur bürgerlicher Selbstbestimmung gefeiert wurde.

Die benachbarte **Loggia dei Lanzi** präsentiert unter beschwingten Arkaden weitere symbolträchtige Skulpturen berühmter Florentiner Bildhauer, darunter

Oben: *Verlockend sind die Auslagen der schicken Modegeschäfte der Arnostadt*
Rechts: *Luca della Robbias fröhliche Knaben schlagen im Dommuseum ihre Zimbeln*
Links: *Kunst und kunstvoll gestaltete Natur ergänzen sich im Giardino di Boboli*
Unten: *Unvergleichliches Panorama – Blick von der südlichen Arnoseite auf die Stadt*

Cellinis Bronze ›Perseus mit dem Haupt der Medusa‹. Seit Jahrhunderten ist die Piazza della Signoria einer der beliebtesten Treffpunkte der Stadt. Die Florentiner versammeln sich hier zur abendlichen *Passeggiata*, dem Spaziergang im Freundes- und Familienkreis, in dessen Rahmen auch die Neuigkeiten des Tages ausgetauscht werden. Einen bequemen Betrachterstandpunkt bietet das **›Rivoire‹**, eines der schönsten Cafés der Stadt, das seine Gäste mit Cappuccino, Aperitivo und allerlei Köstlichkeiten verwöhnt.

Rechts vom Palazzo Vecchio ziehen sich die Flügelbauten der **Galleria degli Uffizi** bis zum Arno hin. Früher waren hier die Verwaltungsbüros der Medici untergebracht, heute bergen die prächtigen Säle eines der schönsten und bedeutendsten Museen Europas. Tausende von Kunstfreunden pilgern täglich durch die Sammlung, um betörende Meisterwerke wie *Giottos* ›Madonna di Ognissanti‹, *Botticellis* ›Geburt der Venus‹, *Leonardos* ›Anbetung der Könige‹, *Michelangelos* ›Heilige Familie‹ und *Tizians* ›Venus von Urbino‹ zu bewundern.

Oben: *Elegant schwingen sich die Bogen des Ponte Vecchio über den Arno*
Darunter: *Ein Gelato sorgt für eine erfrischende Pause, dann geht's weiter mit der Besichtigungstour: Herzstück der Uffizien ist die ›Tribuna‹ mit ihren kostbaren Gemälden und Skulpturen – Michelangelos ›David‹ bewacht den Palazzo Vecchio – wundervolle Fresken birgt der Palazzo Medici-Riccardi*

Von Juwelen, Prunk und Parks

Westlich der Uffizien führt der **Ponte Vecchio** über den Arno. Die Brücke entwickelte sich im 16. Jh. zur exklusiven Ladenpassage, und noch heute drängen sich hier *Juweliergeschäfte* voller Gold, Silber und Perlen. Giorgio Vasari überbaute den Ponte Vecchio mit dem *Corridoio Vasariano*. Durch den heute von den Uffizien aus zugänglichen Korridor konnten die Medici sicher und unbehelligt von ihrem Amtssitz, dem Palazzo Vecchio, nach Hause in den **Palazzo Pitti** gelangen. Dieser wuchtige, mit bulligem Bossenwerk geschmückte Palast birgt heute in seinen Prunksälen mehrere opulente Sammlungen, darunter die *Galleria Palatina* mit Spitzenwerken von Raffael, Tizian und Rubens. Zum Lustwandeln lädt der angrenzende **Giardino di Boboli** ein, der sich als romantische Parkanlage mit Zypressenalleen, Brunnen, Statuen und Wiener Kaffeehaus den Hügel hinanzieht.

Gassen mit alten *Handwerksläden* und beliebten *Trattorien* führen vom Palazzo Pitti gen Westen zur Kirche **Santa Maria del Carmine**. Glanzlicht der Ausstattung ist die Cappella Brancacci, welche *Masolino, Masaccio und Filippino Lippi* mit einem der faszinierendsten Freskenzyklen der italienischen Frührenaissance ausmalten.

Die dramatisch inszenierten Bilderzählungen zum Sündenfall, zur Vertreibung aus dem Paradies und zum Leben Petri haben bis heute nichts von ihrer aufwühlenden Ausdruckskraft verloren.

Mehr Medici und Michelangelo

Bevor die Medici in den Palazzo Pitti zogen, lebten sie nördlich des Doms. Die trutzige, abweisende Fassade ihres dortigen **Palazzo Medici-Riccardi** lässt nicht ahnen, dass sich im Innern herrliche Fresken von *Benozzo Gozzoli* befinden. Der

Maler ließ im ›Zug der Heiligen Drei Könige‹ prominente Mitglieder der Familie Medici eine märchenhaft stilisierte toskanische Landschaft durchqueren.

Die nahe Kirche **San Lorenzo**, ein weiteres Spitzenwerk des Renaissance-Baumeisters *Brunelleschi*, bildet den Rahmen für die **Cappelle Medicee**, die Grablege der mächtigsten Medici-Herzöge. *Michelangelo* schuf hier die Neue Sakristei, einen der bemerkenswertesten Räume der Hochrenaissance. Auf die beiden Grabmäler setzte er die Verstorbenen, *Giuliano* und *Lorenzo de' Medici*, als antike Feldherren in lässiger Denkerpose, ihnen zu Füßen die elegischen Allegorien von Tag und Nacht bzw. Morgen und Abend.

Draußen vor der Tür kann man sich dann wieder voll ins Leben stürzen, denn in den Gassen um die Piazza und in der nahen Halle des **Mercato Centrale di San Lorenzo** bieten Händler alles zum Verkauf, was die Florentiner zum Leben so brauchen. Das Markterlebnis ist vollkommen, wenn man Spezialitäten wie *Bolliti* (gekochtes Fleisch) gekostet hat.

Ein wahres Bilderbuch der Renaissancemalerei ist die Kirche **Santa Maria Novella** weiter westlich. Hinter der schmucken weiß-grün ornamentierten Marmorfassade von *Leon Battista Alberti* lockt große Kunst: herrliche Fresken von *Domenico Ghirlandaio* mit Zutaten wie Florentiner Stadtansichten und Porträts berühmter Bürger, *Nardo di Ciones* beunruhigend-eindringliche Wandbilder zum ›*Jüngsten Gericht*‹ und Masaccios berühmtes ›*Trinitätsfresko*‹, das erste zentralperspektivisch konzipierte Bild der Kunstgeschichte. Auch die *Chiostri Monumentali* des Klosters bergen fulminante Malereien, darunter die Fresken der *Spanische Kapelle* und *Paolo Uccellos* seltsam-surrealistische Sintflut-Visionen.

Von Giotto bis Donatello

In der Kirche **Santa Croce** östlich der Uffizien, Grablege großer Italiener wie Michelangelo, Machiavelli, Galilei und Rossini, stehen *Giottos* Wandmalereien der Chorkapellen mit Szenen aus dem Leben des hl. Franziskus und Johannes des Täufers im Brennpunkt der Bewunderung. Ein frühes Meisterwerk wird im Refektorium verwahrt: das monumentale Kruzifix von *Cimabue* mit einer herzergreifend gemalten Christusfigur.

Die Gassen um die *Piazza Santa Croce* bieten die nun vielleicht nötige Zerstreuung, neben Läden für Kunst und Kunsthandwerk führt die Gelateria **Vivoli** geradewegs in den Eiscreme-Olymp. Die vermutlich beste Eisdiele der Welt bietet hunderte von verführerischen Kreationen.

Wer Schlemmerei mit Kunstgenuss kombinieren möchte, den zieht es gen Westen ins Skulpturenmuseum **Museo Nazionale del Bargello**. Hier brilliert *Michelangelo* mit dem elegant schwankenden ›Trunkenen Bacchus‹ und *Giambolo-*

gna mit einem fröhlich beschwingten ›Merkur‹. *Donatello* beeindruckt mit einem bronzenen ›David‹, der ersten frei stehenden Aktfigur seit der Antike.

Der berühmteste ›David‹ aber steht in der **Galleria dell'Accademia** nördlich des Doms, seinem Stellvertreter begegneten wir schon vor dem Palazzo Vecchio. Hier sieht man *Michelangelos* jungen Helden in Gesellschaft der ›Sklaven‹, die für ein Papstgrabmal in Rom gedacht waren. Ihre sich qualvoll aus den Marmorblöcken

hervorwindenden Körper sind wahre Urbilder des Lebenskampfes und machen zugleich das Ringen Michelangelos mit seinem Werk spürbar.

Kurzum, unvergesslich sind die Eindrücke, die man auf einer Entdeckunsgreise durch Florenz gewinnt, ob raffinierte Renaissance oder mondäne Mode des 21. Jh., die Stadt am Arno berauscht mit stolzer Bellezza und charmantem Lebensstil.

Oben: *Palazzo Vecchio und Loggia dei Lanzi rahmen die Piazza della Signoria*
Mitte: *Für beschwingtes Gehen sorgt Saskia Wittmer mit ihren edlen Schuhkreationen*
Unten v.l.n.r : *Von zahlreichen Skulpturen werden die Korridore der Galleria degli Uffizi flankiert – Filippino Lippis ›Auferweckung des Sohnes des Theophilus‹ in der Cappella Brancacci in Santa Maria del Carmine – die Marmorfassade von Santa Maria Novella überstrahlt die gleichnamige Piazza*

Geschichte, Kunst, Kultur im Überblick

Von Zünften, Bürgern, Mäzenaten und der Geburt von Renaissance und Humanismus

59 v. Chr. Die Lex agraria von Julius Cäsar gestattet es jedem Veteranen des Pompeius, ein Stück Boden zur Selbstversorgung zu kultivieren. So entsteht im fruchtbaren Arnotal an der Kreuzung von drei Straßen, die von Rom nach Fiesole (Cassia), von Pisa nach der antiken Hafenstadt Spina (Via Pisana) und von Volterra nach Fiesole (Volterrana) führen, die Veteranenkolonie Florentia. Die geraden, rechtwinklig verlaufenden Straßen der Innenstadt verraten noch heute die schachbrettartige Anlage einer typischen römischen Provinzstadt. Es ist ein weit verbreiteter Irrtum, dass vom etruskischen Fiesole aus, welches auf den Hügeln hoch über dem Arno liegt und dessen Gründung ins 8. bis 7. Jh. v. Chr. zurückreicht, das Arnotal bereits um 300 v. Chr. besiedelt wurde. Florenz ist keine etruskische, sondern eine römische Gründung.

um 250 n. Chr. Die Christianisierung setzt relativ spät ein. Der hl. Minias wird der erste und einzige Märtyrer von Florenz: Kaiser Decius lässt ihn enthaupten. Die Legende erzählt, Minias sei, sein Haupt unter dem Arm, bis zum Mons Florentinus gegangen, um dort unter anderen Christen begraben zu werden. Über seinem Grab, welches weit vor der damaligen Stadtmauer lag, wird der erste Florentiner Kirchenbau vermutet, ein Vorgängerbau von San Miniato al Monte.

um 300 Unter Kaiser Diokletian wird Florenz Hauptstadt der Siebten Region (Toscana et Umbria).

393 Der hl. Ambrosius weiht die ebenfalls vor den Toren der Stadt gelegene Kirche San Lorenzo ein. Sie gehört zum ersten Bischofssitz der Stadt.

4.–6. Jh. In der Völkerwanderungszeit ist Florenz durch seine ungeschützte Lage im Tal in größerem Maße Überfällen ausgeliefert, als die alten etruskischen Städte auf den Hügeln. Mehrfach wird die von Byzantinern und Goten umkämpfte Stadt geplündert. Der Verteidigungsring der siegreichen Byzantiner aus der Mitte des 6. Jh. umschließt ein Areal, welches – von etwa 1000 Menschen bewohnt – um rund zwei Drittel kleiner ist als dasjenige der Römerzeit.

um 568 Die Langobarden erobern Italien und gründen das Herzogtum Tuscia. In Florenz wird der Bau von zehn neuen Kirchen beschlossen. Die Stadt muss ihre Vormachtstellung aus römischer Zeit an Pisa und Lucca, die Residenzstädte der Langobarden, abtreten.

774 Karl der Große erobert das Langobardenreich. Die Toskana wird eine fränkische Markgrafschaft mit Sitz in Lucca.

9. Jh. Die Stadt Florenz erlebt unter den Karolingern einen wirtschaftlichen Aufschwung. Die Einwohnerzahl steigt auf 15 000. Ein neuer, erweiterter Mauerring erstreckt sich bis zum Arno.

854 Kaiser Lothar I. vereinigt die Grafschaften Florenz und Fiesole, was der Stadt zu größerer wirtschaftlicher Macht verhilft.

um 1000 Markgraf Hugo verlegt seine Residenz nach Florenz. Seine Wappenfarben Weiß und Rot sind nun die Stadtfarben.

11. Jh. Der Investiturstreit hat für Florenz weit reichende Folgen: Der Florentiner Bischof Hildebrand wird 1077 als Gregor VII. Papst. Er ist ein Anhänger der cluniazensischen Reformbewegung, die sich gegen die Verweltlichung der Kirche mit ihren ungeheuren Pfründen und einem luxuriösen Leben wendet. Die Markgräfin Mathilde, eine Vasallin des Kaisers, unterstützt den Papst und stellt ihm ihre Burg Canossa (Bußgang Kaiser Heinrichs IV.) zur Verfügung. In ihrer Abkehr vom Kaiser unterstützt sie die Unabhängigkeitsbestrebungen der Stadt.

1078 Aus Angst vor einem Angriff der kaiserlichen Truppen lässt Mathilde eine vierte Stadtmauer bauen, deren Verlauf im Norden der alten römischen entspricht.

1090 Florenz beginnt, selbstständig Steuern auf dem Lande einzuziehen, was die Privilegien der Markgräfin empfindlich berührt.

1107 Im Kampf um die Unabhängigkeit führt die Stadt ihren ersten eigenständigen Krieg gegen den Landadel. Jene Zerstörung des Monte Gualandi markiert den Beginn einer Kette von kriegerischen Aktivitäten mit dem Ziel, den Landadel seiner Privilegien zu berauben und dessen Ländereien für die Stadt zu gewinnen.

1115 Tod der Markgräfin Mathilde. Kurz zuvor hatte sie Florenz das Stadtrecht verliehen.

1138 Erste urkundliche Erwähnung von Konsuln. Je zwei Konsuln werden von den vier Stadtteilen gewählt und stellen die Regierung.

1173 Die expandierende Stadt benötigt einen neuen

Mauerring. Nördlich des Arno entspricht er den heutigen Viali di Circonvallazione. Auch südlich des Arno werden Mauern errichtet.

Ende 12. Jh. Die Konsuln als Vertreter des Handels und des Handwerks erreichen ein Mitspracherecht bei politischen Entscheidungen.

um 1200 Die Zünfte entstehen und entwickeln sich zur wichtigsten politischen und wirtschaftlichen Kraft in der Stadt. Durch die Machtansprüche von Papst und Kaiser entstehen im Land zwei Parteien, zum einen die papsttreuen Guelfen (Welfen), zum anderen die kaiserlichen Ghibellinen (Waiblinger). Sie spielen in den nächsten Jahrhunderten in der Toskana eine entscheidende politische Rolle, wobei in Florenz die Guelfen bis auf kurze Unterbrechungen die Oberhand besitzen.

1250 Nach Vertreibung der Ghibellinen gibt sich Florenz seine erste Verfassung (primo popolo). Die Stadt wird in 20 Bannerschaften (Gonfaloni) eingeteilt, denen der Capitano del popolo (Stadthauptmann) vorsteht. Seine vorrangige Aufgabe ist die Wahrung der Volksrechte, seine Urteile und Beschlüsse hat der Podestà (Stadtvogt) auszuführen. Gemeinsam bilden sie die Regierung (Signoria). Die Geschlechtertürme der alten Adelsfamilien müssen abgetragen werden. Diese Wehrtürme, die bis zu 70 m hoch sein durften, hatten bis dahin das Stadtbild geprägt.

1252 Die Stadt beginnt mit der Prägung einer eigenen Goldmünze, des fiorino d'oro (Florin), der in ganz Europa anerkannt wird.

1260 Der Kampf zwischen Guelfen und Ghibellinen über ihre Vormachtstellung in der Toskana findet in der Schlacht von Montaperti mit dem Sieg der Ghibellinen ein vorläufiges Ende. Die Guelfen müssen Florenz verlassen. Das Volk verliert alle Rechte, der Podestà steigt zum Alleinherrscher auf. Die Zunftorganisationen jedoch bleiben unangetastet und entwickeln sich zum Träger einer Volksbewegung, die versucht, die Herrschaft der Ghibellinen zu brechen.

1267 Mithilfe des Papstes gelingt es den Guelfen, die Ghibellinen aus der Stadt zu vertreiben, allerdings unterstützt auch der Papst nicht die erneute Bildung einer demokratischen Regierung.

1280 Die Rückkehr der Ghibellinen macht eine neue Verfassung notwendig, die beide Parteien tragen können. Der Podestà, in der Regel kein Florentiner, vertritt nun die Legislative, der Capitano del popolo die Exekutive. Beiden werden je zwei Räte zur Seite gestellt. Die Finanzverwaltung liegt in den Händen des Rates der Hundert.

1282 Die Zünfte setzen durch, dass die Priori delle Arti (Prioren der Zünfte) in die Regierung aufgenommen werden. Sie verdrängen bald den Rat der Vierzehn, der bis dahin für das Volkswohl zu sorgen hatte.

1283 Die Zünfte werden durch ihre Prioren bewaffnet und stellen eine eigene Volkswehr. Ein Defensor Artium (Verteidiger der Zünfte) ersetzt 1284 den Capitano del popolo.

1284 Beschluss über den Bau einer neuen Stadtmauer, die zwischen 1299 und 1330 ausgeführt wird. Florenz ist nun fünfmal so groß wie 100 Jahre zuvor. Innerhalb dieser Stadtmauer, die für die damaligen Verhältnisse ein riesiges Gebiet umfasst, kann Florenz bis ins 19. Jh. hinein expandieren. Erst dann wird die Befestigung zu großen Teilen abgebrochen.

1289 Die Leibeigenschaft wird aus zwei Gründen aufgehoben: Zum einen wird der Landadel damit empfindlich getroffen und ge-

Rex rogat abbatem! Mathildim supplicat at

Heinrich IV. bittet Markgräfin Mathilde um Fürsprache bei Papst Gregor VII. ▷

◁ *Dante Alighieri vor der zinnenbewehrten Stadtmauer des mittelalterlichen Florenz*

schwächt, zum anderen stellt die Landbevölkerung ein großes Potenzial an Lohnarbeitern dar, das dringend benötigt wird.

1293 Die Ordinamenti della giustizia (Rechtsverfügungen) schwächen den Adel noch einmal erheblich. Dafür erlangen die Zünfte mehr Macht. Neben den großen können sich nun auch die kleinen Zünfte an der Regierung beteiligen, d.h. sie erhalten das passive Wahlrecht. Ein Gonfaloniere della giustizia (Bannerträger) hat darauf zu achten, dass die Ordinamenti eingehalten werden, der Capitano del popolo wird ebenfalls wieder eingesetzt. Doch das Verbot jeglicher politischen Betätigung des Adels wird zwei Jahre später unterlaufen, als Adligen erlaubt wird, Zunftmitglied zu werden. Diese Verfassung bleibt mit wenigen Abänderungen bindend. In ihren Prinzipien kann sie durchaus als demokratisch bezeichnet werden, es fiel aber den reichen Familien nicht schwer, sie relativ schnell in eine Oligarchie zu verwandeln.

14. Jh. Florenz wird von den Zünften regiert. Die Stadt erlebt einerseits eine kulturelle Blüte. Andererseits ist das Florenz des 14. Jh. von Parteistreitigkeiten zwischen Guelfen und Ghibellinen, von wirtschaftlichen Einbußen (Bankrott der Banken von Bardi und Perruzzi), von Hungersnöten und Epidemien (allen voran die große Pest von 1348) geprägt. Nur die Reichen haben die Möglichkeit, sich auf ihre Landhäuser zurückziehen und der Pest zu entfliehen, wie es Boccaccio in seinem ›Decamerone‹ beschrieben hat. Auch die wirtschaftlichen Einbrüche tangieren vor allem die kleinen Gewerbetreibenden und die Wollarbeiter (Ciompi), die unter härtesten Bedingungen arbeiten müssen.

1378 Dem Aufstand der Ciompi ist eine Verbindung zwischen der gente nuova, den neuen reichen Familien, und den Lohnarbeitern gegen die alteingesessenen Familien in den großen Zünften vorausgegangen. Die Forderungen der gente nuova entsprechen dann aber natürlich nicht denen der Lohnarbeiter und so ergreifen diese allein die Initiative. Für wenige Wochen gelingt es ihnen, Florenz zu regieren. Nach der Niederschlagung des Aufstandes ist Florenz in der Hand eines kleinen Kreises führender Familien. Gegen diese Oligarchie unter der Führung der Albizi tritt eine junge Familie an, in die das Volk große Hoffnungen setzt, da sie bereits den Ciompi-Aufstand unterstützt hat: die Medici.

1405/06 Durch die Unterwerfung der Stadt Pisa kann Florenz seine Vormachtstellung weiter ausbauen.

1413 Der Bankier Giovanni de' Medici genannt di Bicci bemüht sich um Beziehungen zum Papst. Seine Anstrengungen führen zum Erfolg, die Medici werden die Bankiers des Papstes.

1421 Giovanni di Bicci wird zum Gonfaloniere gewählt. Florenz kauft die Stadt Livorno und den Hafen Pisas, wodurch endlich ein Zugang zum Meer geschaffen war. Dadurch kann die Stadt ihre wirtschaftliche Führungsrolle in Europa noch weiter verbessern.

1429 Nach dem Tod Giovanni di Biccis geht sein Vermögen ungeteilt an dessen Sohn Cosimo über.

1432 Der Reichtum Cosimos und sein Ansehen beim Volk lassen Rinaldo degli Albizi, den Führer des alten Geschlechts, das Florenz regiert, um seine Vormachtstellung fürchten. Es gelingt ihm, Cosimo und seinen Bruder Lorenzo in die Verbannung zu schicken.

1434 Vier Medici-Anhänger gelangen durch den alle zwei Monate stattfindenden Wechsel in der Signoria in die Regierung. Cosimo wird aus seinem Exil zurückgerufen und regiert in den nächsten 30 Jahren Florenz. Die Albizi schickt er nun seinerseits in die Verbannung. Durch ein geschicktes Steuergesetz gelingt es ihm, weitere Gegner auszuschalten, er lässt sie zu Schuldnern werden, die damit das passive Wahlrecht verlieren. Auf der anderen Seite macht er sich Freunde, indem er Geld verleiht, welches er nie zurückverlangt. Mit diplomatischem Geschick und großzügigen Stiftungen festigt er die Macht der Medici. So kann das Amt des Gonfaloniere nach seinem Tod auf seinen Sohn Piero übergehen, der allerdings nur 1464–69 regiert.

1469–92 Regierungszeit von Lorenzo il Magnifico (dem Prächtigen). Sein Interesse gilt der Architektur, aber auch der Philosophie und Dichtkunst. Als Mäzen kann er nicht so hervortreten wie Cosimo, denn obwohl Florenz in dieser Zeit eine wirtschaftliche und kulturelle Blüte erlebt, ist es um die Finanzen der Medici-Bank nicht mehr gut bestellt.

1478 Lorenzo entkommt knapp einem Anschlag, der als Verschwörung der Pazzi in die Geschichte eingeht. Dieses Attentat ist einer von vielen Versuchen, die Vorherrschaft der Medici zu brechen.

1494 Trotz der Macht der Medici, die nun seit 60 Jahren regieren und in Europa höher angesehen sind als manches Fürstenhaus, existieren in Florenz durchaus noch demokratische Prinzipien, die auch der Gonfaloniere zu berücksichtigen hat. Nach dem Einmarsch Karls VIII. von Frankreich in Italien macht jedoch Piero, der Sohn Lorenzos, den Fehler, ohne vorherige Absprache mit der Regierung dem König die Küstenfestungen zwischen Sarzana und Livorno zu überlassen. Am nächsten Tag wird er aus der Stadt gejagt.

1494–98 Nach der Vertreibung der Medici wird in Florenz ein großer Rat gebildet, der zu einer stärkeren Demokratisierung führen soll. Großen Anteil an dieser neuen Regierungsform hat der Dominikanermönch Fra Girolamo Savonarola.

1502 Pietro Soderini wird als Gonfaloniere auf Lebenszeit gewählt. Der republikanischen Regierung gehört seit 1498 Niccolò Machiavelli als Kanzleisekretär an.

1512 Rückkehr der Medici: Lorenzo il Magnifico hatte es noch zu Lebzeiten erreicht, dass sein Sohn Giovanni bereits mit 13 Jahren zum Kardinal ernannt worden war. Als Vertreter des Papstes bei der heiligen Liga verfügt dieser über ein mächtiges Heer, mit welchem er die in der Nähe von Florenz gelegene Stadt Prato plündert. Florenz verschont er unter der Bedingung, dass Soderini abgesetzt wird, die Medici als Bürger der Stadt zurückkehren können und Florenz endlich der Liga beitritt. Eine entsprechende Verfassungsänderung ermöglicht die erneute Regierungsbeteiligung der Medici.

1513 Der Kardinal Giovanni de' Medici wird als Leo X. zum Papst gewählt, was die Vormachtstellung von Florenz stärkt und zu neuem großen Reichtum führt.

1527 Sacco di Roma. Kaiserliche Truppen plündern Rom, Medici-Papst Clemens VII. muss fliehen. Um der Plünderung zu entgehen, vertreiben die Florentiner erneut die Medici, eine letzte Republik entsteht.

1530 Im Frieden von Barcelona erhält Clemens VII. Florenz als Familienbesitz. Da sich die Florentiner weigern, ihre Republik preiszugeben, wird die Stadt von den kaiserlichen Truppen belagert und ausgehungert. Nach acht Monaten müssen die Verteidiger kapitulieren. Das bedeutet das Ende der Stadtrepublik, die gut 300 Jahre Bestand gehabt hatte.

1531 Kaiser Karl V. macht Alessandro de' Medici, einen angeblich illegitimen Sohn des Papstes Clemens VII., zum Herzog von Florenz.

Prächtiger Medici: Lorenzo il Magnifico auf einem Gemälde Benozzo Gozzolis ▷

◁ *Kirche kontra Galileo Galilei: Kampf wider eine weltbewegende Entdeckung*

1537 Alessandro wird durch seinen Vetter Lorenzino ermordet. Er ist der letzte aus der älteren Linie der Medici. Cosimo aus der jüngeren Linie macht Ansprüche auf die Herzogswürde geltend und regiert die folgenden 27 Jahre die Stadt.
1570 Cosimo erobert Siena und wird daraufhin von Papst Pius V. zum Großherzog der Toskana ernannt.
1574–1737 Nach dem Tod Cosimos I. herrschen die Medici etwa 150 Jahre über das Großherzogtum Toskana. Obwohl sie sich weiter als Mäzene betätigen, die Wissenschaften, die Kunst, aber auch die Wirtschaft fördern, beginnt im 17. Jh. die wirtschaftliche Macht ihres Staates zu schwinden. Hungersnöte und Epidemien tragen dazu bei. Die Macht der Kirche dagegen wächst.
1633 Galileo Galilei wird von der Inquisition gezwungen, seine Lehre zu widerrufen.
1737 Nach dem Tode von Gian Gastone, dem letzten männlichen Medici, beginnt unter den europäischen Fürstenhäusern der Streit um die Erbfolge, den Franz Stephan von Lothringen für sich entscheiden kann. Seit 1745 deutscher Kaiser, wird er als Gemahl Maria Theresias der Stammvater des Hauses Habsburg-Lothringen.
1743 Tod Anna Maria Luisas, der Schwester von Gian Gastone, der letzten Medici. Sie vermacht den mediceischen Privatbesitz dem Haus Habsburg-Lothringen unter der Bedingung, dass nichts, was »zum Schmuck des Staates, zum Nutzen der Öffentlichkeit und als Anreiz für die Neugier der Fremden« diene, verkauft oder aus der Stadt gebracht werden dürfe.
18. Jh. Die österreichischen Großherzöge residieren im Palazzo Pitti. Sie fördern nicht nur die Wirtschaft, sondern reformieren auch das Sozial- und Krankenwesen, den Schulunterricht sowie die Gerichtsbarkeit (Abschaffung der Todesstrafe).
1799–1815 Die französischen Truppen unter Napoleon erobern Italien. Die Toskana wird von einer Schwester Napoleons regiert.
1815 Nach dem Wiener Kongress erhält das Haus Habsburg-Lothringen die Toskana zurück.
1848 Erster Unabhängigkeitskrieg. Großherzog Leopold II. von Lothringen wird zur Flucht gezwungen, ein Jahr später gelingt es ihm aber, zurückzukehren und seine Macht für weitere zehn Jahre zu sichern.
1859 Während des zweiten Unabhängigkeitskrieges muss Leopold endgültig die Stadt verlassen. Eine Volksabstimmung am 16. August ergibt den Anschluss der Toskana und der Emilia Romagna an das savoyische Königreich Piemont mit seinem Herrscher Vittorio Emanuele II.
1860 Garibaldi landet mit den ›Mille‹ (Zug der Tausend) in Sizilien und erobert von hier aus Süditalien.
1861 Vittorio Emanuele II. wird zum König Italiens ausgerufen. Allerdings gehören weder Venetien noch

Beitritt zum Königreich im Jahr 1860 – Vittorio Emanuele II. empfängt die Toskanische Deputation ▷

Zukunftsvision: die neue Tram durchquert das Centro Storico ▷

der Rest des Kirchenstaates um Rom zu dem neuen Königreich.

1865–70 Nach Turin wird Florenz Hauptstadt des Königreichs Italien (ab 1870 dann Rom). Der König residiert im Palazzo Pitti. Damit die Funktionen einer Hauptstadt erfüllt werden können, soll Florenz unter der Leitung des Architekten Giuseppe Poggi zu einer modernen Stadt umgestaltet werden. Man lässt die Stadtmauer schleifen und legt an deren Stelle die großzügigen Viali di Circonvallazione (Ringstraßen) an. Außerdem gestaltet Poggi den Piazzale Michelangelo zum repräsentativen Aussichtspunkt über der Stadt.

1900 Anfang des 20. Jh. entwickelt sich Florenz erneut zu einem der geistigen Zentren Italiens. Eine Folge davon ist die Gründung mehrerer literarischer Zeitschriften. Das Café Giubbe Rosse avanciert zum Treffpunkt der Literaten und gilt zeitweise als Sitz der Futuristen.

1923–43 Während der faschistischen Herrschaft entstehen der neue Bahnhof und das Stadion.

1944 Gegen Ende des Zweiten Weltkriegs wird die Peripherie der Stadt durch einige schwere Bombenangriffe teilweise zerstört. Großen Schaden richten die deutschen Truppen bei ihrem Abzug an, indem sie alle Brücken über dem Arno sprengen, um den Vormarsch der Alliierten zu behindern. Nur der Ponte Vecchio bleibt verschont.

1946 Italien wird nach einem Volksentscheid am 2. Juni Republik.

1956 Der städtische Fußballverein AC Florenz wird italienischer Meister.

1966 Am 4. November ereilt Florenz nach wolkenbruchartigen Regenfällen die schwerste Flutkatastrophe seiner Geschichte. Insgesamt fließen ca. 50 Mio. m^3 Wasser in die Stadt. Im Kreuzgang und im Refektorium von Santa Croce erreicht der Wasserspiegel eine Höhe von 6 m (!). Zahllose Menschen werden obdachlos, etliche Kunstwerke fallen der Flut zum Opfer. Heute kann man überall in der Stadt kleine Marmorplatten mit dem eingravierten Datum, die den damaligen Wasserstand anzeigen, entdecken.

1993 Bei einem Bombenanschlag wird ein Teil der Uffizien verwüstet. Dem Anschlag fallen einige bedeutende Kunstwerke zum Opfer.

1999 Im November treffen sich die führenden Politiker der G-7-Staaten in Florenz zum Weltwirtschaftsgipfel.

2002 Florenz erhebt eine Einreisegebühr für Touristenbusse. Der Erlös soll zur Verbesserung der Infrastruktur genutzt werden.

2003 Im Sommer werden die jahrelangen Restaurierungsarbeiten am Forte del Belvedere beendet.

2004 Baubeginn des neuen Bahnhofs für Hochgeschwindigkeitszüge ›Alta Velocità‹ von Norman Foster und Ove Arup im ehemaligen Schlachthofviertel Belfiore westlich vom Hauptbahnhof Santa Maria Novella. Die Eröffnung ist für 2010 geplant. – Am 6. März werden nach umfassenden Modernisierungen fünf neue Säle im ersten Stock der Uffizien eröffnet. Der Um- und Ausbau zu einem großen Museumskomplex zusammen mit dem Palazzo Pitti und den Boboli-Gärten, dem ›Polo Museale‹, soll bis zum Jahr 2012 vollendet werden. – Im Mai werden die Säuberungsarbeiten an Michelangelos ›David‹ rechtzeitig zum 500. Jahrestag seiner Aufstellung abgeschlossen.

2006 Florenz erinnert anlässlich des 700. Todestages von Arnolfo di Cambio an einen seiner großen Baumeister.

2008 Das Museo di Storia della Scienza ehrt Galileo Galilei anlässlich seines vor 400 Jahren entwickelten Teleskops mit einer großen Ausstellung. – Trotz Protesten von Kunsthistorikern und eines ablehnenden Referendums im Februar hält die Stadt am Bau einer Straßenbahn (Tramvia) quer durch das historische Zentrum fest, um das Verkehrsaufkommen zu vermindern.

2009 Die Linie 1 der insgesamt drei neuen Tramlinien soll bereits im Sommer fertiggestellt und in Betrieb genommen werden.

Vom Piazzale Michelangelo aus zeigt sich die Arnostadt von ihrer malerischsten Seite

Unterwegs

San Giovanni – Zentrum der kirchlichen und weltlichen Macht

Der Bezirk San Giovanni, *Mittelpunkt* der Stadt, verdankt seinen Namen nicht dem weltbekannten **Dom**, der mit seiner gewaltigen Kuppel die Florentiner *Renaissance* einläutete, sondern dem nach Johannes dem Täufer, dem Stadtpatron benannten **Baptisterium**, das sich gegenüber der Hauptfassade des Doms erhebt. Nur wenige Schritte von diesen beiden großartigen *Kirchenbauten* entfernt repräsentiert die belebte **Piazza della Signoria** das weltliche Florenz seit dem Mittelalter, und direkt daneben führt der lang gestreckte Bau der **Uffizien**, eines der berühmtesten *Museen* Europas, hinunter zum Arno. Doch im Bezirk von San Giovanni befinden sich auch die interessantesten **Einkaufsstraßen** und die teuersten Geschäfte.

1 Piazza del Duomo und Piazza San Giovanni

Die Plätze rund um den Dom und das Baptisterium sind das Herz von Florenz.

Grün und weiß strahlen die eleganten Marmorfassaden von *Battistero San Giovanni* [Nr. 2] und *Duomo Santa Maria del Fiore* [Nr. 3] auf den dicht bevölkerten Platz, der die beiden prachtvollen, großen Sakralbauten rahmt. Sein heutiges Gesicht erhielt er erst im 19. Jh. Noch im 13. Jh. überragte das Baptisterium die östlich anschließende Kirche Santa Reparata, den Vorgängerbau des Domes. 1895 wurde der Platz westlich des Baptisteriums verbreitert, indem man die Fassade des Erzbischöflichen Palastes um ca. 22 m versetzte. In seinem rückwärtigen Trakt birgt der Palast die Kirche *San Salvatore al Vescovo* aus dem frühen 13. Jh., die im 15. Jh. vom Papst zur Bischofskapelle erklärt wurde. Ihre Fassade an der Piazza dell'Olio ist mit schwarz-weißen Marmoreinlegearbeiten verkleidet.

Nordwestlich des Baptisteriums erhebt sich die **Säule des hl. Zenobius**, 1384 in Erinnerung an das Wunder der blühenden Ulme errichtet, welches sich im Januar 429 bei der Überführung der Reliquien des Heiligen in die Kirche Santa Reparata ereignet haben soll.

Eine Einrichtung aus dem 13. Jh., die **Misericordia** (Erzbruderschaft der Barmherzigkeit), hatte ihren Sitz schon immer

Von magischer Anziehungskraft: die Piazza San Giovanni mit Dom und Baptisterium

in der Nähe des Domes, 1576 zog sie in das Gebäude südlich des Campanile. Ihre Mitglieder kümmern sich ehrenamtlich um den Transport und die Betreuung von Kranken. Das kleine *Museo della Misericordia* (Mo 9–12, 15–17 Uhr) und die *Kapelle* mit ihrer Renaissanceausstattung können besichtigt werden.

Die für spätere Florentiner Palastbauten typische Rustika weist am Domplatz nur der **Palazzo Strozzi di Mantova** auf, der, südöstlich an der Via dell'Oriuolo gelegen, um 1600 erbaut wurde. Wenige Schritte von der Piazza del Duomo entfernt, in der Via dei Servi, liegt die im 14. Jh. vom heutigen Domgelände hierher versetzte Kirche **San Michele in Visdomini.** Die Fassade des im 17. Jh. stark veränderten Gebäudes stammt aus dem späten 16. Jh. Im *Inneren* lohnt ein Blick auf den zweiten Altar rechts mit einer Darstellung der ›Heiligen Familie‹ von Pontormo (1518).

Vom Dom- und Baptisteriumsplatz aus führen zwölf Straßen sternförmig in alle Himmelsrichtungen. Doch von keinem Punkt der eng umbauten Platzanlage lässt sich der riesige Dom in seiner ganzen Größe erfassen.

2 Battistero San Giovanni

Wahrzeichen von Florenz und ›Sitz‹ des Stadtpatrons. Einer der frühesten erhaltenen Florentiner Bauten.

Piazza San Giovanni
Tel. 05 52 30 28 85
www.operaduomo.firenze.it
Mo–Sa 12–19, So und 1. Sa im Monat 8.30–14 Uhr

Westlich des alten Domes Santa Reparata, der aus frühchristlicher Zeit stammte, begann man im 11. Jh. mit der Errichtung eines neuen Baptisteriums. Über Größe und Lage des Vorgängerbaus ist nichts bekannt. Die *Johannes dem Täufer* geweihte Taufkirche übertraf den alten Dom bald an Bedeutung, die ursprüng-

liche Schutzpatronin der Stadt, die hl. Reparata, geriet in Vergessenheit. In alten Quellen wird das Baptisterium häufig als Kathedrale bezeichnet, denn die Versammlung aller Räte tagte dort. In mittelalterlichen Darstellungen von Florenz wurde das Bauwerk stellvertretend für die ganze Stadt abgebildet.

Das Battistero, wahrscheinlich zwischen 1059 und 1150 errichtet, wird von antikem Formengut dominiert, weshalb für diesen Baustil der Begriff *Protorenaissance* zutreffender ist als Romanik. Der achteckige Grundriss und die Lage westlich des Domes entsprechen jedoch der frühchristlichen Tradition der Baptisterien. Der dreigeschossige **Außenbau** ist mit weißen und grünen Marmorplatten verkleidet, die zu einer Differenzierung der architektonischen Gliederung beitragen. Das Pyramidendach wird von einer Laterne bekrönt. Die rechteckige Chorkapelle im Westen entstand 1202 anstelle einer ursprünglich halbrunden Apsis.

Mächtige *Bronzetüren* schmücken die drei anderen Fassaden. Den heutigen Ausgang bildet das zweiflügelige **Südportal**. Es wurde 1330 von der Zunft der Calimala, die das Baptisterium zu betreuen hatte, bei *Andrea Pisano* in Auftrag gegeben, der es in sechs Jahren ausführte. In 20 Vierpassfeldern wird die Geschichte Johannes des Täufers von der Verkündigung seiner Geburt (links oben) bis hin zu seiner Grablegung (rechts unten) erzählt, wobei die Türflügel einzeln betrachtet werden müssen. Die restlichen acht Felder sind allegorischen Darstellungen der Tugenden vorbehalten. Der Rahmen wurde erst Mitte des 16. Jh. hinzugefügt, die Gruppe über dem Portal mit der ›Enthauptung des Täufers‹ stammt von Vincenzo Danti (1570/1571).

Stets bestaunt und bewundert: die goldene Porta del Paradiso von Lorenzo Ghiberti mit Geschichten aus dem Alten Testament

Erst 1401 wurde ein Wettbewerb für das **Nordportal** (heutiger Eingang) ausgeschrieben, an dem sieben Künstler teilnahmen. Von den Probestücken mit dem Isaak-Opfer sind diejenigen von Brunelleschi und Ghiberti erhalten (heute im Bargello, Nr. 18). *Lorenzo Ghiberti* bekam den Auftrag und arbeitete 1403–24 an der Tür. Entgegen der ersten Planung, die Szenen aus dem Alten Testament vorgesehen hatte, wurde die Tür dann jedoch dem *Leben Jesu* gewidmet. Der Zyklus beginnt in der dritten Reihe von unten (!) links mit der ›Verkündigung‹ und führt über die Flügel hinweg nach rechts oben zur ›Gefangennahme der Jünger Petrus und Johannes‹. Die acht unteren Felder zeigen die Evangelisten und Kirchenväter. Ghiberti hat sich in der *Ausführung* noch stark an das fast 70 Jahre frühere Vorbild der Südtür gehalten. Figuren, Architektur und Beiwerk sind auf plane Flächen gesetzt. Nur die Figuren selbst und ihre Gewänder wirken sehr viel bewegter und körperhafter. Die überlebensgroße *Bronzegruppe* von Francesco Rustici (1506) über dem Portal zeigt die Predigt des Johannes und ist damit wieder dem Täufer gewidmet.

Direkt im Anschluss an seine Arbeit erhielt Ghiberti den Auftrag für das *Ostportal*, die berühmte **Porta del Paradiso**, welche allerdings durch eine Kopie ersetzt ist (Originale im Museo dell'Opera del Duomo, Nr. 5). 28 Jahre arbeitete er an den zehn fast quadratischen, vergoldeten Platten, von denen jede mehrere Szenen einer Geschichte enthält. Diese Änderung der Konzeption stammt vermutlich von Ghiberti. Das völlig Neue an dieser Tür, die Ghiberti selbst als »mira arte fabricatum« (mit bewundernswerter Kunst geschaffen) bezeichnet hat, ist der Aufbau der einzelnen Felder. Die Platten sind nicht mehr Bildträger, sondern

Byzantinisch-venezianische Pracht: Die Mosaiken der Baptisteriumskuppel überstrahlen den achteckigen Innenraum mit beinahe himmlischem Glanz

Handlungsort. Je nach Bedeutung tritt eine Szene plastisch stärker – bis hin zur Rundfigur – hervor oder wird als Flachrelief in den Hintergrund verbannt. Auch die Rahmenleisten sind mit einem figürlichen Programm versehen.

Die einzelnen Platten zeigen von links oben nach rechts unten: ›Sündenfall‹, ›Brudermord‹, ›Geschichte Noahs‹, ›Abraham und Isaak‹, ›Esau und Jakob‹, ›Joseph und seine Brüder‹, ›Moses empfängt die Gesetzestafeln‹, ›Jericho‹, ›David und Goliath‹, ›Die Königin von Saba und Salomon‹.

Im dämmrigen **Innenraum** lässt sich erst allmählich der Unterschied zur architektonischen Gliederung des Außenbaus erkennen. Die marmorverkleidete Wand ist in nur zwei Geschosse unterteilt. Ihr strenger Aufbau bildet einen Gegensatz zu den goldenen Kapitellen und der sich darüber erhebenden, von außen nicht sichtbaren mächtigen Kuppel, die gänzlich mit Mosaiken versehen ist. Der Marmorfußboden mit seinen ornamentalen Einlegearbeiten und den Tierkreiszeichen aus dem 12.–14. Jh. korrespondiert mit ihnen. Die **Mosaiken**, von Venezianern und Florentinern ausgeführt, wurden um 1220 begonnen. Nach Abschluss der Arbeiten um 1330 wurden immer wieder Restaurierungen notwendig. Über der Chorkapelle thront *Christus als Weltenrichter*, flankiert von Maria und Johannes dem Täufer, die für die Menschheit bitten und von den Aposteln begleitet werden. Engel tragen die Leidenswerkzeuge und wecken mit Posaunen die Toten für das Jüngste Gericht; zu Füßen Christi steigen sie aus ihren Gräbern. Links von ihnen öffnet sich das Paradies mit den drei Erzvätern, rechts die Hölle mit den Verdammten. Dieses groß angelegte ›Jüngste Gericht‹ ist Teil der Heilsgeschichte, die durch Darstellungen der Engelshierarchie (in der obersten Zone), der Schöpfung sowie der Lebensgeschichten Josephs, Jesu und Johannes des Täufers vervollständigt wird. Bei den Mosaiken der *Chorkapelle*, 1255 begonnen, ist das Lamm Gottes im Kreuzgewölbe beachtenswert.

Rechts der Kapelle befindet sich das *Grabmal von Baldassare Coscia*, der als Johannes XXIII. 1410–18 Gegenpapst zu Martin V. war. Giovanni di Bicci (de' Medici) setzte durch, dass dieser unrechtmäßig gewählte Papst hier beigesetzt wurde. Donatello schuf die Figur des Verstorbenen und das Madonnenrelief, Michelozzo die Sockelzone (ca. 1424–27).

3 Duomo Santa Maria del Fiore

Weithin sichtbar überragt die viertgrößte Kirche Europas die Stadt. Ihre Kuppelkonstruktion setzte in der Architektur neue Maßstäbe.

Piazza del Duomo,
Tel. 05 52 30 28 85
www.operaduomo.firenze.it
Dom: Mo–Mi/Fr 10–17, Do und 1. Sa im Monat 10–15.30, Sa 10–16.45, So 13.30–16.45 Uhr
Kuppel: Mo–Fr 8.30–19, Sa 8.30–17.40, 1. Sa im Monat bis 15.20 Uhr

Der Bau des Florentiner Doms erhielt erst im 19. Jh. seine heutige Gestalt. Mit seinen Ausmaßen von 160 m Länge, 43 m (Langhaus) bzw. 91 m (Querhaus) Breite und der mit Laterne 114 m hohen Kuppel dominiert er das Stadtbild. Nicht nur von den Aussichtspunkten in Florenz, sondern auch von den umliegenden Hügeln aus betrachtet, ragt die Kuppel weit über das Häusermeer hinaus.

Im ausgehenden 13. Jh. begonnen, entstand er an der Stelle der frühchristlichen Kathedrale Santa Reparata. Doch wurde der neue Dom der Muttergottes geweiht und mit dem Zusatz ›del Fiore‹ (der Blume) versehen, der sich auf den Namen der Stadt bzw. das Stadtwappen, die Lilie, bezieht.

Die **Baugeschichte** ist lang und verworren. *Arnolfo di Cambio* begann Ende des 13. Jh. die Fassade und Teile der äußeren Seitenmauern aufzuführen. Nach seinem Tod 1302 (?) stagnierten die Arbeiten. 1330/31 wurde der Arte della Lana die Verantwortung für den Bau übertragen, die nacheinander *Giotto* (1334–37), *Francesco Talenti* und *Giovanni di Lapo Ghini* (1355–67) als Baumeister ernannte. 1366 berief die Zunft eine Kommission von Architekten, Malern und Goldschmieden, die ein größeres Modell entwarfen, das 1368 für bindend erklärt wurde. 1379 begann die Fundamentierung der Chorpartie, 1397/98 wurden die Vierungspfeiler und -bögen errichtet. 1412/13 entstand der Kuppeltambour, parallel dazu die Fassadenverkleidung bis zum Giebel des Hauptportals. Die Arbeiten an der Fassade stagnierten jedoch 1420, als *Brunelleschi* aufgrund eines Wettbewerbs zum Baumeister für den Kuppelbau bestimmt wurde. Der erfahrene *Lorenzo Ghiberti* wurde ihm zur Seite gestellt. 1436 gelang es, die Kuppel zu schließen, bei Brunelles-

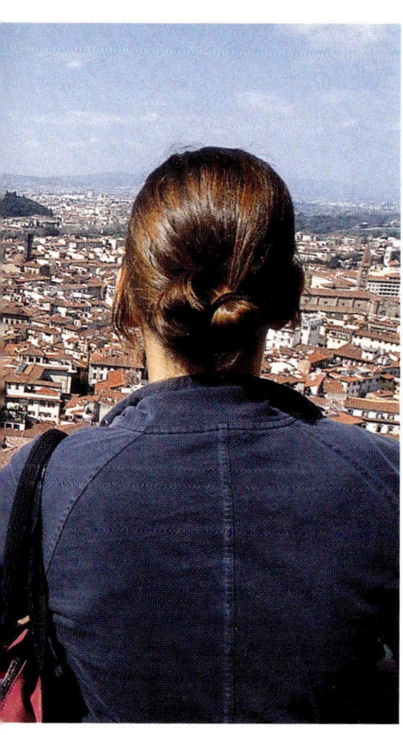

◁ *Über den Dächern von Florenz: Von der Domkuppel überblickt man die ganze Stadt*

chis Tod 1446 waren jedoch erst die Fundamente für die von ihm konzipierte Laterne gelegt. Erst 1461 war mit der goldenen Kugel auf der Laterne der Außenbau fertiggestellt. 1587 riss man dann die unvollendete Fassade ab, realisierte aber keinen der neuen Entwürfe. Die heutige prunkvolle Fassade in historisierendem Stil erbaute *Emilio de Fabris* erst 1875–87.

Der **Außenbau** verbindet Stilelemente der Protorenaissance (Marmorverkleidung), der Gotik (architektonische Gliederung) und der Renaissance (Kuppel und Laterne). Die Konstruktion der **Kuppel** mit ihrer großen Spannweite (Durchmesser 41 m) hätte ein gewaltiges Bodengerüst verlangt. Brunelleschi dagegen hatte die Idee, statt dessen ein Gerüst zu verwenden, welches von der Kuppel getragen wird. Diesem Plan, ebenso wie dem Konzept der Kuppelkonstruktion, stand die Kommission zunächst skeptisch gegenüber. Brunelleschi benötigte viel Überzeugungskraft, um

Duomo Santa Maria del Fiore

1 westliche Innenfassade
2 Büste Brunelleschi
3 Prophet Daniel
4 Büste Giotto
5 Weihwasserbecken
6 Prophet Jesaia
7 Büste Marsilio Ficino
8 Bild Dantes
9 hll. Cosmas und Damian
10 gemaltes Reiterstandbild des John Hawkwood
11 gemaltes Reiterstandbild von Niccolò da Tolentino
12 Büste Arnolfo di Cambio
13 Prophet Josua
14 Büste Emilio de Fabris
15 Dreikonchenanlage
16 Schrein des hl. Zenobius
17 Majolikarelief ›Himmelfahrt Christi‹
18 Majolikarelief ›Auferstehung Christi‹
19 Ausgrabungen von Santa Reparata

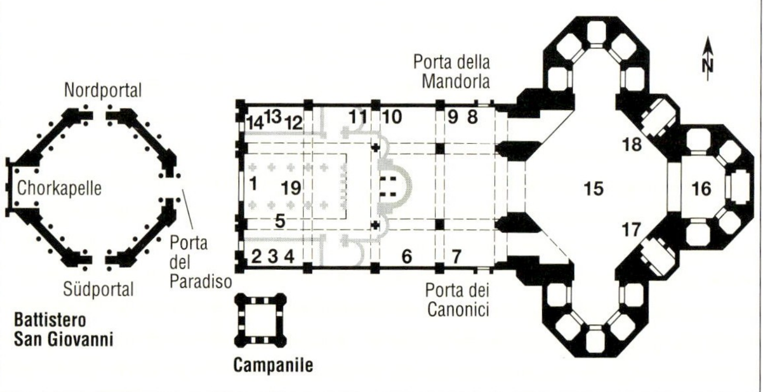

seine Vorstellungen durchzusetzen, die auf dem Prinzip basierten, dass sich zwei einander zugeneigte Körper stützen. Die beiden Kuppelschalen verband er durch waagerechte und senkrechte Streben, von denen acht als Marmorrippen auch am äußeren Bau sichtbar sind und den Baukörper gliedern. Bis heute ist nicht geklärt, wie Brunelleschi diesen Plan realisierte. Die Forschung bietet immer wieder neue Hypothesen an.

Die **Figuren** am Außenbau waren wegweisend für die Florentiner Renaissance-Plastik. Etliche Skulpturen der alten Fassade werden heute im Dom-Museum aufbewahrt [Nr. 5].

An der Nordseite des Langhauses befindet sich die **Porta della Mandorla,** in deren Giebelfeld meisterhafte Skulpturen *Nanni di Bancos,* entstanden zwischen 1414 und 1421, die Himmelfahrt und Gürtelspende Mariens schildern: Maria wirft ihren Gürtel zur Erde herab, um den ungläubigen Thomas von ihrer Auferstehung zu überzeugen. Das Mosaik im Tympanon mit der Verkündigungsszene – nach einem Entwurf *Ghirlandaios* – stammt von 1491. Das Tympanon der **Porta dei Canonici** an der Südseite des Doms zeigt die Madonna mit dem Kind, eine Arbeit des Lorenzo di Giovanni d'Ambrogio von 1402.

Paolo Uccellos gemaltes Reiterstandbild des Heerführers John Hawkwood im Dom

Betritt man den von außen so prachtvollen Dom, überrascht ein nüchterner, wenig gegliederter und relativ düsterer **Innenraum**. Viele der ursprünglichen Ausstattungsstücke gingen zudem bei der Restaurierung von 1842 verloren.

An die **westliche Innenfassade** [**1**], deren Rundfenster Ghiberti entwarf, hat Uccello 1443 eine *Uhr* mit vier Propheten- oder Evangelistenköpfen in den Ecken gemalt, deren Ziffernblatt das Prinzip der Sonnenuhr nachbildet. Der große Zeiger ist nicht erhalten. Das *Mittelportal* wird durch ein Mosaik mit der Krönung Mariens vom Anfang des 14. Jh. betont. Rechts davon steht das nicht vollständig erhaltene *Grabmal* des Bischofs Antonio d'Orso, das Tino da Camaino 1320/21 schuf.

Die meisten **Fenster** im *Langhaus* entwarf Agnolo Gaddi Ende des 14. Jh. An den Wänden im ersten Joch sind die **Büsten** der Dombaumeister zu bewundern: der 1447 von seinem Adoptivsohn geschaffene **Brunelleschi** [**2**], der 1490 von Benedetto da Maiano gefertigte **Giotto** [**4**] bei der Arbeit an einem Mosaik, die aus dem 19. Jh. stammenden **Arnolfo di Cambio** [**12**] und **Emilio de Fabris** [**14**] sowie die Büste des Philosophen **Marsilio Ficino** [**7**] von 1521. In Tabernakeln stehen einige Propheten der ursprünglichen Fassadenausstattung: **Daniel** [**3**], entstanden um 1408, **Josua** [**13**] von 1421 sowie **Jesaia** [**6**] von 1427, den die von Bicci di Lorenzo gemalten Grabmonumente für Luigi Marsili (1439) und den Kardinal Pietro Corsini (ca. 1422) flankieren.

Das **Weihwasserbecken** [**5**] und seine Engel sind Kopien der Originale von 1380 im Dom-Museum [Nr. 5]. Domenico di Michelino schuf – gleichsam eine späte Rehabilitierung des 1302 exilierten Dichters – 1465 das **Bild Dantes** [**8**]. Links daneben sind die Heiligen **Cosmas und Damian** [**9**] von Bicci di Lorenzo zu sehen. Das Fresko Paolo Uccellos (1436) mit dem gemalten Grab und **Reiterstandbild des John Hawkwood** [**10**], eines englischen Heerführers, ist eines der frühesten Renaissancebilder, in welchem die perspektivische Verkürzung in solcher Radikalität angewandt wurde. Andrea del Castagno malte 1456 daneben ein **Reiterstandbild von Niccolò da Tolentino** [**11**], welches

Aus der Vogelperspektive betrachtet: Langhaus und Chor des Duomo Santa Maria del Fiore

sich im Aufbau eng an das Vorbild anlehnt.

Die große **Dreikonchenanlage** [15] ist mit ihren Tambourpfeilern – in Tabernakeln stehen hier acht Apostelfiguren aus dem 16. Jh. – Träger der riesigen Kuppel, die durch ihre Zweischaligkeit und Ausmalung einen anderen Eindruck vermittelt, als vom Außenbau her erwartet. Die restaurierten *Fresken* mit dem ›Jüngsten Gericht‹ stammen von Vasari und Federico Zuccari (1572–79). Die *Fenster* des Kuppeltambours sind nach Entwürfen von Donatello (Krönung Mariens), Ghiberti (Christi Himmelfahrt, Ölberg, Darstellung im Tempel), Uccello (Geburt Christi, Auferstehung) und Castagno (Grablegung) 1434–1445 entstanden. Der *Hauptaltar* (Baccio Bandinelli) ist von einer achteckigen Marmorbrüstung (1547–72) eingerahmt (Baccio d'Agnolo und Bandinelli). Das *Holzkruzifix* stammt von Benedetto da Maiano (1490).

Den **Kapellenkranz** schmückt ein stark restaurierter *Freskenzyklus* mit Heiligen (um 1440 bzw. in der Ostapsis modern), die meisten *Fenster* entwarf Ghiberti. In der zentralen Kapelle der Ost-

Fresken von Vasari und Zuccari schmücken Brunelleschis Domkuppel im Innern

Die Harmonie des Bauens

Der Florentiner **Filippo Brunelleschi** (1377–1446) hat als Architekt der **Domkuppel** Berühmtheit erlangt. Dabei begann er als Goldschmied, trat bei den Baptisteriumstüren in Konkurrenz zu Lorenzo Ghiberti und unterlag. Erst um das Jahr 1404 scheint er begonnen zu haben, sich überhaupt mit **Architektur** zu beschäftigen.

Mit namhaften Humanisten, Mathematikern, Bildhauern und Malern gut bekannt, hat er Masaccio geholfen, im Trinitätsfresko in Santa Maria Novella die Zentralperspektive zu konstruieren. Obwohl mit Donatello befreundet, war er mit dessen Ausstattung der Alten Sakristei von San Lorenzo nicht einverstanden. Sie störte das Harmonieempfinden seiner Architektur.

Neben der Domkuppel, **San Lorenzo** und der **Pazzi-Kapelle** im Klosterhof von Santa Croce ist vor allem sein Entwurf für Santo Spirito wegweisend, der so leider nicht zur Ausführung kam.

apsis wird der **Schrein des hl. Zenobius** [**16**] von Ghiberti (1432–42) aufbewahrt. Dahinter befindet sich ein gemaltes ›Abendmahl‹ von Giovanni Balducci. Die Kerzen tragenden *Engel* führte Luca della Robbia um 1450 aus. Zur gleichen Zeit schuf er das *Majolikarelief* mit der ›**Himmelfahrt Christi**‹ [**17**] über dem Eingang zur Alten Sakristei. Bei der etwas früheren ›**Auferstehung Christi**‹ [**18**] über dem Portal der Neuen Sakristei hat Luca della Robbia zum ersten Mal die Technik der Majolika (gebrannter Ton, der mit Zinn glasiert wird) in der Bauskulptur angewandt. Das *Bronzeportal* darunter mit Maria und Johannes d. T., Evangelisten, Kirchenvätern und Engeln hat er gemeinsam mit Michelozzo zwischen 1446 und 1469 geschaffen. Unter dem Dom sind die **Ausgrabungen von Santa Reparata** [**19**] museal aufbereitet. Hier hat man auch das Grab Brunelleschis gefunden.

Ein ganz besonderes Erlebnis ist der Aufstieg zur **Domkuppel**. Der Zugang befindet sich auf der Nordseite des Doms bei der *Porta della Mandorla*. Neben dem herrlichen Blick auf die Stadt hat man Gelegenheit, die Konstruktion der Kuppel zu studieren, während man in etwa 50 m Höhe auf einer schmalen Galerie an der Innenwand der Kuppel entlanggeht.

4 Campanile

Einer der schönsten Glockentürme Italiens mit einem interessanten Skulpturenprogramm und Ausblick auf die Kuppel Brunelleschis.

tgl. 8.30–19.30 Uhr

An der Südseite des Domes erhebt sich der Campanile, der seinen Vorgängerbau im Norden ablöste. 1334 unter *Giotto* begonnen, führte *Andrea Pisano* dessen Pläne fort. Der dritte Baumeister, *Francesco Talenti*, wich in Einzelheiten von dem ursprünglichen Vorhaben ab und reduzierte die Höhe von 122 m auf rund 85 m. 1359 war das Werk vollendet.

Der Turm auf quadratischem Grundriss mit verstärkten Eckpfeilern wirkt mit den beiden unteren geschlossenen Doppelgeschossen und den drei anschließenden von Fenstern durchbrochenen Stockwerken sehr harmonisch. Dieser Eindruck wird durch die **Marmorinkrustation** in Weiß, Grün und Rot verstärkt.

Die unteren Zonen waren einem *Programm* vorbehalten, welches vermutlich noch auf Giotto zurückgeht (die Originale, heute im Dommuseum, sind durch Kopien ersetzt): Die sechseckigen **Reliefs** der unteren Zone von *Andrea Pisano* (1334–37) zeigen, beginnend an der Westseite, die Erschaffung des Menschen, den Sündenfall und, daran anschließend, Darstellungen der handwerklichen und der freien Künste. Die rhombenförmigen Reliefs darüber haben die 7 Planeten, die 7 Tugenden und die 7 Sakramente zum Thema und stammen von Alberto Arnoldi (3. Viertel des 14. Jh.). Die *Nischen* im dritten Geschoss beherbergen Heilige, Propheten und Sibyllen. Das Lamm über der *Eingangstür* im Osten ist das Zeichen der Arte della Lana, die auch den Bau des Campanile betreute.

Im *Inneren* führen 414 Stufen nach oben, von wo man einen prächtigen **Ausblick** über die Stadt, vor allem aber auf die Domkuppel hat.

5 Museo dell'Opera del Duomo

Die Bauskulptur, die einst zur Ausstattung der drei Sakralbauten des Domplatzes gehörte, ist hier vereint.

Piazza del Duomo 9
Tel. 05 52 30 28 85
www.operaduomo.firenze.it
Mo–Sa 9–19.30, So 9–13.45 Uhr

Seit dem 15. Jh. Sitz der Dombauhütte mit Werkstätten, Archiv und Depot für Kunstgegenstände, löste die Domopera (OPA) in napoleonischer Zeit die Arte della Lana als Verwalter des Domkomplexes ab. 1891 entstand aus dem Depot das Museum, in das aus denkmalpflegerischen Gründen im Lauf der Zeit immer mehr Ausstattungsstücke von Dom, Campanile und Baptisterium aufgenommen werden mussten. Vor allem bei den Skulpturen, die den überwiegenden Teil der Sammlung ausmachen, muss sich der Betrachter bewusst sein, dass sie für eine Einbindung in architektonische Zusammenhänge geplant waren und oft aus einer ganz anderen Perspektive wahrgenommen werden sollten. Die Aufstellung der Kunstwerke ist provisorisch, da das Museum einen Erweiterungsbau in unmittelbarer Nachbarschaft des jetzigen Standortes erhalten soll.

Im **Saal der Domfassade**, die 1588 abgerissen wurde, kann man anhand der

Büßerin: Donatellos ›Maria Magdalena‹ aus dem Baptisterium im Dommuseum

Lebendige Flaniermeile zwischen Dom und Orsanmichele – die Via dei Calzaiuoli ▷

Kopie einer Zeichnung nachvollziehen, wo die einzelnen Figuren ihren ursprünglichen Platz hatten. Die meisten Skulpturen stammen aus der Werkstatt *Arnolfo di Cambios* (um 1300). Als Beispiele seien die hl. Reparata, die Statue von Papst Bonifaz VIII. und der Tod Mariens (Gipsabguss; im Zweiten Weltkrieg stark beschädigt) genannt. Zwei der vier sitzenden Evangelisten des frühen 15. Jh. sind gesicherte Werke der Zeitgenossen *Donatello* (Johannes) und *Nanni di Banco* (Lukas).

Zwei kleinere Räume sind *Brunelleschi* gewidmet. Neben der Totenmaske kann man hier die Holzmodelle zur Kuppel und Laterne, von Brunelleschi entwickeltes Arbeitsgerät und vor allem ein didaktisches Modell zur Kuppelkonstruktion studieren. Im Raum rechts vom Saal sind *Holzmodelle* der Entwürfe für die neue Domfassade, u. a. von Buontalenti und Giambologna, ausgestellt. Hier und in der ›Kapelle‹ (1954) werden außerdem Reliquiare, Messbücher etc. präsentiert.

Im *Zwischengeschoss* steht seit 1981 Michelangelos späte **Pietà** aus dem Dom. Vor 1550 in Rom für sein eigenes Grab begonnen, hieb er sie kurz vor ihrer Vollendung 1555 in Stücke. Tiberio Calcagni restaurierte und ergänzte die Gruppe.

◁ *Michelangelos späte ›Pietà‹ mit Selbstporträt des Meisters im Dommuseum*

Joseph von Arimathia trägt die Gesichtszüge Michelangelos.

Im großen **Saal des Obergeschosses** sind die 16 Propheten und Sibyllen aus den Nischen des *Campanile* ausgestellt, die aus der Werkstatt Andrea Pisanos (1338–48) sowie von Donatello und Nanni di Bartolo (1416–37) stammen. Die hölzerne Figur der **Maria Magdalena** aus dem Baptisterium (nach 1453) von Donatello stellt mit ihrer ausgezehrten Gestalt der Büßerin einen krassen Gegensatz zu den frühen Werken dar. Hauptstücke des Saales sind die beiden **Sängerkanzeln**, die bis 1686 über den Sakristeitüren des Domes angebracht waren. Sie mussten den Festdekorationen für die Hochzeit von Ferdinando de' Medici mit Violante von Bayern weichen. Von der Kanzel Luca della Robbias (1431–38) blieben durch

den Abbruch lediglich zehn Reliefs erhalten. Die Kanzeln wurden mithilfe erhaltener Fragmente rekonstruiert und mit Kopien der Reliefs versehen. Die Originale hängen darunter an der Wand. Donatello hat bei seiner Kanzel (1433–39) Aufbau und Ausschmückung individuell gestaltet: Auf einem durchlaufenden Fries tanzen und musizieren Putten.

Im links anschließenden Saal sind die *Originalreliefs* vom Campanile [Nr. 4] zu sehen. Im **Saal des Silberaltars** prangt der Altar aus dem Baptisterium, ein Meisterwerk der Goldschmiedekunst (1366–1480), auf dem die Skulptur Johannes des Täufers von zwölf Szenen aus seinem Leben begleitet wird. Hier befinden sich aber vor allem die zehn herrlichen Bronzereliefs der **Paradiestür** des Baptisteriums [Nr. 2] von Ghiberti. Über diesen Renaissance-Kunstwerken wird häufig ein byzantinisches Mosaik aus dem 7. Jh. übersehen, das miniaturartig in zwölf Szenen das Marienleben schildert.

6 Loggia del Bigallo

Frühes Beispiel der Institution der Bruderschaften, deren pflegerische Dienste große Bedeutung hatten.

Piazza San Giovanni 1
Tel. 055 27 18 01
Museum: Mi–Mo 9.30–17.30 Uhr

Die Bruderschaft des Bigallo, die zeitweise mit derjenigen der Misericordia vereint war, betreute Alte und Kinder. Das Gebäude (1351–58) leitet mit seiner schönen *Marmorloggia* vom Domplatz in die *Via dei Calzaiuoli* über – eine geschäftige Einkaufsmeile. Im **Inneren** des Baus befinden sich vor allem ein schönes *Fresko* aus dem Jahr 1342 mit der ›Misericordia‹ und der frühesten Florentiner Stadtansicht sowie ein gemaltes Kruzifix von 1225–35. Seit Sommer 2007 sind hier außerdem die abgenommenen und restaurierten Fassadenfresken der Loggia zu sehen.

Wunderbare Fresken zieren Pfeiler und Gewölbe im Innern von Orsanmichele

7 Orsanmichele

Das Oratorium war im Mittelalter Getreidemarkt mit Gnadenbild und Nischen für die Zunftheiligen.

Via dei Calzaiuoli
Tel. 055 28 49 44
www.polomuseale.firenze.it
Di–So 10–17 Uhr
Museo di Orsanmichele:
(Eingang Palazzo dell'Arte della Lana [Nr. 8], Via Arte della Lana)

Die **Geschichte** Orsanmicheles ist eng mit dem Gnadenbild verknüpft, welches dort noch immer aufbewahrt wird. An der Stelle eines Nonnenklosters mit der Kirche San Michele in Orto aus dem 8. Jh. wurde 1240 der Getreidemarkt gegründet, für den Arnolfo di Cambio 1285 eine offene *Loggia* baute. Die Bildnisse der Muttergottes und des Erzengels Michael aus der abgerissenen Kirche fanden an zwei Pfeilern der Loggia Aufstellung. Im späten 13. Jh. begann man dem Marienbild wundertätige Wirkung zuzuschreiben, und es gründete sich eine Bruderschaft, die Compagnia dei Laudesi. Nach einem Brand im Jahre 1304, dem auch das Gnadenbild zum Opfer fiel, begannen 1336 die Arbeiten für einen *Neubau*, in welchem man, einem Beschluss des Stadtrates zufolge, die Muttergottes besser verherrlichen und zugleich das Getreide besser aufbewahren könne.

Die Verkaufshalle mit zwei Obergeschossen als *Getreidespeicher* war 1357 fertiggestellt. Schon 1347 hatte Bernardo Daddi ein neues *Gnadenbild* geschaffen, Andrea Orcagna fertigte dafür ein *Marmortabernakel*. Zwischen 1367 und 1380 schloss Simone Talenti die äußeren Arkaden mit *Maßwerkfenstern*. Orsanmichele war vom inzwischen ausgelagerten Getreidemarkt zur Kirche umfunktioniert worden, der rechteckige Grundriss und der hohe geschlossene **Außenbau** erinnern allerdings bis heute an die ehemalige Loggia. 1569 zog das Notariatsarchiv in die Lagerhallen ein, zugänglich war es durch den Brückengang vom Palazzo dell'Arte della Lana [Nr. 8] aus.

Der viereckige, geschlossene Bau, dessen obere Stockwerke hauptsächlich durch *Zwillingsfenster* gegliedert sind, ragt weit über das Häusermeer hinaus. Im Erdgeschoss erinnern die hohen, weit gespannten *Arkaden* mit ihren Maßwerkfenstern noch an die ehemalige Loggia. In die mächtigen Pfeiler, auf denen die Arkadenbögen ruhen, sind *Nischen* eingelassen, die 1336 den **Zünften** überlassen wurden, um dort Statuen ihrer Schutzheiligen aufzustellen. Zu einer Realisierung kam es aber erst zwischen 1406 und 1426. Damals entstand hier ein unvergleichliches Ensemble früher Renaissance-Skulptur. Die Medaillons über den Nischen zeigen die Zunftwappen.

Durch die Umweltverschmutzung hatten die **Figuren** in den vergangenen Jahzehnten derart gelitten, dass sie nach und nach durch Kopien ersetzt werden mussten. Besondere Beachtung verdienen **Johannes der Täufer** [**8**], die erste (über-)lebensgroße Florentiner Bronzeskulptur von Ghiberti, und der **hl. Georg** [**14**] von Donatello (Original im Bargello, Nr. 18). Die Nische, in der nun Verrocchios **Christus und der ungläubige Thomas** [**9**] zu sehen sind, wurde von Donatello und Michelozzo ausgestattet und gehörte ursprünglich der Guelfenpartei. Nach ihrem Bedeutungsverlust ab 1434 musste sie die Nische an das Handelsgericht abtreten und ihren Schutzheiligen, den von Donatello gefertigten *Ludwig von Toulouse*, entfernen (heute im Museo dell'Opera di Santa Croce, Nr. 73).

Im **Inneren** präsentiert sich Orsanmichele als zweischiffige Halle, deren Pfeiler und Gewölbe mit *Fresken* (1398–1401) geschmückt sind. Die *Glasfenster* stammen aus dem frühen 15. Jh. Im rechten Seitenschiff steht das gewaltige **Tabernakel** Andrea Orcagnas, welches das *Gnadenbild* in sich birgt. Der marmorne Schrein ist mit Einlegearbeiten, Glasflüssen und Reliefs mit Szenen aus dem Marienleben verziert. Stilistisch sind die *Reliefs* denen der Baptisteriumstür [Nr. 2] von Andrea Pisano verwandt. Die Pracht wurde durch eine Vergoldung noch gesteigert, die *Marmorschranke* mit dem Bronzegitter von Pietro di Migliori schließt seit 1366 das Tabernakel ab.

Gruppe der ›Quattro Coronati‹ von Nanni di Banco an Orsanmichele

In den oberen Räumen stellt das *Museo di Orsanmichele* auch die bereits im Außenbereich durch Kopien ersetzten und restaurierten Originalskulpturen aus. Der Eingang zum Museum befindet sich im Palazzo dell'Arte della Lana.

Orsanmichele

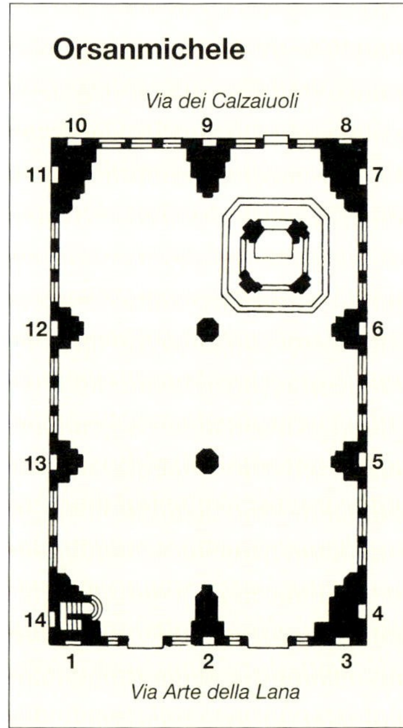

1 hl. Matthäus (Wechsler) *Ghiberti, 1422*

2 hl. Stephanus (Wollhändler) *Ghiberti, 1426*

3 hl. Egidius (Schmiede) *Nanni di Banco, um 1415*

4 hl. Markus (Leinenweber) *Donatello, 1411*

5 hl. Jakobus (Kürschner und Pelzhändler) *N. di Piero Lamberti, nach 1422*

6 hl. Jungfrau mit der Rose (Ärzte und Apotheker) *unbekannter Meister, 1399*

7 Evangelist Johannes (Seidenweber) *Baccio di Montelupo, 1515*

8 Johannes der Täufer (Kaufleute) *Ghiberti, 1414*

9 Christus und der ungläubige Thomas (Parte Guelfa) *Verrocchio, um 1480*

10 hl. Lukas (Richter und Notare) *Giovanni da Bologna, 1562*

11 hl. Petrus (Metzger) *Donatello (?), 1413*

12 hl. Philippus (Schuhmacher) *Nanni di Banco, um 1412*

13 Quattro Coronati (Steinmetze und Schreiner) *Nanni di Banco, 1408*

14 hl. Georg (Waffenschmiede) *Donatello, um 1416*

Ein zünftiges Jahrhundert

Politische und wirtschaftliche **Macht**, gewonnen aus dem von Tuchindustrie, Handel und Banken erzielten Wohlstand, ließen die Zünfte zu einer Institution wachsen, die schließlich das Florenz des 14. Jh. regierte.

Über die **Anfänge** des Florentiner Zunftwesens existieren jedoch so gut wie keine Quellen. Erst im 13. Jh. sind Gründungen belegt. Durch die Prioren und die Bewaffnung der Zünfte ab 1283 wurden sie zu politisch-militärischen Körperschaften. Aber erst die Ordinamenti della giustizia von 1293 gaben Florenz eine ausgesprochene **Zunftverfassung**, die mehr als zwei Jahrhunderte überdauern sollte.

Die 21 Zünfte waren in die sieben Arti maggiori (große Zünfte) und die 14 Arti minori (kleine Zünfte) eingeteilt, und nur deren Mitglieder besaßen die vollen **Bürgerrechte**. Allerdings musste man nicht unbedingt ein Gewerbe betreiben, um einer Zunft angehören zu können. Nennenswerter Kapitalbesitz war jedoch die Voraussetzung für die Aufnahme in eine der sieben großen Zünfte. Dieser Umstand gab dem Adel die Möglichkeit, das politische Geschehen der Stadt mitzubestimmen.

Die **Lohnarbeiter** hatten keine eigene Standesvertretung, obwohl die meisten Einwohner zu ihnen zählten. Etwa 25 Prozent der männlichen Bevölkerung waren in einer der Zünfte organisiert. Sie besaßen das aktive Wahlrecht, das passive war de facto auf die führenden Vertreter der sieben großen Zünfte beschränkt. Somit hatte Florenz eine für die damalige Zeit außerordentlich demokratische Verfassung.

Die Wappen der Florentiner Zünfte

Mercatanti o di Calimala
Wollhändler

Giudici e Notai
Richter und Notare

Cambio
Geldwechsler

Lana
Wolle

Por Santa Maria o della Seta
Seide

Medici e Speziali
Ärzte und Apotheker

Vaiai e Pelliciai
Kürschner und Pelzhändler

Spadai e Corazzai
Waffenschmiede

Chiavaioli
Schlosser

Calzolai
Schuhmacher

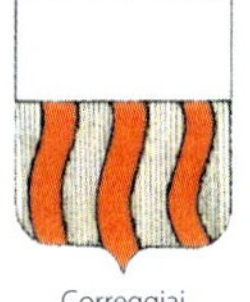
Correggiai
Sattler

Cuoiai e Galigai
Gerber

Linaioli e Rigattieri
Leinhändler und Trödler

Fabbri
Schmiede

Maestri di Pietra e Legname
Steinmetze und Zimmerleute

Legnaioli
Tischler

Fornai
Bäcker

Beccai
Metzger

Vinattieri
Weinhändler

Oliandoli
Ölhändler

Albergatori
Gastwirte

Der Palazzo dell'Arte della Lana war im Mittelalter der Sitz der mächtigen Wollhändlerzunft

8 Palazzo dell'Arte della Lana

Sitz der größten Zunft mit einer politischen Freskenausstattung im Gerichtssaal.

Via Arte della Lana

Die größte und einflussreichste Zunft von Florenz, die der Wollweber und -händler, unter deren Obhut sich 20 Werkstätten, über 200 Läden und rund 30 000 Arbeiter (die Ciompi) befanden, erwarb 1308 den **Palast**, der sich aus drei Häusern zusammensetzt. 1569 schuf Buontalenti den *Brückengang*, der die Verbindung zu den oberen Räumen von Orsanmichele [Nr. 7] herstellt und heute zum *Museo di Orsanmichele* führt. Das *Tabernakel* an der Nordostecke mit einem Tafelbild des Jacopo del Casentino (um 1334) wurde vom Mercato Vecchio hierher übertragen.

Bei den Restaurierungsarbeiten von 1905 entdeckte man im *großen Gerichtssaal* im 1. Obergeschoss Fragmente einer **Freskenausstattung**, die zwischen 1340 und 1345 von Maso di Banco geschaffen sein dürfte. Sie zeigt das ›Jüngste Gericht‹ (Westwand), die Schutzpatrone der Konvente (Südwand) und ›Brutus als guten Richter‹ (Nordwand). Hier präsentiert sich ein *Bildprogramm*, welches die unabhängige Jurisdiktion im Machtbereich der Zunft als gerecht und unbestechlich darstellt. Diese Fresken stellten in Florenz die einzige – wenn auch schlecht erhaltene – malerische Ausstattung mit politischer Aussage in einem öffentlichen Gebäude dar, bis die Fresken im Palazzo dell'Arte dei Giudici e Notai [Nr. 19] freigelegt und der Öffentlichkeit zugänglich gemacht wurden.

9 San Carlo dei Lombardi

Kleine einfache Saalkirche aus dem 14. Jh.

Via dei Calzaiuoli

Die Dombauhütte, die auch den Bau von Orsanmichele ausführte, errichtete 1349 eine einschiffige Kirche, die 1379 dem Erzengel Michael geweiht wurde. 1404 war das **Gebäude** vollendet. Es wurde 1616 der Compagnia dei Lombardi überlassen, die dort einige Reliquien des hl. Carlo Borromeo verehrte, dem sie auch das Patrozinium übertrug. Die kleine Kirche (ihr barockes Interieur wurde 1931 entfernt) endet in drei Chorkapellen, deren Gewölbe von Säulen getragen werden und die sich nicht nur zum Schiff hin, sondern auch untereinander in hohen Arkaden öffnen. Die *›Beweinung Christi‹* hinter dem Hochaltar wurde um 1385 von Niccolò di Pietro Gerini gemalt, die schlecht erhaltenen *Fresken* in den Nebenchören schildern Wunder des Kirchenpatrons.

Der Neptun Ammanatis blickt von seinem Brunnen auf die Piazza della Signoria ▷

10 Piazza della Signoria

Große Platzanlage, die als Gegenpol zum Domplatz seit dem 14. Jh. das politische Zentrum der Stadt darstellt.

Die Piazza della Signoria ist das Herz von Florenz. Der Platz, der im Osten vom Palazzo Vecchio [Nr. 11] und im Süden von der Loggia dei Lanzi [Nr. 12] begrenzt wird, ist immer mit Leben erfüllt. Tagsüber dominieren Touristen, die zum Palast und zu den Uffizien [Nr. 13] drängen, wobei zahlreiche Kutschen den Weg versperren. Und abends ist der Platz Treffpunkt der Florentiner. Die älteren sitzen im **Rivoire** [s. S. 170], dem schönsten Café von Florenz, die jüngeren hocken auf der Piazza und diskutieren.

Die weiträumige Platzanlage stammt aus dem frühen 14. Jh. Bereits 1294 beschloss die Kommune, einen Stadtpalast zu errichten, in welchem die Signoria, d. h. die Prioren und der ›Gonfaloniere della Giustizia‹, während ihrer zweimonatigen Amtszeit zu residieren hatten. Ganze Straßenzüge fielen dem Bau zum Opfer, denn der Palast sollte auf einem freien Platz stehen, auf welchem sich das Volk versammeln konnte. Das tat es allerdings auch ohne Aufforderung, wie beim *Aufstand der Ciompi* [s. S. 14]. 1498 wurde hier *Savonarola* [s. S. 100] gehängt und verbrannt.

Die meisten Häuser, die den Platz damals säumten, mussten Bauten des 19. Jh. weichen. So entstand der *Palazzo delle Assicurazioni Generali di Venezia* 1871 in Formen der Frührenaissance. Allein das **Alte Handelsgericht** an der Ostseite des Platzes stammt noch aus dem 14. Jh. An seiner 1905 restaurierten Fassade sind die Wappen der 21 Zünfte angebracht (die Originale befinden sich heute im Inneren). Der *Palazzo Uguccioni* im Norden aus der Mitte des 16. Jh. wirkt mit seiner römischen Architektur fremd auf dem Florentiner Platz.

Vor dem Palazzo Vecchio stehen die Symbole der freien Republik. Der **Marzocco** (Löwe mit Florentiner Wappen) von Donatello symbolisiert Kraft und kommunale Freiheit. **Judith**, ebenfalls von Donatello, und der berühmte **David** von Michelangelo stehen für die Schwachen, die die Starken besiegen und damit ihr Volk retten (die Originale befinden sich im Bargello, Nr. 18, im Palazzo Vecchio, Nr. 11, und in der Accademia, Nr. 61).

Gegenpole, die die Herzogswürde der Medici repräsentieren, bilden der **Herkules** von Baccio Bandinelli (1533/34), vor allem aber der **Neptunsbrunnen** und das Reiterstandbild Cosimos I. Die große Brunnenanlage entstand 1565 zu Ehren der Hochzeit Francesco de' Medicis mit der kaiserlichen Prinzessin Johanna von Österreich und thematisiert die erkämpfte Seemacht der Toskana. Ammanati vollendete den Brunnen 1575. Die etwas unbeholfen wirkende Figur gehört nicht zu den besten Werken des Bildhauers. Erst der dritte mediceische Herzog, Ferdinando I., gab 1587 Giambologna den Auftrag, ein **Reiterstandbild** seines Vaters, Cosimo I., zu gestalten, welches neben dem Brunnen aufgestellt wurde und häufig mit dem des Marc Aurel auf dem römischen Kapitol verglichen wird. Die

Reliefplatten am Sockel illustrieren die Verleihung der Herzogswürde an Cosimo und den Triumph über Siena.

11 Palazzo Vecchio

Ehemals politisches Zentrum, heute ein Wahrzeichen der Stadt Florenz.

Piazza della Signoria
(Eingang Via della Ninna)
Tel. 05 52 76 83 25
Mo–Mi und Fr–So 9–19, Do 9–14 Uhr

Die wechselvolle Geschichte des Palastes spiegelt sich in den verschiedenen Namen, die er seit seiner Erbauung trug: Palazzo Pubblico oder Palazzo della Signoria, Palazzo Ducale und schließlich Palazzo Vecchio. Seinen heutigen Namen erhielt er erst, als die Herzöge in den Palazzo Pitti [Nr. 85] umzogen. Heute ist er Sitz der Kommunalverwaltung und Museum.

Drei Jahre nach der Grundsteinlegung 1299 war bereits der vordere Teil mit dem *Turm* fertiggestellt. Zur Via dei Leoni hin wurde der Palast mehrfach vergrößert, bis er schließlich 1588 die heutigen Ausmaße besaß. Das Äußere erfuhr keine wesentlichen Änderungen, so dass er bis heute den Charakter eines typischen Kommunalpalastes des 14. Jh. besitzt. Die kaum gegliederte **Fassade** aus unregelmäßig behauenen Steinen (Rustika) wird von einem weit hervorkragenden Zinnenkranz bekrönt, über dem sich der 94 m hohe Glockenturm erhebt, der abermals zwei Zinnenkränze besitzt.

Der trutzige Bau überrascht durch sein Inneres, welches Cosimo I. von dem Architekten, Maler und Kunsthistoriker *Giorgio Vasari* ab 1555 fast völlig umgestalten ließ. Bereits 1545 hatte *Michelozzo* den Auftrag erhalten, den mittelalterlichen **Innenhof** im Stil der Renaissance zu verändern. Die Ausgestaltung wurde

1565 anlässlich der Hochzeit Francesco de' Medicis mit Johanna von Österreich fortgesetzt. Vasari ließ die *Säulen* mit vergoldetem Stuck überziehen und die Wände mit *Stadtansichten* aus dem Habsburgerreich verzieren. Der *Bronzeputto* Verrocchios (um 1475; Kopie) auf einer Porphyrschale, der aus einer Medici-Villa hierher versetzt wurde, drehte sich früher mit Wasserkraft um seine eigene Achse. Die an den Hof angrenzende **Waffenkammer** ist der einzige unverändert erhaltene Raum aus dem 14. Jh.

Die große **Treppe** Vasaris (1560–63) führt in die Appartements (Quartieri) des Herzogs und seiner Familienmitglieder – das Zwischengeschoss beherbergt eine *Kunstsammlung* aus städtischem Besitz mit europäischer Malerei des 15.–18. Jh. und die *Collezione Loeser* mit Florentiner Werken des 14.–16. Jh.

Der Eingang zum Museum befindet sich an der Via della Ninna, der Innenhof als öffentlicher Durchgang wurde gesperrt. Die Besichtigung des Palastes beginnt im 1. Stock mit dem **Saal der Fünf-**

So sahen im 14. Jh. Kommunalpaläste in der Toskana aus: Der imposante Palazzo Vecchio an der Piazza della Signoria ist heute eines der Florentiner Wahrzeichen

Die Fresken des Francesco Salviati im Gerichtssaal des Palazzo Vecchio schildern Szenen aus dem Leben des Furius Camillus

hundert, den Savonarola erbauen ließ, als er die Florentiner Republik zu neuem Leben erwecken wollte. Unter Cosimo I. wurde der Saal Audienzraum. Die Bilder an der Decke und an den Wänden stammen hauptsächlich von Vasari und seiner Werkstatt und demonstrieren mit ihren *Stadtansichten* und *Schlachtenbildern* die Größe und Stärke der Stadt Florenz und der Toskana. Gleichzeitig sind sie eine Huldigung an Cosimo, dessen Verherrlichung im Zentrum steht. Die sechs frei vor die Wände gestellten *Skulpturen* von Vincenzo de Rossi zeigen die Taten des Herkules. Der *›Genius des Sieges‹* von Michelangelo wurde vermutlich für das Julius-Grab in Rom geschaffen und 1565 hier aufgestellt. Giambolognas *›Florenz siegt über Pisa‹* (Gipsmodell; ausgeführtes Werk im Bargello, Nr. 18) entstand im selben Jahr als Pendant zu dem Genius.

Vom Saal aus kann man einen Blick in einen der interessantesten Räume der Florentiner Spätrenaissance werfen – das **Studiolo Francesco I.** Vasari gestaltete dieses Studierzimmer, in dem der Herzog seinen naturwissenschaftlichen Studien nachging, zwischen 1570 und 1572 aus. In den bemalten *Wandschränken* befand sich die Sammlung Francescos, die aus Edelsteinen, Medaillen, geschnittenen Steinen, geschliffenen Kristallen, Gefäßen, mechanischen Erfindungen und anderen Seltenheiten bestand. Das Skulpturen- und Bildprogramm nimmt Bezug auf diese Gegenstände und die Studien Francescos. Natura und Prometheus im zentralen *Deckengemälde* verweisen auf Makrokosmos der Natur und Mikrokosmos des Menschen, die mit den Elementen, Jahreszeiten, Temperamenten und Lebensaltern in ein kosmologisches System eingebunden sind. Die Wände sind jeweils einem Element gewidmet; die Bergung und Verarbeitung der ihnen zugeordneten Materialien wird in figurenreichen Bildern geschildert.

Wahre Grazie: Bronzeputto Verrocchios im Innenhof des Palazzo Vecchio

Giorgio Vasari

Der Maler und Architekt Giorgio Vasari wurde 1511 in Arezzo geboren. 1524 erstmals in Florenz, ließ er sich dort 1555 endgültig nieder, wo er 1574 starb.

Der Umbau des **Palazzo Vecchio**, den er teilweise selbst ausstattete, die Errichtung der **Uffizien**, einer der ersten Verwaltungsbauten der Neuzeit, der Verbindungsgang zwischen den Palästen Vecchio und Pitti, aber auch die Ausmalung der **Domkuppel** zeigen die Bedeutung, die Vasari bei seinen Zeitgenossen besaß. Hauptwerk ist jedoch seine **Künstlerbiographie**, die erstmals 1550 erschien. 1568 folgte eine zweite, erweiterte und überarbeitete Auflage.

Dieses Buch, das als eines der ersten Werke der Kunstgeschichtsschreibung gilt, wurde wegen seiner vielen Legenden und Ausschmückungen von der modernen Wissenschaft oft kritisiert. Erst Paul Barolsky wies 1991 in seinem Buch über ›Vasaris Erfindungen‹ darauf hin, dass es sich bei den Viten um Literatur handelt, einem Meisterwerk der **Renaissancedichtung**. Dennoch werden die Legenden über die Künstler nicht aussterben.

Auf der gegenüberliegenden Seite des Saales befinden sich die **Gemächer Papst Leo X.**, deren *Deckengemälde* von Vasari und Stradanus das Haus Medici – die irdischen Götter – verherrlichen. Der Rundgang führt durch jenen Raum, der Zutritt zu den **Quartiere degli Elementi** im Stockwerk darüber bietet. Diese sind den himmlischen Göttern vorbehalten. Vasari stellt damit eine Verbindung zwischen den antiken Gottheiten (oben) und dem Geschlecht der Medici (unten) her. Die Gemächer, von denen immer nur einige zu besichtigen sind, thematisieren im einzelnen die vier Elemente, Saturn, Herkules, Jupiter, Ops und Ceres. Die Loggia des Saturn gewährt eine schöne Sicht über Florenz.

Im gegenüberliegenden Trakt hatte Eleonora di Toledo, die erste Frau Cosimos I., ihre *Appartements*. Bemerkenswert sind die **Kapelle**, die vollständig von Bronzino ausgemalt wurde (1540–45 und 1560–64), und der Saal der **Gualdrada**. Die Geschichte der Gualdrada, die sich weigert, Otto IV. den Willkommenskuss zu geben (Deckengemälde), wird von einem Fries mit *Florentiner Stadtansichten* aus dem 16. Jh. begleitet.

Auf die **Kapelle der Prioren** folgen die drei Räume aus republikanischer Zeit: Der **Gerichtssaal** und Versammlungsraum der Prioren besitzt eine *Kassettendecke* von Giuliano da Maiano (1470–76), die *Fresken* stammen aus dem 16. Jh. Der **Saal der Lilien**, der seinen Namen dem Wappensymbol des Hauses Anjou verdankt, zeigt an der Hauptwand *Fresken* von Domenico Ghirlandaio (1482–84). Die Raumausstattung teilten sich Benedetto und Giuliano da Maiano mit Francesco Francione. Hier hat auch die *›Judith‹* Donatellos ihren neuen Aufstellungsort gefunden. Die einzelnen Arbeitsschritte des Gussverfahrens der damaligen Zeit sind sehr anschaulich in Vitrinen dargestellt. Die ›**Garderobe**‹ ließ Cosimo zwischen 1563 und 1565 ausführen. Auf die Wandschränke sind *53 Landkarten* gemalt. Sie dokumentieren das Interesse Cosimos an Geographie, Astronomie und Seefahrt und sind wegen ihrer Genauigkeit für den Historiker von großer wissenschaftlicher Bedeutung.

Die sog. **Percorsi Segreti**, geheime Räume und Gänge, sind nur im Rahmen von Führungen zu besichtigen. Hierzu zählen eine versteckte Treppe von der Via della Ninna ins Innere des Palastes, ein alter Verbindungsweg zwischen Studiolo di Francesco und Tesoretto di Cosimo sowie die beeindruckenden Gerüste unter dem Dach, die Vasari zur Verwirklichung der 8 m hohen Decke im Saal der Fünfhundert aus statischen Gründen benötigte.

12 Loggia dei Lanzi

Für öffentliche Zeremonien im 14. Jh. erbaut, bildet die offene Halle mit interessanten Skulpturen einen architektonischen Gegenpol zum Palazzo Vecchio.

Piazza della Signoria

An der Südseite der Piazza della Signoria öffnet sich zum Platz hin die Loggia dei Lanzi. 1376–81 wurde sie unter Leitung von *Benci di Cione* und *Simone Talenti* durch die Dombauhütte errichtet. Der repräsentative Hallenbau diente Festlichkeiten und Empfängen der Signoria. Im 16. Jh., nachdem Cosimo I. hier seine Schweizer Garde, die ›Lanzichenecchi‹ untergebracht hatte, erhielt das Bauwerk den heutigen Namen.

Die Loggia beeindruckt durch die Leichtigkeit und Eleganz ihrer weit gespannten Arkaden, aber auch durch die künstlerische Qualität der **Skulpturen**. Die *Reliefs der Tugenden* über den Arkaden wurden 1384–89 nach Entwürfen von Agnolo Gaddi gefertigt. Zwei *Löwen* bewachen den Eingang (griechische Klassik und 16. Jh.). In der linken Arkade steht der *›Perseus‹* von Benvenuto Cellini (1545–54), das Medusenhaupt triumphierend erhoben. Nach einer umfassenden Restaurierung erstrahlt das Meisterwerk in neuem Glanz. Wie Judith und David hat auch Perseus als der Schwächere das Böse überwunden. Die Figuren in den Nischen *(›Danae‹* und *›Zeus‹, ›Athena‹, ›Hermes‹)* sowie das Relief mit der *›Befreiung Andromedas‹* ergänzen die Perseuslegende (Kopien; Originale im Bargello, Nr. 18). Als Pendant dazu schuf Giambologna 1583 die Marmorgruppe *›Raub der Sabinerin‹* in der rechten Arkade (Kopie; Original in der Galleria dell'Accademia).

In der Halle sind ein weiteres Werk des Giambologna *(›Herkules kämpft mit dem Kentauren‹)*, römische Skulpturen und der *›Raub der Polyxene‹* (1866) von Pio Fedi zu sehen. Auf dem Dach der Loggia – von den Uffizien aus zugänglich – kann man Kaffee trinken.

In Siegerpose: Cellinis ›Perseus‹ hält das abgeschlagene Medusenhaupt hoch

13 Galleria degli Uffizi

Die größte Gemäldegalerie Italiens besitzt Weltrang. Sie bietet einen umfassenden Überblick über die italienische Malerei des 12. bis 17. Jh.

Piazzale degli Uffizi
Tel. 05 52 38 86 51
Kartenvorbestellung Tel. 055 29 48 83
www.polomuseale.firenze.it
Di–So 8.15–18.50 Uhr

Von den ›Gallerie‹ (Gängen) der Uffizien, in denen die Kunstsammlung der Medici aufbewahrt wurde, stammt der Name der Kunst›galerie‹. Uffizi hingegen hießen die Büros und Ämter, für die der Palazzo ursprünglich erbaut worden war.

Nach seinem Umzug in den Palazzo Vecchio hatte Cosimo I. das Bestreben, sämtliche Ministerien und Ämter unter einem Dach zu vereinen. 1559 beauftragte er seinen Hofarchitekten *Vasari* mit der schwierigen Aufgabe. Ganze Häuserzeilen wurden abgerissen oder dem neuen Zweck entsprechend umgebaut, damit sich das **Gebäude** zwischen Palast und Arno ausdehnen konnte. Die Fundamente für die beiden lang gestreckten *Flügel* musste Vasari teilweise in den Arno legen lassen. Der *Innenhof*, der Piazzale degli Uffizi, ist zum Arno hin durch einen *Querflügel*, die Südgalerie, abgeriegelt.

Nach Vasaris Tod 1574 wurde der Bau von *Buontalenti* und *Alfonso Parigi* 1580 vollendet. Ein Jahr später veranlasste

Francesco I., die Loggien im Obergeschoss zu schließen, ihre Gewölbe mit Grotesken auszumalen sowie Statuen und andere Kunstgegenstände aufzustellen. 1584 wurde Buontalenti mit dem Bau der *Tribuna* beauftragt, die den berühmtesten Kunstwerken vorbehalten war. Der Grundstein zu den heutigen Uffizien war gelegt, die unterschiedlichen Sammlungen der Medici, begonnen bei Cosimo d. Ä., wurden im Laufe der Jahrhunderte hierhergebracht. Ferdinando I. ließ im Westflügel *Werkstätten für Kunsthandwerker* einrichten. Hier wurden vor allem die so genannten Florentiner Mosaiken aus Halbedelsteinen hergestellt (Pietra dura). Somit vereinten die Uffizien Händler in den unteren Loggien an der Piazzale, sämtliche Ministerien, Werkstätten für Kunsthandwerker und eine *Kunstsammlung*, die dem Vergleich mit den Sammlungen europäischer Fürstenhöfe gewachsen war.

Im Laufe der Zeit wurden die Uffizien gänzlich zum **Museum**. Neue Sammlungen und die Auflösung von Klöstern im 19. Jh. ließ die Zahl der Kunstwerke anwachsen. Heute beherbergen die Uffizien das *Grafische Kabinett, Gobelins, antike Skulpturen* und die gewaltige *Gemäldesammlung*, seit 1998 auch die *Sammlung Contini Bonacossi*, die von der Via Lambertesca aus zugänglich ist. In den nächsten Jahren werden die Uffizien restauriert, modernisiert und zusammen mit dem Palazzo Pitti und den Boboli-Gärten zu einem riesigen Museumsareal umgebaut. Die Gemäldegalerie wird 45 zusätzliche Säle erhalten, die Ausstellungsfläche wird sich von 8000 auf 13 000 m^2 ver-

Besuchermagnet ersten Ranges: die Uffizien mit der größten Gemäldegalerie Italiens

größern. Im Zuge dessen ist mit der zeitweiligen Schließung einiger Räume sowie einer veränderten Hängung der Kunstwerke zu rechnen. Um Wartezeiten am Eingang zu vermeiden, sollte man unbedingt die Möglichkeit der *Kartenvorbestellung* [s. S. 174] nutzen. 2004 wurden die ersten fünf neuen Säle im 1. Stock eröffnet und der Ausgang zur Piazza del Grano verlegt. Die zukünftige Raumaufteilung mit einem dem großen Besucherandrang angepassten Eingangsbereich und der neue Rundgang stehen derzeit noch nicht fest. Die Museumserweiterung (aktuelle Infos: www.nuoviuffizi.it) wird allerdings frühestens 2012 abgeschlossen sein.

Bisher gelangt man von der Eingangshalle [**A**] in die Kirche **San Pier Scheraggio**, die, 1068 geweiht, mehrmals umgebaut wurde und heute den Erfordernissen eines modernen Museumsbaus genügt. Hier ist die ›Serie berühmter Persönlichkeiten‹ von Andrea del Castagno solange zu sehen, bis auch sie nach Vollendung des Umbaus ihren endgültigen Ausstellungsort erhält. Außerdem werden hier verschiedene restaurierte Gemälde präsentiert, bevor diese ihren alten Platz in der Galerie wieder einnehmen und dann durch einen roten Punkt und das Jahr der Restaurierung gekennzeichnet sind.

Über die Treppe kommt man, vorbei am Grafischen Kabinett im 1. Stock , in die Galerie im 2. Obergeschoss. Großartiger Auftakt sind die drei großen Mariengemälde von **Cimabue** (um 1285), **Duccio**

Ganz oben: *Rausch der Frühlingsgefühle: Botticellis ›Primavera‹ beeindruckt durch eine meisterhafte Leichtigkeit der Bewegung*
Oben: *Revolution der Malerei: Mit seiner körperhaft-plastischen Ognissanti-Madonna leitete Giotto ein neues Raum- und Figurenverständnis in der Kunst des 14. Jh. ein*
Rechts: *Antike Skulpturen aus den Medici-Sammlungen zieren den ersten und zweiten Korridor der Galleria degli Uffizi*

(um 1285) und **Giotto** (um 1310) [**2**], durch die es möglich ist, die Entwicklung der toskanischen Malerei vom 13. zum 14. Jh., von der *Maniera greca* zu Giottos neuer Raum- und Figurenauffassung nachzuvollziehen, die letztendlich zur Renaissance führte. Wie anders nimmt sich dagegen die etwa 20 Jahre später entstandene ›Verkündigung‹ des Sienesen **Simone Martini** [**3**] aus, die vor allem durch die Leichtigkeit der Figuren und das kunstvolle Linienspiel der Gewänder ein typisches Werk der Sieneser Gotik ist.

Werke der **Internationalen Gotik** [**5, 6**] und des frühen Florentiner **Quattrocento** [**7**] leiten über zu den Gemälden von **Botticelli, Ghirlandaio** und **Filippino Lippi** [**10–14**]. Hier erreicht die italienische Renaissance einen ersten Kulminationspunkt. Botticellis *›Primavera‹* (um 1478) und *›Geburt der Venus‹* (um 1485) zählen zu den berühmtesten Bildern der Galerie und verbildlichen Gedankengut der damaligen Philosophen, die dem Platonismus verpflichtet waren.

Die Werke Sandro Botticellis sind mit dem großen *Flügelaltar* von Hugo van der Goes konfrontiert, den dieser 1476–78 im Auftrag des Florentiner Bankiers Tommaso Portinari in Brügge schuf. Der Naturalismus der frühen Niederländer und ihre Liebe zum Detail wurden in Florenz sofort aufgegriffen. Diese nordische Tendenz spiegelt sich vor allem in den Gemälden Ghirlandaios und Lippis.

Von **Leonardo da Vinci** [**15**] besitzen die Uffizien drei Gemälde. *›Die Taufe Christi‹* malte der junge Leonardo zusammen mit seinem Lehrer Verrocchio. Auch die *›Verkündigung‹* ist noch eine Werkstattarbeit. Ein eigenständiges Werk ist die unvollendete *›Anbetung der Könige‹* (1481). Leonardo brach hier mit der Tradition der narrativen Darstellung. Er konzentrierte sich auf das eigentliche Thema, und es gelang ihm, den Gefühlen der Beteiligten Ausdruck zu verleihen.

Memling [**22**], **Dürer** [**20**] und anderen nordeuropäischen Malern folgen die Venezianer, denen die starken kontrastrei-

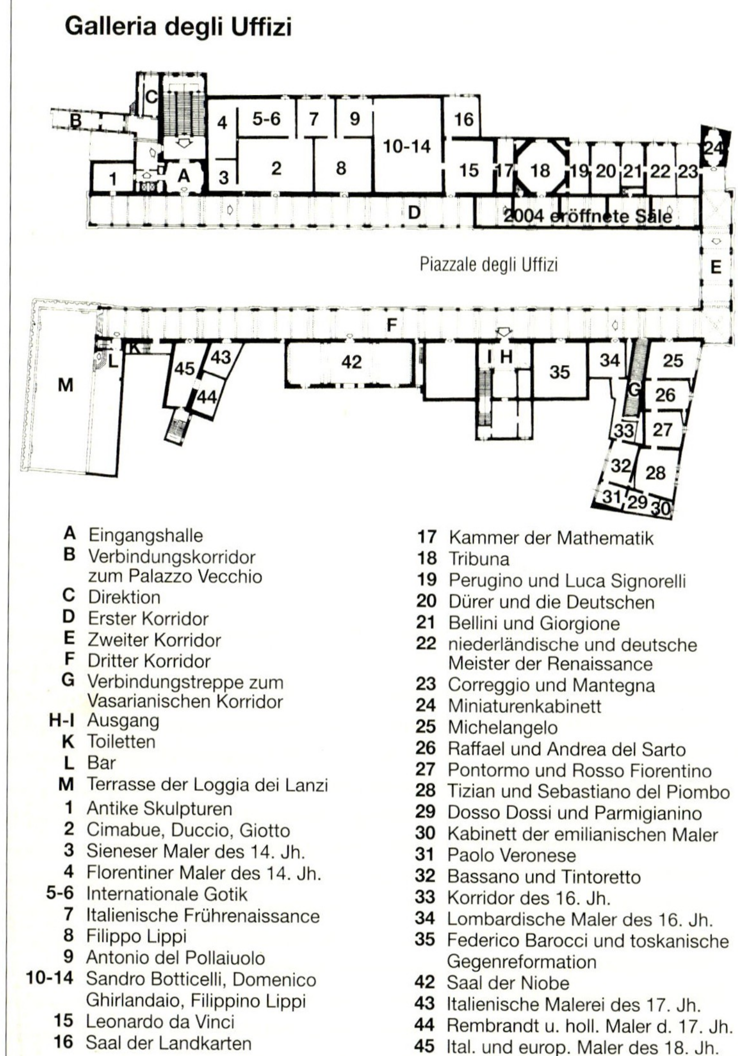

chen Farben der Florentiner fremd sind. In den Gemälden von **Bellini** und **Giorgione** [21] herrschen Brauntöne vor, die in ein warmes Licht getaucht sind. Mensch und Natur sind eins. In seiner bekannten *›Beweinung Christi‹* verzichtet Bellini auf jegliches Beiwerk. Die Figuren stehen vor einem neutralen Hintergrund.

An den berühmten Tondo **Michelangelos** [25] mit der *›Heiligen Familie‹* von 1504 schließen Gemälde von **Raffael** und **Andrea del Sarto** [26] an. Raffaels *Bildnis des Medici-Papstes Leo X.* mit den Kardinälen Giulio de' Medici und Luigi de' Rossi von 1518/19 ist eines der hervorragenden Beispiele der Porträtmalerei der Hochrenaissance. Interessant ist ein Vergleich der intimen *›Madonna mit dem Stieglitz‹* mit der repräsentativen *›Madonna der Harpyen‹* des Andrea del Sarto.

Die *›Venus von Urbino‹*, die **Tizian** [28] 1538 malte, Werke des Manierismus von **Pontormo** [27] und **Parmigianino** [29], Arbeiten von **Barocci** [35] sowie **holländischer Barock** [44] leiten über zu den neu eröffneten Sälen im 1. Stock. Im ersten Raum befinden sich Werke von **Caravaggio**, die nicht nur durch ihre Lichtführung der Helldunkel-Malerei berühmt sind, sondern vor allem durch die realistische, schonungslose Art der Darstellung. Außerdem wird hier die berühmte ›*Judith*‹ der Barockmalerin Artemisia Gentileschi gezeigt.

Zwei Besonderheiten der Uffizien sind die Tribuna und der Vasarianische Korridor: Die **Tribuna** [18] ist das Herzstück des Museums. 1970 restauriert, verdeutlicht der Kuppelsaal, wie die Medici im 16. Jh. ihre Kunstschätze präsentierten. Im Mittelpunkt steht die berühmte ›*Mediceische Venus*‹ aus späthellenistischer Zeit. An den Wänden hängen u. a. Porträts der Medici von Bronzino und Pontormo sowie der ›*Musizierende Engel*‹ von Rosso Fiorentino.

Der **Vasarianische Korridor** [G] (Tel. 05 52 65 43 21, zzt. geschl.) liegt am anderen Ende der Uffizien. Als sich Cosimo I.

Ausschnitt aus Michelangelos 1501 geschaffenen Tondo ›Heilige Familie‹

Buontalenti schuf die Tribuna, in der besonders bedeutende Kunstschätze präsentiert werden

Galileis Teleskop ist eines der Ausstellungsstücke des Museo di Storia della Scienza

1565 von den Regierungsgeschäften zurückzog, siedelte er in den Palazzo Pitti [Nr. 85] über. *Giorgio Vasari* erhielt den Auftrag, einen Gang zwischen Palast und Uffizien zu bauen, der über den Ponte Vecchio führen sollte. So konnte Cosimo unbemerkt von einem Gebäude zum anderen gelangen bzw. den Korridor gegebenenfalls auch als Fluchtweg nutzen. Heute setzt sich in diesem Gang die Sammlung mit *Gemälden aus dem 17. und 18. Jh.* fort. Am Ponte Vecchio schließt dann die Präsentation der *Künstler-Selbstbildnisse* (im 14. Jh. beginnend) an, eine Sammlung, die in der Welt ihresgleichen sucht.

14 Museo di Storia della Scienza

In dem Museum der Geschichte der Naturwissenschaften sind wissenschaftliche Geräte und Instrumente aus dem 11.–19. Jh. sehr anschaulich präsentiert.

Piazza dei Giudici 1
Tel. 055 26 53 11
www.imss.fi.it
Juni–Sept. Mo, Mi–Fr 9.30–17, Di/Sa 9–13, Okt.–Mai Mo, Mi–Sa 9.30–17, Di 9–13 Uhr

Das **Museum** im Palazzo Castellani hat es sich zur Aufgabe gemacht, »die Vorstellung zurechtzurücken, dass Florenz und die Toskana nur die Wiege künstlerischer und literarischer Meisterwerke sei«. In elf

Im Saal VII des Wissenschafts-Museums sind zahlreiche Sphären und Globen versammelt

Und sie bewegt sich doch!

Dieser überlieferte angeblich letzte Satz von **Galileo Galilei** fasst die Summe seiner Arbeiten zusammen. 1564 in Pisa geboren, ab 1589 erst Professor in seiner Heimatstadt, später in Padua, wurde er 1610 Mathematiker am Hof der Medici. Ihre Gunst hatte er gewonnen, nachdem er mit dem von ihm erfundenen Fernrohr die beobachteten Jupiter-Satelliten als **Mediceische Gestirne** bezeichnet hatte.

Für Galilei, der auf Kopernikus fußend Beweise dafür erbrachte, dass sich die Erde um die Sonne dreht, begann bereits 1612 eine für ihn gefährliche Diskussion. 1616 von der **Kirche** in Rom zum Schweigen gezwungen, führte sein 1632 erschienener »Dialog über die beiden Weltsysteme« 1633 zu dem berühmten **Prozess**, in dem er zum Widerruf seiner Forschungen gezwungen wurde.

Obwohl seine verbotenen Werke erst 1835 vom Index gestrichen wurden und der Papst sogar erst 1993 den Kirchenbann aufhob, planten die Florentiner direkt nach seinem Tod 1642 ein **Ehrengrab** für den großen Mathematiker in Santa Croce. Erst 1737 ausgeführt, zeugt es von der Hochachtung, die die Florentiner ihm entgegengebracht haben.

Sälen ist die *Geschichte der Astronomie, Mathematik, Optik,* etc. didaktisch hervorragend aufbereitet. Ein Raum ist den *Instrumenten Galileo Galileis* gewidmet, der seit 1610 Mathematiker am großherzoglichen Hof in Florenz war. Hinzu kommen weitere 10 Säle mit der Sammlung naturwissenschaftlicher Geräte und Erkenntnisse des 18. und 19. Jh. Derzeit wird das Museum umgestaltet, wodurch Teile der Sammlung bis Herbst 2009 nicht zu sehen sind.

15 Palazzo Gondi

Einer der schönsten Florentiner Renaissance-Stadtpaläste.

Piazza San Firenze 1

1490 beauftragte Giuliano Gondi den Architekten *Giuliano da Sangallo* mit der Errichtung des Palastes. Dem **Bau** musste u. a. das Haus, in dem der junge Leonardo aufgewachsen war, weichen. Als der Auftraggeber 1501 starb, war das Gebäude noch unvollendet. Erst 1874, als die Via dei Gondi verbreitert wurde, ergab sich die Möglichkeit, die von Sangallo geplante siebte Achse mit dem dritten Portal hinzuzufügen.

Der Palazzo Gondi besticht durch seine ungewöhnliche architektonische **Detailgliederung**. Die Schwere der Rustika im unteren Geschoss wird in den beiden oberen Stockwerken stufenweise zurückgenommen. Jeder Keil der Fensterumrahmungen ist der Höhe einer Quaderreihe angepasst, wodurch im Mitteltrakt zusätzlich zwischen den Fenstern Kreuzformen entstehen.

Der **Innenhof** des Palastes besitzt einen schönen *Brunnen* (1604). Schlanke Säulen mit reich verzierten Kapitellen tragen die Arkaden, deren Profil sich im darüberliegenden Gesims wiederholt.

16 San Firenze

Spätbarocke Kirchen- und Klosteranlage mit imposanter Fassade.

Piazza San Firenze

Die Anlage, die heute das Gerichtsgebäude und eine Kirche beherbergt, bildet mit ihrer spätbarocken Fassade einen Kontrast zum gegenüberliegenden Palazzo Gondi [Nr. 15]. 1640 wurde den Patres des Lokalheiligen Filippo Neri das romanische Oratorium des hl. Fiorenzo an der Piazza überlassen. Eine Häuserzeile wei-

Wie eine Festung mutet das Gebäude des Museo Nazionale del Bargello an

ter links kam es unter Pier Francesco Silvani bald zu einem **Neubau**, der dem hl. Filippo Neri geweiht war, der Einfachheit halber jedoch San Firenze Nuovo hieß. 1715 fügte Ferdinando Ruggieri die *Fassade* mit den Doppelpilastern, dem Gebälk und den ›abbrechenden‹ Bögen hinzu. Ende des 18. Jh. ersetzte Zanobi del Rosso das alte Oratorium durch ein neues und wiederholte die Fassade von Ruggieri. Die Häuserzeile dazwischen fiel dem Bau eines Klosters zum Opfer, welches beide Oratorien und deren Fassaden miteinander verband. Im Klostergebäude, dem jetzigen Gericht, befindet sich das schönste und aufwendigste **Barocktreppenhaus** der Stadt.

17 Badia (Santa Maria Assunta)

Älteste Kirche von Florenz mit stimmungsvollem Kreuzgang, der wegen seiner Orangenbäume ›Chiostro degli Aranci‹ heißt.

Via del Proconsolo
Tel. 055 26 44 02
Kirche tgl. 7–19.30 Uhr

Das Benediktinerkloster, der Himmelskönigin und dem Märtyrer Stephanus geweiht, wird von alters her von den Florentinern kurz ›Badia‹ (Abtei) genannt. 978 wurde es von Willa, der Mutter des Markgrafen Hugo, dem Florenz seine Vormachtstellung in der Toskana und seine Wappenfarben verdankt, gestiftet. 1284–1310 kam es zu einem **Neubau**, der *Arnol-*

fo di Cambio zugeschrieben wird und dessen Außenmauern weitgehend erhalten sind. 1627 veränderte *Matteo Segaloni* den Innenraum radikal. Er drehte die bis dahin nach Osten orientierte Kirche um 90° (d. h. das Langhaus wurde zum Querhaus) und baute eine neue Choranlage. Seit der Aufhebung des Klosters 1810 dient die Badia als Pfarrkirche.

Das reich verzierte **Portal** von 1495 mit dem Stifterwappen der Pandolfini und einer *Majolika-Madonna* des 16. Jh. führt in einen Vorhof, durch den man in die Kirche gelangt. Seit dem Umbau beschreibt der Grundriss ein griechisches Kreuz mit angefügtem lang gestrecktem Chor nach Süden, die üppig verzierte *Holzdecke* von Felice Gamberai (1629–31) schließt den **Innenraum** nach oben hin ab. Die alten Ausstattungsstücke sowie die *Orgel* von Noferi da Cortona (1558) erhielten nach dem Umbau neue Aufstellungsorte. Gleich links befindet sich ein frühes **Altarbild** Filippino Lippis von 1486. In einer sich weit nach hinten erstreckenden Landschaft mit Nebenszenen erscheint vor einem riesigen Felsen die Muttergottes mit Engeln und dem hl. Bernhard. Rechts unten ragt der betende Stifter Piero del Pugliese ins Bild hinein.

Wie das *Relief* der Madonna mit den hll. Laurentius und Leonhard und das *Grabmal des Rechtsgelehrten Bernardo Giugni* im rechten Querhaus, so stammt auch das *Grabmal des Markgrafen Hugo* im linken Querhaus von Mino da Fiesole. 1469–81 fertigte er es für den 1001 verstorbenen und in der Badia beigesetzten Markgrafen an. Vasari malte 1566 die ›*Himmelfahrt Mariens*‹ über dem Grab.

Im **Kreuzgang** (morgens geöffnet) finden sich mehrere *Grabstätten*, vor allem aber ein *Freskenzyklus*, der direkt nach Abschluss der Bauarbeiten um 1436 begonnen wurde und das Leben des hl. Benedikt zum Thema hat.

Verlässt man die Kirche durch den Nebeneingang zur Via Dante hin, kommt man an der zwischen 1503 und 1511 von Benedetto da Rovezzano erbauten **Pandolfini-Kapelle** vorbei und hat zudem einen freien Blick auf den **Campanile**, dessen unteres Geschoss vermutlich noch aus ottonischer Zeit stammt. Der Turm mit dem spitzen Helm (nach 1330) gehört zu denjenigen Bauwerken von Florenz, die die Stadtsilhouette maßgeblich prägen.

18 Museo Nazionale del Bargello

Der älteste Florentiner Kommunalpalast birgt Skulpturen und Kunsthandwerk hauptsächlich aus den mediceischen Sammlungen und ist das zweite wichtige Skulpturenmuseum der Stadt.

Via del Proconsolo 4
Tel. 05 52 38 86 06
www.polomuseale.firenze.it
Di–So sowie 1., 3. und 5. Mo im Monat 8.15–18 Uhr

1250 beschloss der ›primo popolo‹, als Symbol des Sieges über den Adel einen Palast für den ›Capitano del popolo‹ zu errichten, in welchem auch der ›Podestà‹ residieren sollte. 1261 war der ursprüng-

Der bronzene ›David‹ Donatellos im Museo Nazionale del Bargello

Frei stehend und nackt

Der Bildhauer **Donatello**, dessen eigentlicher Name Donato di Niccoló di Betto Bardi lautet, wurde um 1386 in Florenz geboren, wo er 1466 starb. Dem Schüler von Ghiberti und Nanni di Banco gebührt der Ruhm, dass er die **Skulptur** befreit hat von dem aus nachantiker Zeit stammenden Prinzip, an die Architektur gebunden zu sein.

Berühmtes Beispiel in Florenz ist der bronzene **David**, die erste frei stehende und nackte Figur der Renaissance, die außerdem auf Mehransichtigkeit angelegt ist.

Ebenfalls auf Antikenstudium beruht seine kolossale Reiterfigur des Gattamelata in Padua. In Florenz sind seine Werke außer im Bargello im Museo dell'Opera del Duomo, in San Lorenzo, im Palazzo Vecchio, in Santa Croce und dessen Refektorium zu sehen. Seine Skulpturen am Außenbau von Orsanmichele und vor dem Palazzo Vecchio wurden inzwischen durch Kopien ersetzt.

liche **Bau** an der Via del Proconsolo fertig, der einen älteren, auf 54 m erhöhten *Geschlechterturm* mit einbezog. Bis 1346 vollendete man die heutige *vierflügelige Anlage*, die den alten Hof umschließt. Die geschlossen wirkenden Fassaden mit Zinnenkranz und dem hohen Turm besitzen trotz der Dreipassfenster und den ehemals umlaufenden Holzgalerien (die Konsolen zeugen noch davon) Festungscharakter. In Aufriss und Grundriss war der Bau wegweisend für die Architektur der italienischen Kommunalpaläste des 14. Jh.

Der Palazzo wurde 1502 Sitz der Gerichtsbehörde und Gefängnis, 1574 gesellte sich der ›Bargello‹ (Polizeihauptmann) dazu, der dem Palast nunmehr seinen Namen gab. 1859 wurde hier das erste italienische *Nationalmuseum* gegründet, welches, auf Skulpturen und Kunsthandwerk spezialisiert, vor allem die Uffizien entlastete.

Im **Hof** mit den Wappen der jährlich wechselnden ›Podestà‹ und den Kanonen vom Anfang des 17. Jh. fanden zwischen 1502 und 1782 Hinrichtungen statt. Von hier aus gelangt man in den sog. **Saal des Michelangelo**, der aus der ersten Bauzeit stammt. Mit dem *›Trunkenen Bacchus‹* von 1497 schuf der 22-jährige Michelangelo seine erste frei stehende Figur. Das *›Tondo Pitti‹* von 1504, die Marmorbüste des *›Brutus‹* von 1530 und der gleichzeitige *›Apollo‹* oder *›David‹* sind Beispiele für das Schaffen des reiferen Künstlers. Neben seinen Epigonen Tribolo und Francavilla, die in vielen Fällen Skulpturen des Meisters stark verkleinert kopierten, verdienen hier vor allem noch Beachtung: Benvenuto Cellini mit der *Bronzebüste Cosimos I.* (1557), dem *Sockelrelief* und den *Statuetten* vom Perseus-Standbild und dem Modell zur Perseus-Figur (um 1550) sowie Giambologna mit der Marmorgruppe *›Florenz besiegt Pisa‹* (1570) und seinem ›Merkur‹ (um 1580). Ein **Raum mit gotischen Skulpturen** befindet sich auf der anderen Seite des Hofes.

Vom Hof aus gelangt man über die Außentreppe in die **Loggia**, die von Giambolognas Marmorskulptur *›Allegorie der Architektur‹* dominiert wird. Seine bronzenen *Tierplastiken*, die er um 1570 für die Medici-Villa Castello schuf, sind in ihrem Naturalismus faszinierend.

Der **Große Saal des Consiglio Generale** ist dem ersten großen Renaissance-Bildhauer – **Donatello** – gewidmet. Sein bronzener *›David‹* (1433–43), der derzeit vor den Augen der Besucher restauriert wird, ist die früheste frei stehende Aktfigur der Nachantike. Weitere gesicherte Werke sind der *Marmor-David* (um 1408/09) und die Marmorstatue des *hl. Georg* für eine Nische von Orsanmichele (1415–17, Nr. 7). In dem zugehörigen Relief *›Drachenkampf des hl. Georg‹* wendete er zum ersten Mal die Prinzipien der Zentralperspektive an. Weitere Werke Donatellos sind der *›Amor‹* und der *›Marzocco‹*, der vor dem Palazzo Vecchio durch eine Kopie vertreten wird.

Neben Skulpturen aus dem Umkreis Donatellos und der *›Madonna delle Rose‹* von Luca della Robbia (um 1460) befinden sich hier auch die *vergoldeten Reliefs* von Ghiberti und Brunelleschi, die 1401 den Wettbewerb um den Auftrag für die zweite Baptisteriumstür entschieden. Sie sind sehr verschieden in ihrer Auffassung und demonstrieren die unterschiedlichen Quellen, aus denen die Künstler des 15. Jh. schöpften.

Doch nicht nur die Ausstellungsstücke, auch die Räume mit ihren *bemalten Holzdecken* verdienen Beachtung. Durch die **Sala della Torre** mit ihren *Teppichen* und die **Sala del Podestà**, in der vornehmlich *Kleinkunst* ausgestellt ist, gelangt man in die **Cappella del Podestà**, deren *Freskenzyklus* (um 1330–40) nur noch in Fragmenten erhalten ist. Die Zuschreibung an Giotto und die Identifizierung Dantes bei den Seligen des ›Jüngsten Gerichts‹ können nicht als gesichert gelten. Hier warteten die zum Tode Verurteilten auf ihre Hinrichtung. In den anschließenden Räumen wird Kunsthandwerk gezeigt, u. a. *Elfenbeinarbeiten* von der Spätantike bis ins 14. Jh.

Im 2. Obergeschoss gelangt man durch zwei Räume mit *Majoliken* von Andrea und Giovanni della Robbia in die **Sala del Verrocchio**, in welcher neben *Porträtbüsten* aus der zweiten Hälfte des 15. Jh. vor allem der *›David‹* Verrocchios eine Schlüsselstellung zwischen den Werken Donatellos und Michelangelos einnimmt.

Neben der *Medaillensammlung* der Medici ist für Kenner der Renaissance der **Saal der Kleinbronzen** ein Muss! Hier stehen die Bronzen, die sich der wohlhabende Gelehrte leisten konnte, um sie in seinem Studiolo aufzustellen. Die zahlreichen Kopien antiker Statuen wie auch berühmter Werke der Renaissance befinden sich thematisch geordnet in den Vitrinen. Mitten im Raum steht die relativ große *Herkules-Antaeus-Gruppe* von Pollaiuolo, die er vor 1492 schuf und in der er die Zwiespältigkeit des Helden zum Ausdruck bringt. Der obligatorische **Waffenraum** und ein Saal mit ausgewählten alten Textilien schließen den Rundgang ab.

Die ausgemalten Arkadengänge des Bargello sind ein schöner Rahmen für die Skulpturen

Reizvolle Wandmalereien rahmen ein Diner im eleganten Restaurant ›Alle Murate‹

19 Palazzo dell'Arte dei Giudici e Notai und Palazzo Pazzi-Quaratesi

Zunftpalast mit spektakulären Wandmalereien und noble Stadtresidenz für eine der vornehmsten und reichsten Florentiner Familien.

Via del Proconsolo 16r,
Ecke Via d. Pandolfini
Tel. 055 24 06 18
tgl. 9–17 Uhr
www.artenotai.com
Via del Proconsolo 10,
Ecke Borgo degli Albizi

Zwischen Bargello und dem Palazzo Pazzi-Quaratesi befindet sich der im 14. Jh. erbaute **Palast der Zunft der Richter und Notare** (Arte dei Giudici e Notai). Die durch Dokumente schon lange bekannte Ausmalung mit Wandmalereien ist durch eine groß angelegte Restaurierungskampagne freigelegt worden und seit 2005 dem Publikum zugänglich, entweder bei einem Besuch des Palastes oder beim abendlichen Essen im dort befindlichen Restaurant **Alle Murate** [s.S.167] Die Wandmalereien (teils Fresken, teils *al secco* ausgeführt) stammen von Jacopo di Cione und Ambrogio di Baldese. Cione schuf 1366 das Bildprogramm des Hauptsaals (im Gewölbe die Florentiner Mauern und Wappen sowie die Kardinaltugenden). Ambrogio di Baldese malte 1406 die Lünetten im ersten Stock aus, wobei die Darstellung der Poeten Dante, Petrarca, Zanobi di Strada und Boccaccio bei der Aufdeckung zu Recht als Sensation gefeiert wurden. Die Interpretation des Inhalts der Bilder steht jedoch noch aus.

TOP TIPP

Giuliano da Maiano errichtete den **Palast Pazzi-Quaratesi** zwischen 1462 und 1472 vermutlich nach den Plänen Brunelleschis für Jacopo de' Pazzi. 1478 beteiligte sich Jacopo an der Pazzi-Verschwörung [s. S. 15]. Nach seiner Hinrichtung wechselte der Palast mehrfach den Besitzer, u. a. gehörte er den Strozzi und den Quaratesi. Heute ist er Sitz einer Versicherung. Die Rustika im unteren Geschoss mit grob behauenen, relativ kleinteiligen Bossensteinen wird in den beiden oberen Stockwerken durch verputzte Wände abgelöst. Die Fenster des 1. Obergeschosses fallen durch ihre reiche Ornamentierung auf. Das *Wappen* (Kopie), angeblich von Donatello angefertigt, erinnert noch an die einstigen Besitzer.

20 Borgo degli Albizi

Die Einkaufsstraße säumen schöne Palastfassaden.

Die Verlängerung der Via del Corso, eine der wichtigsten Einkaufsstraßen, ist der Borgo degli Albizi, der in den Osten der Stadt führt. Hier reihen sich die alten Paläste aneinander. Ammanati schuf die nebeneinander liegenden **Palazzo Vitali** (Haus-Nr. 28) und **Palazzo Pazzi-Ramirez-Montalvo** (Haus-Nr. 26), dessen mit Sgraffiti überzogene Fassade durch drei verschiedene Fensterformen gegliedert ist. Der **Palazzo Altoviti** (Haus-Nr. 18) fällt durch seine Porträts in Form von Hermen auf. Dieser sog. ›Palast der hässlichen Gesichter‹ (16. Jh.) zeigt u. a. die Porträts von Boccaccio, Petrarca, Dante Alighieri, Marsilio Ficino, Amerigo Vespucci und Leon Battista Alberti. Über dem Portal befindet sich die Büste Cosimos I.

Der große **Palazzo degli Albizi** (Haus-Nr. 12) mit seiner vornehm-schlicht wirkenden Fassade gab der Straße ihren Namen. Er war der Hauptsitz der Familie Albizi, die im Zentrum und vor allem in dieser Straße noch mehrere Gebäude besaß. Ihm gegenüber (Haus-Nr. 15) liegt der **Palazzo degli Alessandri**, einer der größten Paläste aus dem 14. Jh., dessen Vorgängerbau beim Aufstand der Ciompi in Flammen aufgegangen war. Der Borgo endet an der *Piazza San Pier Maggiore*, einem malerischen Platz mit schönen Geschäften und Bars.

21 Palazzo Nonfinito

Der nie vollendete Palast beherbergt heute das Museum für Anthropologie und Ethnologie.

Via del Proconsolo 12
Tel. 05 52 39 64 49
www.msn.unifi.it
Mo/Di/Do/Fr/So 9–13, Sa 9–17 Uhr

Bernardo Buontalenti begann 1593 im Auftrag von Alessandro Strozzi die ersten Pläne für einen Palast direkt gegenüber dem Palazzo Pazzi-Quaratesi [Nr. 19] zu entwerfen. Unter seiner Leitung wurde jedoch nur noch das Erdgeschoss ausgeführt, welches sich durch seine fantasievollen Fensterrahmungen auszeichnet. Bis 1612 arbeiteten verschiedene Architekten an dem **Bau**: Vincenzo Scamozzi entwarf das zweite Obergeschoss, Giovanni Battista Caccini führte dieses sowie den ersten Stock und das Portal aus, die *Treppe* stammt von Santi di Tito. Gleichwohl wurde der ursprüngliche Bauplan nie in vollem Umfang verwirklicht, was dem Palast den Namen einbrachte.

Seit 1869 beherbergt er das erste Ethnologische Museum Italiens. Dieses **Museo Nazionale di Antropologia ed Etnologia** stellt in 33 Sälen anhand von rund 10 000 Objekten (Kunsthandwerk, Waffen und Kleider) die Weltkulturen zur Schau. Es dient vor allem dem Anthropologischen Institut der Universität, das sich im Obergeschoss befindet, zu Studienzwecken.

Schwere Entscheidungen sind beim Shopping zu treffen: Welche Farbe soll's denn sein?

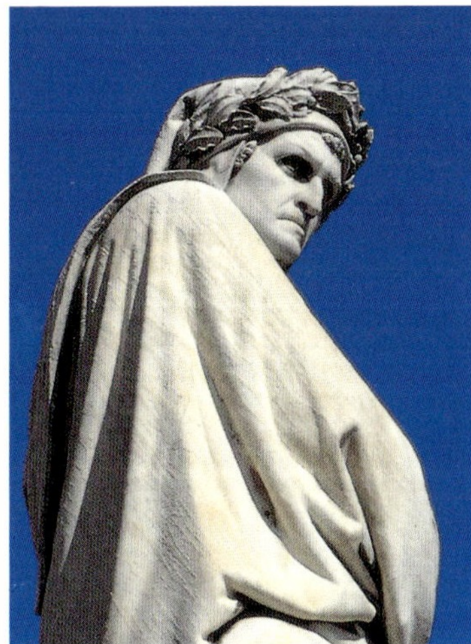

Vielseitig interessiert und begabt: der Dichter, Theologe und Politiker Dante. Denkmal auf der Piazza Santa Croce

Göttlich und verbannt

»Auf halbem Wege dieser Lebensreise / Fand ich in einem dunklen Walde mich / Weil ich verirrt war von dem rechten Gleise.« Mit diesen Worten beginnt die ›Göttliche Komödie‹, das berühmte Werk des größten Dichters Italiens, **Dante Alighieri**. 1265 in Florenz geboren, war er nicht nur Dichter, sondern auch Politiker, der für die Unabhängigkeit von Florenz eintrat. Dafür wurde er 1302 von den päpstlichen **Guelfen** verbannt. Er starb 1321 in Ravenna.

1311 hatte er wahrscheinlich mit seinem größten Werk begonnen, das bereits 10–15 Jahre nach seinem Tod in zahlreichen, zum Teil mit Buchmalereien versehenen Manuskripten in Umlauf war, die in großen Florentiner Schreibstuben und Buchmalereiwerkstätten entstanden. Im Folgenden griffen viele Künstler bei Höllen- und Paradiesdarstellungen auf die **Göttliche Komödie** zurück, wie etwa Nardo di Cione in der Strozzi-Kapelle von Santa Maria Novella.

Bis heute ist es den Florentinern nicht gelungen, die sterblichen Überreste ›ihres‹ Dichters wieder in seine Heimatstadt zu überführen. Der Kenotaph in **Santa Croce** ist ein Ausdruck der Bemühungen im 19. Jh., sein Andenken zu bewahren.

22 Via del Corso und Via Dante Alighieri

Von einer der wichtigsten Geschäftsstraßen ins Stadtviertel Dantes.

Rege Betriebsamkeit erfüllt die **Via del Corso**, die in westlicher Fortsetzung des Borgo degli Albizi [Nr. 20] die Shoppingfans und Touristen auf Souvenirsuche gleichermaßen anzieht. Auf dem Weg zur Piazza della Repubblica passiert man rechts den aus dem 16. Jh. stammenden **Palazzo Portinari Salviati** (Haus-Nr. 6), in dem heute die Banca Toscana ihren Sitz hat. Interessant sind die im Architekturstil der Zeit gestaltete *Schalterhalle* und im zweiten *Hof* die von Alessandro Allori geschaffenen Fresken mit der Odysseussage (1580).

Gegenüber erhebt sich die Kirche **Santa Margherita in Santa Maria de' Ricci** aus dem 16. Jh. mit einer Säulenvorhalle von G. Silvani (1611). Die Gewölbe im *Inneren* des einschiffigen Gebäudes stammen aus dem 18. Jh., in der Tonne ist eine Darstellung der *Himmelfahrt Christi* zu sehen. Auffällig ist die *Pilastergliederung* in alternierend schmalen und breiten Arkaden,

die Einflüsse von Ammanatis San Giovannino degli Scolopi [Nr. 53] erkennen lässt.

Parallel zum Corso verläuft die **Via Dante Alighieri** im Wohnviertel des berühmten Dichters. Die mittelalterlichen Gebäude in dieser Nebenstraße gehörten einst der Familie Dantes. Das schönste Haus, die **Casa di Dante** (Via S. Margherita 1, Tel. 055 21 94 16, www.museocasadidante.it, Sommer tgl. 10–18, Winter Di–So 10–17 Uhr), wurde von der Stadt zum Geburtshaus des Dichters erklärt und mit Handschriften und Gemäldereproduktionen als *Gedenkmuseum* eingerichtet.

Um die Ecke, in der Via S. Margherita, steht die kleine Kirche *Santa Margherita de' Cerchi* aus dem 11. Jh., heute als **Chiesa di Dante** bezeichnet. Hier befindet sich das Grab von Beatrice Portinari, die Dante in der ›Göttlichen Komödie‹ verherrlichte. Dantes Heirat mit Gemma Donati in der Kirche ist nicht belegt.

Der Entstehung der Piazza della Repubblica fielen im 19. Jahrhundert der Mercato Vecchio und die Gassen des Judenviertels zum Opfer

23 Torre Pagliazza

Der Turm aus dem 6. Jh. geht mit der Moderne eine neue Verbindung ein.

Piazza S. Elisabetta

In der Nähe des Corso wurde 1988/89 das *Hotel Brunelleschi* [s. S. 177] gebaut. Bei den dafür notwendigen Abrissarbeiten entdeckte man einen gut erhaltenen **Turm** aus dem 6. Jh., der in das Luxus-Hotel integriert wurde. Er ist das einzig erhaltene architektonische Zeugnis dieser frühen Zeit, heute einfühlsam mit moderner Architektur verbunden.

An der Ecke, wo die Via S. Elisabetta vom Corso abzweigt, befindet sich das *Turmhaus der Ghiberti*, ein sechsstöckiges schmales Gebäude aus dem 13. Jh.

24 Piazza della Repubblica

An der Stelle des Alten Marktes, Handelsplatz von Florenz, entstand im 19. Jh. die größte Platzanlage der Innenstadt.

Von welcher Seite man auch kommt, die Piazza della Repubblica mit ihren riesigen

Das legendäre ›Giubbe Rosse‹ an der Piazza della Repubblica war einst Treff der Literaten

Ausmaßen und ihren großen Palastbauten aus dem 19. Jh. wirkt in dieser Stadt irritierend. Hier hatten die Römer einst einen Tempel errichtet, der den kapitolinischen Göttern Jupiter, Juno und Minerva geweiht war. Später entwickelte sich an der Stelle des heutigen Platzes ein *Handelszentrum* mit dem *Mercato Vecchio,* auf dem Vasaris *Fischhalle* stand. Außerdem befand sich hier ein Teil des *jüdischen Gettos.*

Um 1890 wurde alles abgerissen, um das Königreich – der Platz hieß bis 1944 ›Piazza Vittorio Emanuele II.‹ – mit einer überdimensionalen **Platzanlage** zu ehren. Solch radikale Stadtsanierung war keine Erfindung des 19. Jh. Bereits den edlen Renaissance-Palästen war bedeutende historische Bausubstanz geopfert worden. Die **Paläste** gehören den heutigen ›Arti maggiori‹, den Versicherungen und Banken. In den Erdgeschossen befinden sich die teuersten **Cafés** von Florenz.

25 Santa Maria Maggiore

Mittelalterliche Kirche mit wenigen frühen Ausstattungsstücken.

Via de' Cerretani

Vom romanischen *Vorgängerbau* der im 14. Jh. errichteten Kirche zeugen noch der Glockenturm und Teile der Außenwände. Durch das *Portal,* welches mit einer Madonnenfigur aus dem 14. Jh. (Kopie) geschmückt ist, gelangt man in eine dreischiffige Halle, deren Kürze (nur drei Joche) überrascht.

Die Gewölbe und einige der Altäre in den Seitenschiffen sind barocken Ursprungs. Im Chor befindet sich die **Ma-**

donna del Carmine (linke Chorkapelle) aus der Mitte des 13. Jh., die Coppo di Marcovaldo zugeschrieben wird. Bemerkenswert ist die Verbindung von Relief (Maria mit Kind in Frontalansicht) und Malerei auf Goldgrund (Engel, ›Verkündigung‹ und ›Drei Marien am Grabe Christi‹). An der rechten Wand dieser Kapelle sind Fragmente des *Grabmals* des 1294 verstorbenen Dichters und Gelehrten Brunetto Latini erhalten, den Dante als seinen Lehrer bezeichnete.

26 Palazzo Antinori

Die kleine Platzanlage beherrschender Palast der Frührenaissance.

Piazza Antinori 3

Gegenüber von San Gaetano [Nr. 27] liegt der große, 1461–69 errichtete Palast der Antinori, der noch mittelalterlicher Baugesinnung verhaftet ist. Details wie das Gesims, aber auch die Ausgewogenheit der Proportionen und die Regelmäßigkeit der Anlage verweisen auf *Giuliano da*

Auf den Spuren der Dichter, Denker und Maler

Wer auf der Suche nach einem Ort für die kleine Erfrischung zwischendurch ist und sich dabei gerne in alte Zeiten zurückversetzen lassen möchte, der ist auf der **Piazza della Repubblica** an der richtigen Adresse. Hier befinden sich mehrere traditionsreiche **Cafés**, deren Geschichte mit den Anfängen des 20. Jh. verbunden ist.

Das **Gilli** (›Tearoom‹) bietet gepflegte Atmosphäre, hier sollte man das sehr gute Gebäck eigener Herstellung oder die kandierten Maroni (Marrons glacés) probieren. Als Treffpunkt der Maler bekannt geworden, zieht das **Paszkowski** heute zumeist Touristen an. Im Sommer bietet es abends Kaffeehausmusik im Freien, leichte Weisen aus vergangenen Zeiten. Die Florentiner schauen eher von außen ›über den Zaun‹. Gegenüber, im **Giubbe Rosse**, fanden sich in den 20er-Jahren des 20. Jh. die Literaten und Dichter zusammen. Vom einstigen Glanz ist außer der Erinnerung jedoch wenig geblieben.

Bunte Blumenpracht heitert die steingrauen Arkaden an der Piazza della Repubblica auf

Eine der wichtigsten Ausstellungsadressen in Florenz – der Palazzo Strozzi

Maiano als Architekten. Den berühmten Wein der Antinori kann man in der hauseigenen **Cantinetta Antinori** [s. S. 167], die zugleich ein Restaurant der Oberklasse ist, genießen und erwerben.

27 San Gaetano

Ehemalige Klosterkirche, barocke Anlage nach römischem Vorbild.

Piazza Antinori

1604 wurde die Klosterkirche San Gaetano an Stelle eines bereits im 11. Jh. erstmals erwähnten Vorgängerbaus begonnen, 1648 waren die Bauarbeiten abgeschlossen. Auftraggeber für diese Kirche der Theatinermönche war der Kardinal Carlo de' Medici.

Die schöne **Barockfassade,** die das Kompositionsschema von Santa Trinità zu Teilen übernimmt, ist mit Statuen des deutschen Bildhauers Balthasar Permoser geschmückt. Der einschiffige **Innenraum** – nach dem Vorbild von Il Gesù in Rom geschaffen – beeindruckt durch die Verwendung von fast schwarzem Stein, zu dem die weißen Skulpturen und Reliefs in eigenartigem Kontrast stehen.

28 Palazzo Strozzi

Schönster und ausgewogenster Palast der Florentiner Renaissance.

Piazza Strozzi
Tel. 05 52 77 64 61
www.palazzostrozzi.org
tgl. 9–20 Uhr

Als *Filippo di Matteo Strozzi* 1466 aus der Verbannung nach Florenz zurückkehren konnte, plante er einen großen Familienpalast, ließ aber, um die gegnerische Familie nicht von vornherein zu provozieren, *Lorenzo de' Medici* wissen, er wolle ein bescheidenes Haus mit Ladeneinbauten errichten. Lorenzo, auf die Schönheit der Stadt bedacht, bestand nun seinerseits auf einem Palastbau.

1489 begann *Benedetto da Maiano* nach Plänen von *Giuliano da Sangallo* mit dem Bau, der 1536 durch Cronaca beendet wurde. 15 Häuser mussten ihm weichen. An drei Straßen gelegen, besitzt der dreigeschossige Palast drei voll ausgebildete **Fassaden**. Jede von ihnen öffnet sich in einem riesigen Portal, das von ›modernen‹ rechteckigen Fenstern flankiert wird, die einen Gegensatz zu den traditionellen rundbogigen Biforienfenstern der oberen Geschosse bilden. Charakteristisch ist das *Bossenwerk* mit seinen regelmäßig behauenen Quadern. Ihre Plastizität nimmt nach oben kontinuierlich ab, was mit der sich verringernden Geschosshöhe korrespondiert. Die Einheitlichkeit und Ausgewogenheit der Proportionen wird durch Ecklaternen, Fackelhalter und Anbinderinge für die Pferde vervollständigt. Nach oben hin schließt der Palast mit einem unvollendeten, weit ausladenden *Kranzgesims* ab.

Die gewaltigen Ausmaße des Gebäudes spiegeln sich auch im reich gegliederten Innenhof wider. Die Innenräume werden für international bedeutende **Kunstausstellungen** genutzt. Außerdem befindet sich im Erdgeschoss ein kleines **Museum** der Familie Strozzi. Hier ist u. a. das *Holzmodell* der ursprünglich geplanten Anlage zu besichtigen.

Ein Ausstellungsforum für *zeitgenössische Kunst* in all ihren Facetten bietet das Centro di Cultura Contemporanea Strozzina (CCCS) oder kurz **Strozzina**. Es ist in elf unlängst restaurierten, unter dem Palazzo-Innenhof gelegenen Räumen untergebracht.

29 Via dei Tornabuoni

Eine der schönsten und elegantesten Straßen von Florenz und Zentrum der Modeprominenz.

Die von der Piazza Santa Trìnita nach Norden führende, im 19. Jh. begradigte **Via dei Tornabuoni** konnte ihren Charakter bewahren. Hier bauten die großen, reichen Familien ihre Paläste. Diese haben inzwischen Zuwachs bekommen durch jene teuren Geschäfte, die man je nach der Größe des Geldbeutels von außen bestaunen oder frequentieren kann.

Von der Piazza kommend stößt man zuerst auf den Palazzo Spini-Feroni (Haus-Nr. 2). Im 2. Stockwerk logiert seit 1995 das **Museo Salvatore Ferragamo** (Via dei Tornabuoni 2, Tel. 05 53 36 04 56, Sept.–Juli Mi–Mo 10–18, Aug. Mo–Sa 10–18 Uhr). Anhand von Dokumenten, Fotografien, Holzformen und rund 10 000 *Schuhen* gibt dieses außergewöhnliche Museum Einblick in die Geschichte des ›Traumschuhmachers‹ *Salvatore Ferragamo* (1898–1960), der mit seinen elegant-innovativen Kreationen die Füße zahlreicher berühmter Filmschauspieler und des internationalen Jet-Sets bekleidete.

Wenige Schritte weiter steht der **Palazzo Minerbetti** aus dem 14. Jh. (Haus-Nr. 3), daneben liegt der *Palazzo Giaconi*, 1551–64 erbaut, dessen Fassade 1626 von Gherardo Silvani erneuert wurde. Daran schließt sich der *Palazzo della Commen-*

Schuhe für einen Star: Marlene Dietrichs Pumps im Museo Salvatore Ferragamo

Gucci in der Via dei Tornabuoni – verführerische Kreationen für betuchte Shoppingfans

Haute Couture in Stoff und Leder

Sei es exklusive Kleidung, seien es hochwertige Lederwaren – im Dreieck zwischen Dom, Piazza della Signoria und der Brücke Santa Trìnita ist fast alles versammelt, was in der Modewelt Rang und Namen hat. In der **Via dei Tornabuoni** und der angrenzenden Via della Vigna Nuova reiht sich die **Modeprominenz** aneinander: Armani, Prada, Valentino, Versace, Trussardi, Zegna usw. Alle zeigen in ihren Schaufenstern die neuesten Trends der Modesaison. Das Ladenlokal von Emporio Armani befindet sich – etwas versteckt – neben dem großen Palazzo Strozzi an der gleichnamigen Piazza, Escada hat wenige Schritte entfernt in der Via Strozzi elegante Verkaufsräume.

Die in Florenz traditionell starke **Lederwarenbranche** ist hier vertreten durch Ferragamo, der schon in den 50er-Jahren des 20. Jh. bekannt wurde durch seine handgefertigten Schuhe für Berühmtheiten der westlichen Welt – durch Gucci, der zu Beginn des 20. Jh. in Florenz klein angefangen hat und dessen Ausstellungsräume inzwischen einen mehrgeschossigen Palast belegen – durch Casadei als Spezialist für hochhackige Damenschuhe und durch Tanino Crisci als Vertreter des klassisch-zeitlosen Stils. Schuhe, Taschen und Lederbekleidung für höchste Ansprüche verkaufen auch Raspini, Beltrami und Romano, die inzwischen jeweils mit mehreren Filialen im Zentrum vertreten sind.

Mode-Kreationen der berühmtesten **Stilisten** führt Luisa in der Via Roma auf zwei Geschossen und zeichnet sich zudem durch eine ungewöhnliche Ladenfassade aus. Schon seit den 1950er-Jahren beeinflusst der Marchese Emilio Pucci die Modeszene mit seinen Entwürfen, die heute in der Via dei Tornabuoni zu besichtigen (und zu kaufen) sind.

da di Castiglione an, dessen Baumeister Ammanati und Giambologna waren. Der *Palazzo Medici Tornaquinci* (Haus-Nr. 12) stammt zu Teilen noch aus dem 14. Jh. Der **Palazzo Viviani Della Robbia** (Haus-Nr. 15) wurde 1693 von Giovanni Battista Foggini umgestaltet. An den Palazzo Strozzi schließt der **Palazzo Corsi** (Haus-Nr. 16) an, ein Neubau von 1857. Nur der Innenhof ist vom Vorgängerbau Michelozzos erhalten geblieben.

An die Ecke der Via de' Corsi versetzt wurde die **Loggetta dei Tornaquinci**, um 1600 von Cigoli an der Via Strozzi errichtet. Der **Palazzo Giacomini-Larderel** (Haus-Nr. 19) wurde um 1580 begonnen und zeigt einen ähnlichen Aufbau wie der Palazzo Bartolini-Salimbeni.

30 Piazza Santa Trìnita

Kleiner Platz nördlich der Brücke Santa Trìnita mit alten Palästen und der namengebenden Kirche.

Höhe- und Mittelpunkt der Piazza im ganz wörtlichen Sinne ist die **Colonna della Giustizia**, die 1560 von Papst Pius IV. in Erinnerung an die *Schlacht von Montemurlo* (1537) gestiftet worden war. Cosimo I. ließ die aus den Caracalla-Thermen in Rom stammende Säule – bekrönt durch die Statue der Gerechtigkeit von Francesco Tadda – an ihrem jetzigen Standort aufrichten. Begrenzt wird der Platz von der Fassade der Kirche Santa Trìnita [Nr. 31] sowie von einigen Stadtpalästen.

Der jüngste, 1517–20 erbaute **Palazzo Bartolini-Salimbeni** (Haus-Nr. 1) ist stark von römischer Architektur beeinflusst und zeigt Ähnlichkeiten mit dem gleichzeitigen Palazzo Pandolfini [s. S. 92]. Der quadratische *Hof* wird von Arkadengängen gerahmt. Die Wände sind mit *Grotesken* in Kratzputz verziert.

Der **Palazzo Buondelmonti** (Haus-Nr. 2) stammt aus dem 13. Jh. Seine Fassade wurde um 1500 erneuert. Bis zum Arno hin zieht sich der mächtige **Palazzo Spini** (später Feroni), 1289 für die Familie Spini errichtet, die zusammen mit den Frescobaldi die Arnobrücke beherrschten. Im Vergleich zu diesem Monumentalbau wirkt der **Palazzo Gianfigliazzi** aus dem 14. Jh. (südlich der Kirche) eher klein und unbedeutend.

31 Santa Trìnita

Gotische Basilika mit reicher Ausstattung. In der Sassetti-Kapelle verband Ghirlandaio erstmals eine Heiligenvita mit Florentiner Ansichten und Porträts von Zeitgenossen.

Piazza Santa Trìnita

Zur Zeit seiner Entstehung noch außerhalb der Stadtmauern gelegen (1077 urkundlich belegt), gehörte der *Vorgängerbau* von Santa Trìnita bereits seit 1092 dem Vallombrosaner-Orden. Dessen Gründer, Giovanni Gualberto, kämpfte gegen den Verfall der Kirche und die Sittenlosigkeit der Priester an.

Die **Baugeschichte** des jetzigen Gotteshauses ist relativ ungeklärt. Es gilt jedoch als gesichert, dass vor der Mitte des 14. Jh. mit dem Neubau begonnen wurde, der 1405 weitgehend fertiggestellt war. Erst 1593 gab *Bernardo Buontalenti* mit seiner Fassade der Basilika den letzten Schliff.

Das Relief der ›Dreifaltigkeit‹ über dem *Mittelportal* stammt von Pietro Bernini (Vater des Lorenzo) und Giovanni Battista Caccini. Die dreischiffige Pfeilerbasilika besitzt – erstmalig in Florenz – Seitenkapellen im Langhaus, welches sich zum Chor hin etwas verbreitert und erhöht. An das Querhaus schließen sich fünf rechteckige Chorkapellen an. Die *Innenfassade* des romanischen Vorgängerbaus wurde im 19. Jh. freigelegt.

Die reiche *Ausstattung* der Kapellen ist über die Jahrhunderte gewachsen. Barock präsentiert sich die **Cappella Gianfigliazzi** [1], in der ein *wundertätiges Kreuz* aus dem 14. Jh. zu sehen ist.

Die **Cappella Cialli-Seringi** [2] besitzt eine *Altartafel* mit der Muttergottes und Heiligen, geschaffen von Neri di Bicci (um 1466), und ein abgenommenes *Fresko* aus der Nebenkapelle mit Maria und Heiligen, dem Umkreis Spinello Aretinos zugeschrieben (um 1389).

Die Ausstattung der **Cappella Bartolini-Salimbeni** [3] aus dem frühen 15. Jh. ist vollständig erhalten. Die *Fresken* und das *Altarretabel* von Lorenzo Monaco erzählen das Marienleben. Das Altarbild mit der ›Verkündigung‹ ist also in den Freskenzyklus eingebunden und den wich-

Santa Trìnita

1 Cappella Gianfigliazzi
2 Cappella Cialli-Seringi
3 Cappella Bartolini-Salimbeni
4 Sagrestia
5 Cappella Sassetti
6 Cappella Scali
7 Cappella Spini
8 Cappella Compagni
9 Cappella Davanzati

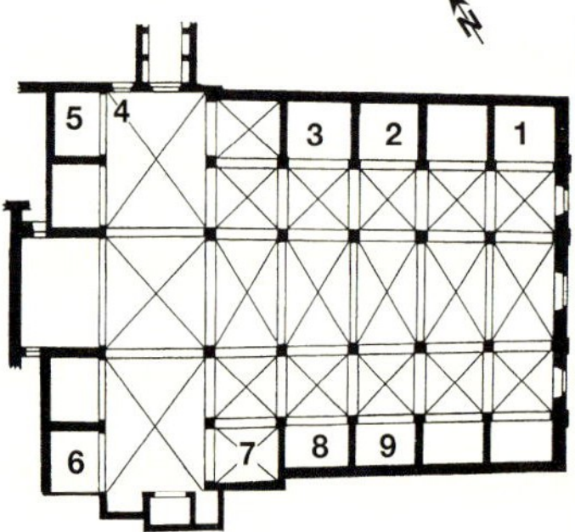

Berühmtes Meisterwerk in der Kirche Santa Trìnita: Ghirlandaios Fresko ›Bestätigung der Franziskanerregeln durch Papst Honorius III.‹ in der Cappella Sassetti

tigsten Stationen im Leben Marias, die die Geburt Christi betreffen, vorbehalten. Über dem Kapelleneingang, der mit einem schmiedeeisernen Gitter (um 1420) abgeschlossen ist, endet der Zyklus mit der ›Himmelfahrt Mariens‹.

Die **Sagrestia** [**4**] wurde von der Familie Strozzi als Grabkapelle (erbaut 1418–23) für den 1418 gestorbenen Onofrio Strozzi gestiftet, dessen *Grabmal* 1421 unter dem Einfluss Donatellos von Piero Lamberti geschaffen wurde und als eines der frühesten Lünettengrabmäler der Renaissance gilt.

Berühmt ist der Freskenzyklus von Ghirlandaio (1479–86) in der **Cappella Sassetti** [**5**]. Er verbindet Heiligenlegende, humanistisches Gedankengut und Selbstdarstellung des Stifters Francesco Sassetti. Die prophetischen Sibyllen im **Gewölbe** korrespondieren mit dem von Hugo van der Goes (Uffizien, Nr. 13) beeinflussten **Altarbild** der *›Anbetung der Hirten‹*, welches von Fresken mit dem Stifterehepaar flankiert wird. Deren *Sarkophage*, rechts und links in Wandnischen, stehen mit ihren antikisierenden Motiven genauso in der humanistischen Tradition wie der Sarkophag auf dem Altarbild, der dem Gottessohn als Krippe dient.

Sechs Szenen aus dem Leben des hl. Franziskus, dem Namenspatron Sassettis, schmücken die verbleibenden **Wandfelder**. Die beiden an der Hauptwand hat Ghirlandaio in das Florenz des 15. Jh. versetzt und Zeitgenossen auftreten lassen: Die *›Bestätigung der Franziskanerregeln durch Papst Honorius III.‹* (oben), die 1223 in Rom stattfand, lässt Ghirlandaio auf der Piazza della Signoria spielen. Man sieht rechts den kahlköpfigen Sassetti zwischen seinem Sohn und Lorenzo de' Medici (!), zu denen der Dichter Polizian mit seinen Schülern, den Kindern Lorenzos, emporsteigt. Das Wunder *›Der hl. Franz erweckt ein aus dem Fenster gestürztes Mädchen wieder zum Leben‹* (unten) spielt ebenfalls im Florenz des 15. Jh. Das Kind fällt aus einem Fenster des Palazzo Spini, gegenüber die Fassade von Santa Trìnita. Unter den Zuschauern hat sich Ghirlandaio ganz rechts selbst dargestellt, die jungen Mädchen links sind die Töchter Francesco Sassettis.

Die **Cappella Scali** [**6**] auf der Südseite des Querhauses enthält ein *Grabmal des Bischofs Benozzo Federighi* von Luca della

Robbia (1454–58), in welchem der Künstler Marmor mit der von ihm für die Bauskulptur erstmals eingesetzten Majolika verbindet.

Eine *Holzskulptur* der hl. Maria Magdalena von Desiderio da Settignano und Benedetto da Maiano (1464–65) schmückt die **Cappella Spini** [7], eine *Grabplatte* des Chronisten Dino Compagni und *Fresken* von Neri (Mitte 15. Jh.) sowie Lorenzo di Bicci (um 1400) mit Darstellungen des hl. Giovanni Gualberto sind in der **Cappella Compagni** [8] dahinter zu sehen. Die anschließende **Cappella Davanzati** [9] enthält einen *römischen Sarkophag* als Grabmal Giulio Davanzatis (gest. 1444), Fresken aus dem Umkreis Taddeo Gaddis (14. Jh.) und ein Altarbild mit der *›Verkündigung‹* von Neri di Bicci (Mitte 15. Jh.).

32 Palazzo Davanzati

Stadtpalast des 14. Jh. mit kostbarem, alten Mobiliar.

Museo della Casa Fiorentina Antica
Via Porta Rossa 13
Tel. 05 52 38 86 10
www.polomuseale.firenze.it
tgl. 8.15–13.50, jeden 2. und 4. So sowie 1., 3. und 5. Mo im Monat geschl.

Die Familie Davizzi ließ den Palazzo im 14. Jh. erbauen. Im 16. Jh. wurde er an Bernardo Davanzati verkauft, dessen Wappen noch über dem Mittelfenster des 1. Stockwerks zu sehen ist. Der Sammler Elia Volpi restaurierte den Palast zu Anfang des 20. Jh. In den 1950er-Jahren ging er dann in Staatsbesitz über und wurde mit Mobiliar (u. a. Hochzeitstruhen, Schränken und Hausgerät, aber auch Tafelbildern, Hausaltären etc.) aus den Depots des Bargello, der Uffizien und des Palazzo Pitti ausgestattet.

Die symmetrisch gegliederte **Fassade** schloss ursprünglich mit einem Zinnenkranz ab, der im 16. Jh. der oberen Loggia weichen musste. Die Loggia des Erdgeschosses wurde hingegen im 15. Jh. geschlossen.

Vom **Innenhof** aus, in dem sich ein *Brunnen* befindet, der der Wasserversorgung des Hauses diente, führt eine Treppe in die einzelnen Stockwerke. Zur alten **Ausstattung** gehören sowohl die Toiletten in jeder Etage als auch die Wasserleitung. Wandkamine sorgten für Wärme, die Küche war im obersten Stock untergebracht, damit der Rauch ohne Umwege abziehen konnte und nicht das ganze Haus mit Essensgerüchen belästigte. Die Infrastruktur und die Größe der Räume deuten an, dass in diesem Palazzo eine sehr wohlhabende Familie gewohnt haben muss, die auch auf Dekoration und Mobiliar großen Wert legte.

Davon zeugen auch die **Wandbemalungen**, die vor der Erfindung der Tapete Bestandteil einer kostbaren Raumausstattung waren. Sie betonen die Bestimmung der Gemächer: In den Repräsentationsräumen versprechen die Malereien Ausblicke in einen Garten – wie die Parklandschaft im *Saal der Papageien* –, das *Schlafzimmer* ist mit Liebesszenen ge-

Über und über bemalt sind die Wände der Sala dei Papagalli im 1. Stock des Palazzo Davanzati

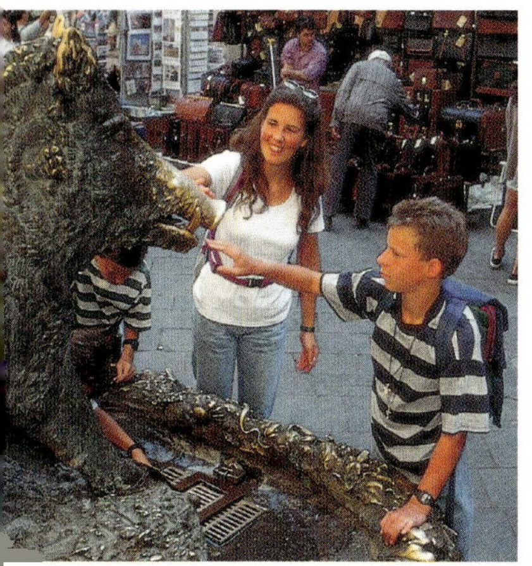

Wer nach Florenz zurückkehren will, streicht dem Porcellino über die Nase und wirft eine Münze in den Brunnen

schmückt, die *kleinen Räume* mit Blumen oder einfachen Mustern. Das **Mobiliar** unterstützt den Gesamteindruck, der dem Besucher einen Einblick in die Lebensweise eines reichen Florentiner Kaufmanns im 14. Jh. vermittelt.

33 Mercato Nuovo

Heute ein Touristenmarkt, der auch wegen der Bronzestatue des Wildschweins große Anziehungskraft besitzt.

Will man den ›David‹ als Souvenir mit nach Hause nehmen, einen Korb oder ein Strohtier, dann hat man die größte Auswahl auf dem Mercato Nuovo. Der ehemalige Handelsplatz für Seide und Gold erhielt 1547–51 auf Wunsch von Cosimo I. eine von Giovanni Battista del Tasso errichtete **Loggia** und wurde zum zweiten Handelszentrum der Stadt.

Die 20 das Gewölbe tragenden Säulen bilden zwölf quadratische Felder, die sich zu einem Rechteck zusammenschließen. Die *Schlusssteine* der Gewölbe sind mit den Medici-Emblemen besetzt. An der Südseite sitzt das von den Florentinern geliebte Wildschwein. Der bronzene **Porcellino** wurde um 1633 von *Pietro Tacca* nach einer römischen Marmorskulptur geschaffen, die sich in den Uffizien [Nr. 13] befindet.

Souvenirs aller Art – in der Loggia des Mercato Nuovo tummeln sich die Touristen ▷

34 Palazzo di Parte Guelfa

Sitz der Capitani della Parte Guelfa, im 14. und 15. Jh. erbaut.

Piazza di Parte Guelfa

Die Capitani der Guelfenpartei ließen sich im 14. Jh. einen Palast errichten. Seine **Fassade** besitzt eine hohe Biforienzone und eine überdachte Außentreppe. Unter dem Zinnenkranz ließen die Capitani ihre Wappen anbringen. Für den **Anbau** des 15. Jh. konnten sie Brunelleschi gewinnen, der die Obergeschosse mit dem *großen Saal* entwarf. Die Fassade blieb jedoch unvollendet. Vasari führte um 1589 die *Treppe* und *Loggia* an der Via Carpaccio aus.

35 Santi Apostoli

Frühes Beispiel der Florentiner Protorenaissance.

Piazza del Limbo

Die den zwölf Aposteln geweihte Kirche ist 1075 erstmals erwähnt und dürfte

gleichzeitig mit dem Baptisterium [Nr. 2] um 1060 erbaut worden sein. An der **Fassade,** die bis auf das *Portal* von Benedetto da Rovezzano (um 1512) zur alten Bausubstanz gehört, kann man den basilikalen Aufbau der Kirche erkennen, deren Mittelschiff sich mit seinen Obergadenfenstern über die Seitenschiffe erhebt.

Im **Inneren** dominieren die hohen *Rundbogenarkaden* und die schlichte, ebenfalls halbkreisförmige Apsis. Von den aus grünen Marmorblöcken zusammengesetzten ›*Säulen*‹ tragen die ersten beiden römische Kapitelle, die anderen wurden ihrem Muster nachgebildet. Das schlichte Mauerwerk darüber wird nur durch die Obergadenfenster durchbrochen, die den bemalten offenen *Dachstuhl* aus dem 14. Jh. erhellen. Die Seitenkapellen sowie die Einwölbung der Seitenschiffe stammen aus dem 15. und 16. Jh.

Die barocke Ausstattung wurde 1930–37 entfernt. Von den alten Stücken sind ein *Majolika-Tabernakel* von Giovanni della Robbia (um 1500) und das *Grabmal Oddo Altovitis* von Benedetto da Rovezzano von 1507 hervorzuheben.

36 Santo Stefano al Ponte

Die gotische Kirche romanischen Ursprungs wurde von barocken Zutaten befreit und dient heute als Konzertsaal.

Piazza Santo Stefano

Die Fassade spiegelt die **Baugeschichte** dieser 1116 zum ersten Mal erwähnten Kirche. Der untere Teil, mit einer Dekoration wie in Pisa und Lucca üblich, wurde um 1233 errichtet. Zur gleichen Zeit erfolgte auch die Umgestaltung der Basilika in einen gotischen Saalraum mit dreigeteiltem Chor.

Die Fassade wurde erst im 14. Jh. vollendet. Der Florentiner Bildhauer und Architekt *Ferdinando Tacca* gab Mitte des 17. Jh. dem Innenraum seine barocke Prägung. Im 19. Jh. wurde die Choranlage um die sehenswerte *Treppe* bereichert, die Bernardo Buontalenti 1574 für Santa Trìnita [Nr. 31] entworfen hatte. Der *Hochaltar* von Giambologna (1591) wurde aus Santa Maria Nuova [Nr. 68] hierher überführt. Heute wird Santo Stefano als **Konzertsaal** genutzt.

Santa Maria Novella – Verkehrsknotenpunkt und Hochburg der Dominikaner

Westlich vom Zentrum ließen sich im 13. Jh. die Dominikaner nieder und bauten ihre große **Klosteranlage**, deren Kirche eine der berühmtesten *Renaissance-Fassaden* besitzt. Abgesehen von *Fresken* und anderen frühen *Kunstwerken* befindet sich hier aber auch das **Marino-Marini-Museum**, beheimatet in der umgebauten Kirche San Pancrazio. Weit im Westen hingegen erstreckt sich der größte Park von Florenz, **Cascine**, Ausflugsziel eher der Florentiner als der Touristen.

37 Piazza Santa Maria Novella

Belebter Platz mit toskanischem Flair.

Auf dem blumengeschmückten Platz, der von der prachtvollen Fassade von Santa Maria Novella überstrahlt wird, stehen zwei **Obelisken** auf Schildkröten, die 1608 auf dem Platz als Wendepunkte für Pferderennen errichtet wurden.

Im Süden blickt man auf das **Ospedale San Paolo dei Convalescenti**, einen Nachfolgebau des Ospedale degli Innocenti [Nr. 107] aus dem 16. Jh., der als Krankenhaus und Pilgerherberge diente. Die Medaillons oberhalb der Arkaden stammen von Mitgliedern der Familie

Erkaufter Segen

Wer zum Zeitpunkt des ›Jüngsten Gerichts‹ garantiert auf die Seite der Seligen gelangen wollte, investierte gut mit der **Stiftung** einer Kapelle. Doch musste man dazu wissen, dass in der Regel die Stifter zwar das Geld für die Ausstattung ihrer **Grabkapellen** gaben, die Mönche aber das Programm der Fresken festlegten. Das Wappen, eine Inschrift oder das Stifterbild konnten allerdings an prominenter Stelle integriert werden. Erst ab dem 15. Jh. wurde diese Regel von den Stiftern übergangen, die jetzt mächtiger als die **Mönchsorden** waren.

Einer der schönsten Plätze in Florenz – die Piazza Santa Maria Novella

Della Robbia. Seit Oktober 2006 beherbergt das restaurierte Gebäude das **Museo Nazionale Alinari della Fotografia** (MNAF, Piazza Santa Maria Novella 14a r, Tel. 055 21 63 10, www.mnaf.it, Do–Di 10–19 Uhr), in dem mit Arbeiten der Brüder Alinari die Geschichte der Fotografie von 1839 bis heute vorgestellt wird.

38 Santa Maria Novella

Große gotische Dominikanerkirche mit Renaissancefassade und reicher Freskenausstattung.

Piazza Santa Maria Novella
Tel. 055 21 59 18
Mo–Do, Sa 9.30–17, Fr/So 13–17 Uhr

Der heutige Anblick der prächtigen Kirche ist das Resultat einer langwierigen Feinarbeit, die bis ins 20. Jh. hinein dauerte. 1094 wurde ihr Vorgängerbau geweiht, den man nach dem Tode des *hl. Dominikus* dessen Orden überließ. 1246 begann dieser einen Kirchenbau, der sowohl in seiner Größe wie im Baustil in Florenz bislang unbekannt war. Bereits um 1300 war die gotische **Basilika** vollendet, 30 Jahre später entstand der **Campanile**.

Mitte des 14. Jh. begann man, die **Fassade** im Stil der Protorenaissance mit weißem und grünem Marmor zu verkleiden. Das Obergeschoss gestaltete *Leon Battista Alberti* nach 1456. Er fügte auch im Untergeschoss die vorgelegten *Halbsäulen* und das alles verbindende Gebälk hinzu. Die darüber liegende Attikazone (die geblähten Segel sind Embleme des Auftraggebers Giovanni Rucellai) trägt einen Giebel mit seitlichen *Voluten*, eine Neuerung, die sich zu einem der beliebtesten Fassadenmotive der italienischen Renaissance entwickeln sollte.

Leicht, licht und weiträumig: Mittelschiff der Kirche Santa Maria Novella

Die Seitenwände der Kirche sind mit zahlreichen Grabnischen geschmückt, denn Bettelorden wie diese garantierten den spendenbereiten Bürgern das Seelenheil im Jenseits. Hier und in Santa Croce [Nr. 72] gibt es daher die meisten nach den Stiftern benannten Kapellen.

Die dreischiffige, kreuzrippengewölbte **Basilika** mit Querschiff und fünf quadratischen Chorkapellen bietet trotz der gotischen Stilelemente ein geschlossenes überschaubares **Raumbild** mit Durchblicken, das mit den französischen Kathedralen nicht zu vergleichen ist. Ungewöhnlich ist auch die Beeinflussung der Raumatmosphäre durch die farbigen *Glasfenster*. Der Abstand der *Pfeiler* verringert sich zum Chor hin, was die Tiefenwirkung des Langhauses noch erhöht. Von der ursprünglichen **Ausstattung** ist wenig erhalten, dafür gibt es umso mehr Werke aus der Frührenaissance. Eine ›Marienkrönung‹ des 14. Jh. ist im *Rundfenster* der **Innenfassade** [1] dargestellt, das *Fresko* mit der ›Geburt Christi‹ darunter wurde später hierher versetzt. Die Fresken rechts vom Portal aus dem späten 14. Jh. zeigen ›Verkündigung‹, ›Geburt‹, ›Anbetung‹ und ›Taufe Christi‹.

Im **rechten Seitenschiff** [2] befindet sich das fragmentarisch erhaltene *Grabmal der frommen Bürgerin Villana* von 1451 und das *Grab des Giovanni da Salerno* von 1302, der die Dominikaner nach Florenz geführt hatte. Im späten 15. Jh. ließ die Familie Ricasoli die **Cappella della Pura** [3] für das *wundertätige Gnadenbild* an der Eingangswand errichten.

Im **Kreuzarm** [4] sind drei *frühe Gräber* von Bischof Tedice Aliotti (gest. 1336), vom Patriarchen Josephus von Konstantinopel (gest. 1440) und von Aldovrando Cavalcanti (gest. 1279) zu sehen.

In der **Cappella Rucellai** [5] (1303–25 erbaut, 1464 erhöht) stand früher Duccios große *Madonnentafel* (heute in den Uffizien, Nr. 13), die auch den Namen ›Rucellai-Madonna‹ trägt. Heute wird hier die aus dem Chor versetzte bronzene *Grabplatte* mit dem detailliert gezeichneten Flachrelief des Dominikanergenerals Fra Lionardi Dati aufbewahrt, die Ghiberti 1425 schuf. Die einst bemalte *Madonnenstatue* von Nino Pisano ist nach 1348 entstanden. An der Wand vor den Chorkapellen ist außerdem in einer Nische eine *Tonkrippe* aus dem 18. Jh. zu bewundern.

Die **Cappella Bardi** [6] mit einem *Gitter* aus dem 17. Jh. schmücken *Fresken* aus dem späten 13. und 14. Jh., die die Georgslegende erzählen. Die *›Rosenkranzmadonna‹* auf dem Altar malte Vasari 1570.

Filippino Lippi schuf zwischen 1487 und 1502 für seinen Auftraggeber Filippo Strozzi die *Fresken* in der **Cappella Filippo Strozzi** [7], die mit ihrer Liebe zum Detail, der Ausdrucksfähigkeit der Figuren und den antikisierenden Versatzstücken beeindrucken. Unter den Augen der Erzväter Adam, Noah, Abraham und Jakob (Deckenfelder) sind je zwei Szenen aus dem Leben des Apostels Philippus (rechts: ›Bändigung des Drachen durch Philippus‹, ›Kreuzigung des Heiligen‹) und Johannes des Evangelisten (links: ›Erweckung der Drusiana‹, ›Martyrium des Heiligen‹) geschildert.

Das *Glasfenster*, das nach einem Entwurf Filippino Lippis gefertigt wurde, zeigt die Madonna und die beiden Heiligen. Das *Grab* des Auftraggebers von Benedetto da Maiano (1491–93) korrespondiert mit den *Fresken an der Stirnwand,* die den Musen (Bürgen für die Unsterblichkeit der Seele) und ihrer Musik (Gleichnis für die Harmonie der Sphären) vorbehalten sind. Hier wird das Gedankengut der platonischen Akademie von Florenz zitiert, um die Gelehrsamkeit des Stifters zu belegen.

Die **Hauptchorkapelle** [8] ist Maria und Johannes dem Täufer geweiht. *Domenico Ghirlandaio* schuf mit seinen Schülern (u. a. dem jungen Michelangelo) die *Fresken* und das ursprüngliche *Altarbild* (heute München, Alte Pinakothek) im Auftrag Giovanni Tornabuonis 1486–90. In die Bilder sind auf Wunsch des Stifters Bauwerke aus Florenz, die Landschaft der Umgebung und Porträts der Familie Tornabuoni sowie des Malers integriert. Ghirlandaio konnte seiner Erzählfreude freien Lauf lassen.

Die **Bildfolge** verläuft von unten nach oben. Die *linke Wand* zeigt: ›Vertreibung Joachims aus dem Tempel‹, ›Begegnung von Joachim und Anna an der Goldenen Pforte‹ (hier: im Palast) und ›Geburt Mariens‹, ›Mariä Tempelgang‹, ›Vermählung Mariens‹, ›Anbetung der Könige‹, ›Bethlehemitischer Kindermord‹, ›Tod und Himmelfahrt Mariens‹. Auf der *rechten Wand* beginnt die Erzählung rechts unten: ›Verkündigung an Zacharias‹, ›Heimsuchung‹,

Detail aus Ghirlandaios Fresko ›Heimsuchung‹ in der Hauptchorkapelle

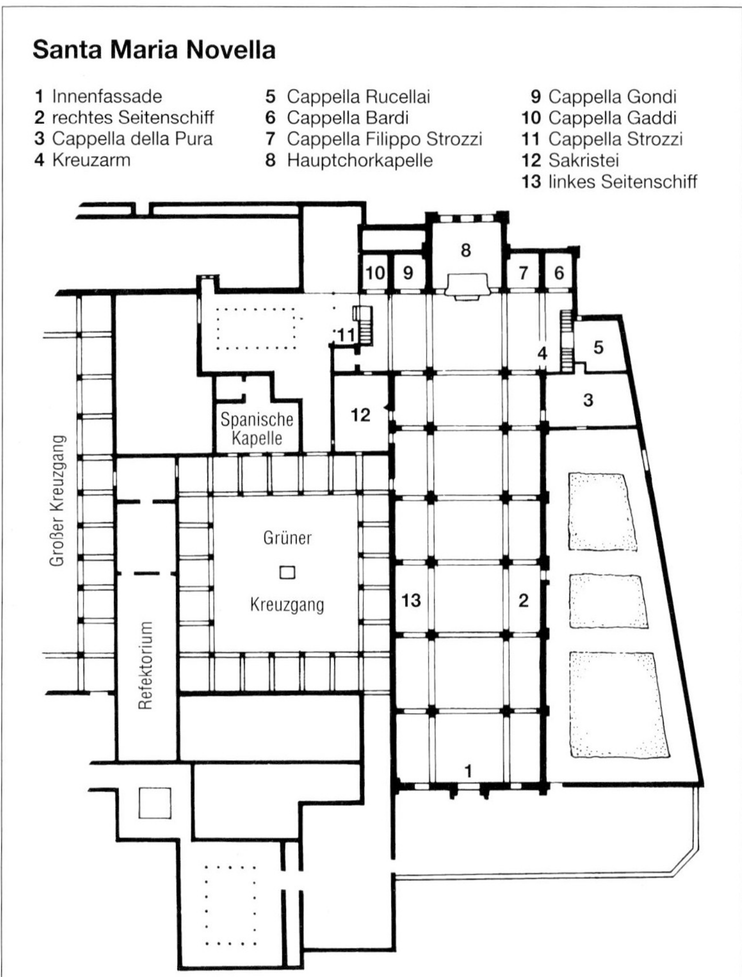

›Geburt des Täufers‹, ›Namensgebung‹, ›Predigt des Täufers‹, ›Taufe Christi‹, ›Gastmahl des Herodes‹. Die *Fensterwand* ist von oben nach unten zu betrachten: ›Marienkrönung‹, ›Der hl. Dominikus verbrennt ketzerische Bücher‹, ›Tod des Petrus Martyr‹, ›Verkündigung‹, ›Johannes in der Wüste‹, Stifterehepaar.

Die **Cappella Gondi** [9] mit ihrer *Marmorausstattung* von Giuliano da Sangallo (1503–08) beherbergt Brunelleschis Holzkruzifix (um 1410–15), ein Konkurrenzwerk zu Donatellos Kruzifix in Santa Croce [s. Nr. 72, 73].

In der **Cappella Gaddi** [10] befinden sich *Gräber* dieser Familie aus dem 17. Jh. und ein *Altarbild* von Bronzino (›Die Erweckung der Tochter des Jairus‹).

Die an das Querhaus 1340–50 angebaute **Cappella Strozzi** [11] wurde von *Nardo di Cione* um 1357 mit dem ›Jüngsten Gericht‹ (Stirnwand), dem ›Paradies‹ (links) und der ›Hölle‹ (rechts) ausgemalt. Diese ungewöhnliche Darstellung, in der Hölle und Paradies vom Jüngsten Gericht getrennt sind, folgt dem literarischen Vorbild *Dantes,* der von den gleichen Dominikanern wegen solcher Ideen noch 20 Jahre zuvor bekämpft worden war. Die **Fresken** werden zum Schlüsselwerk für den Wechselbezug von Literatur und Malerei. So beherbergt das Paradies eine Idealgesellschaft, die im ewigen Frieden zusammenlebt, in der Hölle sind die neun Kreise Dantes mit den dort beschriebenen Personen wiederholt. *Boccaccio* bezog sich auf dieses Programm, als er die Freiheit der Literatur verteidigte. Die Wandmalerei konnte als Legitimation der Literatur ins Feld geführt werden und zeigt so den öffentlichen Charakter, den sie in der damaligen Zeit besaß. Selbst das von Andrea Orcagna signierte und datierte (1357) *Altarbild* mit der Darstellung des ›Erlösers auf dem Thron mit Heiligen‹ korrespondiert mit den Fresken.

In der von Jacopo Talenti 1350 erbauten **Sakristei** [12] fallen besonders die *Wandschränke* (1693), vermutlich nach Entwürfen von Buontalenti und mit Einlegearbeiten aus dem 18. Jh. verziert, und die gefassten *Kreuzrippen* des Gewölbes auf. Erwähnenswert ist ein *Wandbrunnen* (rechts vom Eingang) von Giovanni della Robbia (1498). Über dem Eingangsportal hängt Giottos großes gemaltes Kruzifix (um 1290).

Im **linken Seitenschiff** [13] befindet sich mit Masaccios **›Trinitätsfresko‹** (um 1427) eines der bedeutendsten Werke der Frührenaissance. Es ist das erste Mal, dass auf einem Gemälde Figuren und Raum in

Eines der bedeutendsten Werke der Frührenaissance: Masaccios ›Trinitätsfresko‹

Der Grüne Kreuzgang birgt berühmte Fresken von Paolo Uccello

solcher Klarheit zentralperspektivisch durchkonstruiert und auf den Betrachter im Kirchenraum bezogen wurden. Die Dreieinigkeit, flankiert von Maria und Johannes, ist in der gemalten Kapelle positioniert, das Stifterpaar Lenzi kniet außerhalb des Gehäuses auf einem Sockel.

39 Museo e Chiostri Monumentali di Santa Maria Novella

Große Klosteranlage mit Kreuzgängen, Refektorium und Kapitelsaal, der, als ›Spanische Kapelle‹ bekannt, eine der interessantesten Ausmalungen des 14. Jh. besitzt.

Piazza Santa Maria Novella 18
Tel. 055 28 21 87
Mo–Do/Sa 9–17, So 9–14 Uhr

Links von der Kirchenfassade betritt man das Kloster mit den Kreuzgängen, dessen zugänglicher Teil heute **Museum** ist. Der **Große Kreuzgang** gehört zur Unteroffiziersschule der Carabinieri und kann nur mit deren Erlaubnis besichtigt werden (Fresken des 16./17. Jh.).

Die Spanische Kapelle in den Chiostri Monumentali zeigt den Opfertod Christi (links) und die Missionierung durch die Dominikaner (rechts) ▷

Neben dem **Grünen Kreuzgang** mit Fresken zur Schöpfungsgeschichte aus dem 15. Jh., u. a. von *Paolo Uccello* (›Sintflut‹), die seit 1983 wieder an ihrem ur-

sprünglichen Ort sind (schlechter Erhaltungszustand), und dem **Refektorium** mit seinen Reliquiaren und den ursprünglichen Fresken der Hauptchorkapelle von Andrea Orcagna (1340–48) wird der Besucher vor allem von der Ausmalung der **Spanischen Kapelle** fasziniert. Wahrscheinlich entwickelte ein Prior des Ordens, *Jacopo Passavanti,* das ikonographische Programm, welches von *Andrea Buonaiuti* 1365–67 ausgeführt wurde. Es wandte sich ausschließlich an die Mönche, da Laien keinen Zutritt zur Kapelle hatten.

Der Weg zum Heil ist das übergeordnete Thema, die Wände sind je nach Sujet unterschiedlich aufgebaut. **Gegenüber der Eingangswand** ist die *Erlösung des Menschen* durch den ›Opfertod Christi‹ dargestellt, dem der ›Kreuzweg‹ und der ›Abstieg in die Vorhölle‹, wo Christus die Stammeltern Adam und Eva erlöst, beigegeben ist (man beachte die kuriose Darstellung der Teufel!). ›Auferstehung‹ und ›Himmelfahrt‹ in den Gewölbefeldern ergänzen die Darstellung. Die **rechte Wand** beschreibt den *Weg zum Heil.* Von der Kirche geht die Mission der Dominikaner aus, begleitet von den ›domini canes‹, den ›Hunden des Herrn‹. Die mittlere Zone zeigt das weltliche Leben, an der Himmelspforte erteilt ein Dominikaner die Absolution. Inmitten der Seligen erhebt sich das Weltgericht. Das ›Schiff Petri‹ im Gewölbe (›Navicella‹) symbolisiert die Kirche.

Im Gegensatz zu dem reichen Erzählstil hier ist auf dem Fresko ›Triumph des hl. Thomas von Aquin‹ auf der **linken Wand** das Wissenssystem der Zeit in klarer Ordnung dargestellt. Der Philosoph und Dominikanerheilige Thomas von Aquin thront zwischen Vertretern des Alten und Neuen Testaments, mit deren Schriften er sich auseinandergesetzt hat. Über ihm schweben die sieben Tugenden, zu seinen Füßen kauern drei Ketzer. In der unteren Zone sitzen zu Füßen der durch weibliche Gestalten personifizierten Wissenschaften berühmte Vertreter der verschiedenen Disziplinen. Dieser Wand ist im *Gewölbefeld* die ›Ausgießung des Heiligen Geistes‹ (Pfingsten) zugeordnet. Dieses intellektuelle Programm wird durch die Vita des ersten Dominikanermärtyrers, Petrus Martyr, an der **Eingangswand** vervollständigt. Sie ist ein Beispiel für den Weg zum Heil.

40 Officina Profumo-Farmaceutica di Santa Maria Novella

Alte Apotheke mit schöner Ausstattung und reizvoller Einkaufsmöglichkeit.

Via della Scala 16
Tel. 055 21 62 76

Der Konvent von Santa Maria Novella überließ dieses Gebäude 1612 der ›Apotheken-Werkstatt‹, die bis heute dort eigene Erzeugnisse verkauft. Die Anordnung der Räume hat sich im Laufe der Zeit verändert. Die Ausstattung des heutigen **Verkaufsraumes** stammt aus dem 19. Jh. Hier kann man Heilwasser, Parfums, Seifen und wohlriechende Kräuter erstehen, deren Duft den ganzen Raum erfüllt. Auf Anfrage kann man auch die anderen Räume besichtigen, die **alte Apotheke** mit ihrer Einrichtung aus dem 17. Jh., den **Repräsentationssaal** mit den Porträts der Apotheker und die ehemalige **Kapelle San Niccolò**, in der sich Fresken (15. Jh.) mit Szenen aus der Passion befinden.

Bereits seit Beginn des 17. Jh. kann man in der Officina Profumo-Farmaceutica wohlriechende Seifen und Duftessenzen erwerben

41 Pensilina und Fortezza da Basso

Vom postmodernen Bahnsteig zur Festungsarchitektur.

An der östlichen Flanke der *Stazione Centrale* (Hauptbahnhof) wurde 1990 die **Pensilina** fertiggestellt. Die postmoderne Architektur von Cristiano Toraldo di Francia und Andrea Noferi, die für ihren ›Bahnsteig‹ edle Materialien verwendeten, war damals durchaus umstritten.

Von hier aus sind es nur wenige Schritte auf der Via Faenza zu der ehem. Klos-teranlage **San Onofrio di Foligno** (Via Faenza 42, Tel. 055 28 69 82, Di/Do/Sa 9–12 Uhr). Hier wurde ein Abendmahlsfresko von Perugino (um 1490) gefunden, das sich eng an die Vorbilder von Castagno und Ghirlandaio anlehnt.

In nordwestlicher Richtung stößt die Via Faenza auf die **Fortezza da Basso**. Nach ihrer erfolgreichen Rückkehr und Ernennung zu Herzögen der Toskana mussten die Medici 1534/35 die Festung erbauen lassen: eine Bedingung, die Karl V. für die Hochzeit von Alessandro de' Medici mit seiner illegitimen Tochter Margherita gestellt hatte. Die riesige Festung, nach Entwürfen von Antonio San-

Die ›Sala della Cavalcata‹ ist der wohl eindrucksvollste Raum im Museo Stibbert

gallo d. J. errichtet, war mit der Stadtmauer verbunden. Sie wird heute als Messe- und Ausstellungsgelände genutzt.

42 Museo Stibbert

Schätze eines Privatsammlers des 19. Jh.

Via Federico Stibbert 26
Tel. 055 47 55 20
www.museostibbert.it
Mo–Mi 10–14, Fr–So 10–18 Uhr

Von der Fortezza fahren die Busse 31 und 32 zum Museo Stibbert, dessen Namensgeber, ein schottischer Offizier italienischer Abstammung, im 19. Jh. auf seiten Garibaldis kämpfte. Seine seit 1890 zusammengetragene **Sammlung** von Bildern, Möbeln, Teppichen, Musikinstrumenten, Kriegsandenken und vor allem *Waffen* vermachte er 1906 der Stadt Florenz, die sie in ihrem ursprünglichen Ambiente und ihrer alten Aufstellung beließ. Neben den *Kunstschätzen* kann man hier studieren, wie ein Privatsammler des 19. Jh. seinen Besitz zur Schau stellte.

43 Museo Marino Marini

Profanierte Kirche, die, nach verschiedenen Wandlungen, heute einen Überblick über das Werk Marino Marinis bietet.

San Pancrazio
Piazza San Pancrazio 1
Tel. 055 21 94 32
www.museomarinomarini.it
Mo, Mi–Sa 10–17 Uhr, Aug. geschl.

Die alte Kirche *San Pancrazio*, die bereits für das 9. Jh. dokumentarisch belegt ist und deren heutige Bausubstanz aus dem 14./15. Jh. stammt, wurde 1808 unter Na-

Die Verbindung neuer und alter Bauelemente rahmt spannungsreich die Werke Marinis

poleon säkularisiert. Nachdem der Komplex verschiedene Funktionen innehatte, z. B. als Tabakmanufaktur, entstand in den 1970er-Jahren die Idee, hier ein Museum für den weit über die Grenzen Italiens hinaus bekannten Maler und Bildhauer **Marino Marini** (1901–1980) einzurichten.

1988 konnte das **Museum**, welches 176 Werke des Künstlers besitzt, der Öffentlichkeit zugänglich gemacht werden. Die Architekten *Lorenzo Papi* und *Bruno Sacchi* scheuten die Konfrontation moderner Stahlkonstruktionen mit der alten Architektur nicht. Eingezogene Zwischendecken und Laufgänge erlauben faszinierende Durchblicke. Der Raum wird nicht nur den kleinen Skulpturen, Gemälden und Zeichnungen Marinis gerecht, sondern auch den großen Plastiken, die für die Aufstellung im Freien – in Parks und auf Plätzen – konzipiert wurden.

44 Cappella Rucellai

Freie Kopie des Heiligen Grabes von Alberti.

Eingang an der Via della Spada

1460 ließ Bernardo Rucellai an die Kirche San Pancrazio [Nr. 43] nach Plänen von *Leon Battista Alberti* diese Kapelle anbauen. Sie sollte eine Kopie des Heiligen Grabes aufnehmen, wofür die Grabeskapelle in Jerusalem vermessen wurde. Alberti war sichtlich mehr daran gelegen, den antiken Charakter des Urbildes wiedererstehen zu lassen, als eine genaue Kopie des Grabes herzustellen.

Außen ist das Grab durch schwarzen und weißen Marmor, Pilaster, die ein Gebälk tragen, und einen Kranz von Florentiner Lilien gegliedert. In dem tonnengewölbten **Innenraum** sind Teile von Fresken erhalten.

45 Palazzo Rucellai

Renaissance-Palast, der einen neuen Typus in der Architektur darstellte.

Via della Vigna Nuova 16

Giovanni di Paolo Rucellai, der durch eine geschickte Familienpolitik verwandtschaftliche Beziehungen zu den großen miteinander verfeindeten Familien der Strozzi, Pitti und Medici herstellte, gelang es, gleichzeitig mit den Medici [s. Nr. 52] einen großen Palast zu bauen. Für die Planung konnte er *Leon Battista Alberti*, den Baumeister und zugleich bedeutendsten Architekturtheoretiker seiner Zeit, gewinnen.

Statt der Bossenquader mit ihrem festungsartigen Charakter wählte Alberti für die **Fassade** dünne Platten mit teilweise eingeritzten Fugen. Die geschlossene Fassadenfront lockerte er durch eine Pilastergliederung auf, die keine tragende, sondern ordnende bzw. *schmückende Funktion* besitzt. Die klassische Fenstergliederung erweiterte er um ein Gebälk, auf dem die Bögen ruhen, und um einen Okulus. Die Okuli werden von den Ringen der Medici gerahmt, die geblähten Segel der Rucellai zieren den oberen Fries, ähnlich wie bei Santa Maria Novella [Nr. 38].

Der Palast entstand 1446–51, die gegenüberliegende **Loggia** 1460. Sie wurde ebenfalls von Bernardo Rosselino nach Plänen Albertis erbaut.

46 Palazzo Corsini

Werke italienischer Malerei und Plastik des 15.–18. Jh.

Via del Parione 11
Tel. 055 212880
www.palazzocorsini.it
Besichtigung nur auf Anfrage

Am Arno-Ufer erhebt sich der mächtige Palazzo Corsini, dessen dreiflügelige **Anlage** mit großem Hof aus der Mitte des 17. Jh. im Stil des römischen Barock errichtet wurde. Ein Blickfang sind die von Statuen bekrönten Dachgesimse.

Im ersten Stock ist die **Galleria Corsini**, die großte Florentiner Privatsammlung italienischer sowie ausländischer Gemälde und Skulpturen, zu besichtigen. Darunter befinden sich Werke von Pontormo, Luca Signorelli, Filippo Lippi, Gentile und Giovanni Bellini, Sustermans, Salvatore Rosa und Luca Giordano.

47 Ognissanti

Im 13. Jh. vom Orden der Humiliaten gegründet und im 17. Jh. zu einer der frühesten Barockkirchen der Stadt umgebaut. Im Refektorium Ghirlandaios ›Abendmahl‹.

Borgo Ognissanti 42
www.polomuseale.firenze.it
Tel. 055 294883
Refektorium: Mo/Di/Sa 9–12 Uhr

Die Humiliaten, die sich der kunstvollen Wollweberei verschrieben hatten, wur-

Der Palazzo Rucellai verkörperte einen neuen, eleganteren Typus der großen Stadtpaläste

den 1239 von der Florentiner Kommune nach Florenz gerufen, wo sie neben einem großen Konventsgebäude und Werkstätten zwischen 1252 und 1256 auch die **Kirche** erbauten, die dann 1561 von den Franziskanern übernommen wurde. Außer dem romanischen **Campanile** wurde die gesamte Kirche barockisiert. Die Fassade von 1637 integrierte das alte Majolika-Relief des Tympanon (um 1515) mit der ›Marienkrönung‹.

Der **Innenraum** besitzt ein illusionistisches *Deckengemälde* mit der ›Apotheose des hl. Franziskus‹ von 1760. Die Hauptchorkapelle (1593–1615) weist schöne *Mosaiken* in Pietra-dura-Manier auf, das *Bronzekruzifix* schuf Bartolomeo Cennini 1669–74. Das älteste Tabernakel der Kirche (2. Altar rechts) von 1472 birgt eine *Schutzmantelmadonna* des Domenico Ghirlandaio, die, von der Familie Vespucci gestiftet, deren Familienmitglieder beschützt. Bei dem jungen Mann rechts der Madonna soll es sich um den Seefahrer Amerigo Vespucci handeln. Die ›Beweinung Christi‹ ist ebenfalls ein Werk Ghirlandaios. Die Vespucci waren auch Auftraggeber für die *Bildnisse der Kirchenväter* Hieronymus (links) und Augustinus

Oben: *Ghirlandaios Fresko zählt zu den berühmten Abendmahl-Bildern, die die Refektorien Florentiner Klöster schmücken*
Rechts: *Im Park Cascine lässt es sich zwar auch entspannen, höchst spannend geht es jedoch auf der Rennbahn zu*

(rechts), die Ghirlandaio und Botticelli 1480 schufen. Sie befinden sich an den Langhauswänden, jeweils zwischen dem 5. und 6. Altar. In der **Sakristei** ist ein gemaltes Kruzifix aus dem Umkreis Giottos und eine um 1340 entstandene *›Kreuzigung‹* im Stil Taddeo Gaddis zu sehen.

Vom Kreuzgang aus (eigener Zugang) gelangt man in das Refektorium, das **Cenacolo del Ghirlandaio e Museo Ognissanti** mit dem berühmten *›Abendmahlfresko‹* des Malers von 1480. Die Einbeziehung der realen Architektur in den gemalten Raum verstärkt den illusionistischen Charakter des Bildes. Christus und die Apostel sitzen am gedeckten Tisch, in Einzelgespräche vertieft. Hinter ihnen öffnet sich der Raum in zwei Arkaden und zeigt einen Garten mit Zitronenbäumen, Zypressen, Palmen und verschiedenen Vögeln. Der Erzählstil des Malers kommt zur vollen Entfaltung. Sein ›Abendmahl‹

war wichtigster Vorläufer für Leonardos weltbekanntes Bild in Mailand.

Auf der Piazza Ognissanti direkt am Arno befindet sich der mit Sgraffito geschmückte **Palazzo Lenzi-Quaratesi**, einer der schönsten Paläste des 15. Jh.

48 Cascine

Größter Park von Florenz.

Piazza Vittorio Veneto

Im Westen der Stadt breitet sich am nördlichen Arno-Ufer der größte Park von Florenz aus, Le Cascine. Der *Name* – Cascio ist ein altes Florentiner Wort für Käse – hat seinen Ursprung darin, dass sich seit dem 16. Jh. hier die Bauernhöfe und Molkereien befanden, die ihre Produkte bei Hofe ablieferten. Seit der 2. Hälfte des 18. Jh. ist der Park öffentlich zugänglich. Im 19. Jh. wurde er allseits beliebtes Ausflugsziel.

Von der Stadt her kommend, gelangt man zuerst auf den großen Piazzale Vittorio Veneto, auf dem sich heute das **Reiterdenkmal Vittorio Emanuele II.** befindet, das Emilio Zocchi 1890 für die Piazza della Repubblica [Nr. 24] schuf. Von hier aus führen zwei lange Alleen, die Ulmenallee und die Steineichenallee, in den Park. Rechts liegen die *Sportanlagen* und das große *Rennbahngelände* (Ippodromi Cascine) mit Galopp- und Trabrennbahn.

Hinter einem weiteren Platz gelangt man über große Wiesen, Anlagen und kleine Haine zum **Monumento dell'Indiano**. Das Denkmal erinnert an den Tod des Maharadscha aus Kolepoor, Rajaram Cuttraputti, der 1870 auf der Heimreise von England nach Indien in Florenz starb. Nach brahmanischem Brauch sollte er an der Mündung eines Flusses eingeäschert werden. Also wählte man den Ort, wo der Mugnone in den Arno fließt.

San Lorenzo – Macht der Medici und der Gaumenfreuden

Im 15. Jh. wurde San Lorenzo **Grabeskirche** der Medici. Unweit der Kirche erhebt sich deren riesiger, abweisender **Palast**. Der Reichtum dieser größten und mächtigsten Florentiner Familie manifestiert sich nicht nur in ihrer Grablege, der vor Prunk strotzenden Fürstenkapelle, sondern auch in der **Biblioteca Laurenziana** mit ihrer enormen Handschriftensammlung. In diesem Bezirk finden sich auch die berühmtesten Werke, die **Michelangelo** seiner Stadt hinterlassen hat.

49 San Lorenzo

Früheste Renaissancekirche mit revolutionärer Raumgliederung, die mit der Alten Sakristei den ersten Zentralbau der Renaissance integriert.

Piazza San Lorenzo
Tel. 05 52 64 51 84
Mo–Sa 10–17.30, März–Okt. auch So 13.30–17.30 Uhr

San Lorenzo gehört zu den ältesten Kirchen von Florenz. 393 wurde der erste Bau geweiht, 1059 der zweite. Als 1418 eine Erweiterung der bestehenden dreischiffigen Basilika mit fünf Jochen um drei zusätzliche Joche, Querhaus mit Chorkapellen und Sakristei genehmigt wurde, erklärten sich u. a. die Medici zur *Finanzierung* bereit, da sie dem Kirchensprengel angehörten. Im Laufe der Zeit übernahmen sie immer mehr von den Baukosten, was schließlich dazu führte, dass San Lorenzo Familienkirche und damit auch die Grabeskirche der späteren Herzöge von Florenz wurde.

Der noch relativ unbekannte *Brunelleschi* wurde von den Medici beauftragt, die **Sakristei** zu bauen. Das Modell war derart revolutionär, dass ihm 1420 die Aufgabe übertragen wurde, einen Plan für die gesamte **Kirche** auszuarbeiten. 1421 erfolgte die Grundsteinlegung. 1428 jedoch waren lediglich Alte Sakristei und angrenzende Chorkapelle vollendet. Bis 1442 ruhten die Bauarbeiten aus finanziellen Gründen. Beim Tod Brunelleschis (1446) waren Querhaus und Chorkapellen fast fertig, das Langhaus begonnen. Erst 1469 waren die Arbeiten im Innenraum abgeschlossen, am Außenbau im 16. Jh.

Schlicht und doch prachtvoll: San Lorenzo und die Cappelle Medicee ▷

Trotz mehrerer Projekte, an denen u. a. *Michelangelo* beteiligt war, erhielt San Lorenzo nie eine **Fassade**. Nur die Nordseite besitzt eine Blendarkatur mit Pilastergliederung (um 1500) und ein schlichtes Portal, welches Michelangelo 1532 gestaltete.

Umso überraschender wirkt der **Innenraum**. Die klare Gliederung des Baus wird noch durch die Verwendung des grauen Sandsteins (pietra serena) und des weißen Verputzes verstärkt. Allein die niedrige, dunkle *Kuppel* (um 1450, nach Plänen Manettis) und die Goldfarbe der *Kassettendecke* (18. Jh.) stören den Gesamteindruck. Im *Langhaus* tragen – erstmals in Florenz – monolithe Säulen mit Blattkapitellen die Arkadenbögen. Über dem Gebälk erhebt sich eine schlichte, nur durch Fenster gegliederte Obergadenzone. In den *Seitenschiffen* mit Kugelkappengewölben wird der Halbkreisbogen der Langhaus-Arkaden wieder aufgegriffen. Über den Arkaden der Seitenkapellen verläuft wiederum ein von Pilastern getragenes Gebälk. Diese Ordnung hat Brunelleschi aus Querschiff und Chorkapellen aufs Langhaus übertragen. Durch diese klare Raumordnung bildet die Vierung nicht nur das ideelle, sondern auch das architektonische Zentrum der Kirche.

Brunelleschi griff sowohl auf mittelalterliche wie auch auf frühchristliche *Vorbilder* zurück und schuf in dieser Synthese, gepaart mit eigenen Raumideen, ein fast abstraktes, geometrisches Schema. Die einheitliche Raumgliederung wurde bald zum gültigen architektonischen Prinzip erhoben und fand schnell Nachahmer.

Im Vergleich zur Architektur nimmt sich die **Ausstattung** bescheiden aus: In der **Ginori-Kapelle** (2. rechts) ist eine ungewöhnliche *›Vermählung Mariens‹* von Rosso Fiorentino (1523) zu bestaunen, bei der als Ehemann nicht Joseph, sondern der Verkündigungsengel fungiert. Das **Sakraments-Tabernakel** rechts vor der Vierung ist ein Hauptwerk von Desiderio da Settignano (um 1460–62), dessen An-

Einheitlichkeit und Harmonie: Brunelleschis Innenraum von San Lorenzo

ordnung der Teile nicht mehr ursprünglich ist. Die **runde Gedenkplatte** unter der Kuppel (Fresko von 1742) bezeichnet die Stelle, wo in der Krypta Cosimo d. Ä. zusammen mit seinem Freund Donatello begraben liegt. Der Altar der **Hauptchorkapelle** (18. Jh., Pietra-dura-Technik) wird von einem *Kruzifix* von Baccio da Montelupo bekrönt. Zwischen 1787 und 1860 existierte hier ein Durchgang zu den angrenzenden Cappelle Medicee, der Fürstenkapelle und der Neuen Sakristei.

In der **Martelli-Kapelle** ganz links vor der Vierung mit Filippo Lippis *›Verkündigung‹* (um 1440; die Predella mit Szenen vom hl. Nikolaus 1447) befindet sich auch der *Marmorsarkophag* des Stifters Niccolò Martelli in Form eines Binsenkörbchens (um 1450) und ein *Kenotaph* für Donatello (um 1896). Dieser Künstler schuf mit den beiden **Bronzekanzeln** die wichtigsten Ausstattungsstücke der Kirche. Zwischen 1460 und 1470 entstanden, sind sie die letzten Werke *Donatellos*. Die Ausführung der Reliefs lag größtenteils bei seinen Schülern. Die Ergänzungen aus dem 17. Jh. sind aus bronziertem Holz. Die Kanzeln zeigen den christologischen Zyklus von der Passion bis zur Ausgießung des Heiligen Geistes. An den Außenseiten sind die Evangelisten Johannes (links) und Lukas (rechts) dargestellt.

Im linken Querhaus befindet sich der Eingang zur **Alten Sakristei**, dem ersten Zentralbau der Renaissance. Brunelleschi schuf diese Grabkapelle der Medici um 1420–28. Die *Konstruktion* beruht auf den Grundformen des quadratischen Kubus und der Kugel. Die Halbkugel der Kuppel mit ihrem zwölfgeteilten Schirmgewölbe hat keine Vorläufer. Die Wandgliederung lässt die Proportionen klar erkennen. In der Chorkapelle wird das Schema wiederholt. Nur die Kuppel ist nicht gegliedert. Ihr *Fresko* zeigt mit Tierkreiszeichen und Sternenbild die Konstellation vom 4. Juli 1442 und hat zu diversen Interpretationen Anlass gegeben.

Die später nach Plänen Donatellos hinzugefügten **Tabernakel** zu Seiten der Kapelle stören etwas den Gesamteindruck, ebenso die **Stuckreliefs** in den Tondi, die 1434 entgegen den Vorstellungen Brunelleschis von Donatello und Michelozzo ausgeführt wurden. Anschließend schuf Donatello die **Bronzetüren**, die, unter den Tabernakeln, in Seitenräume führen und miteinander disputierende Märtyrer, Evangelisten und Apostel zeigen. Das *Doppelgrabmal* neben dem Eingang für die Söhne Cosimo d. Ä., Giovanni (gest. 1463) und Piero (gest. 1469) stammt von Andrea Verrocchio (1469–1472). Für die Eltern Cosimos d. Ä. schuf Buggiano um 1433 den großen *Sarkophag* unter dem Marmortisch in der Mitte der Sakristei.

Oase der Stille und Ort der Einkehr: der Kreuzgang von San Lorenzo

50 Cappelle Medicee

Die zu San Lorenzo gehörenden neuen Grabkapellen der Medici.

Piazza Madonna degli Aldobrandini 6
Tel. 05 52 38 86 02
www.polomuseale.firenze.it
tgl. 8.15–17.50 Uhr, jeden 2. und 4. So sowie 1., 3. und 5. Mo im Monat geschl.

In die Neue Sakristei und die Fürstenkapelle von San Lorenzo gelangt man durch einen separaten Eingang. Durch die von Buontalenti angelegte Krypta mit Gräbern der Medici-Familie kommt man zuerst in die **Fürstenkapelle** (Cappella dei Principi), die wegen ihrer kostspieligen *Pietra-dura-Ausstattung* bis heute magische Anziehungskraft besitzt. In dem oktogonalen Bau, der um 1605 begonnen wurde, dessen Dekoration aber erst im 20. Jh. vollendet werden konnte, befinden sich die prachtvollen *Gräber* der sechs großen Medici-Herzöge von Cosimo I. bis zu Cosimo III. Macht und Reichtum der Medici kommen hier am stärksten zum Ausdruck. Die 16 toskanischen *Stadtwappen* in der Sockelzone mit Korallen, Lapislazuli und Perlmutt gehören zu den kostbarsten Teilen der Ausstattung. Hinter dem Altar von 1939 gelangt man in zwei Räume mit dem reichen *Schatz von San Lorenzo.*

Die **Neue Sakristei** (Sagrestia Nuova) dagegen wirkt kühl und nüchtern. Zum ersten Mal in neuerer Zeit sollten Architektur und Ausstattung von einer Person ausgeführt werden. *Michelangelo* musste

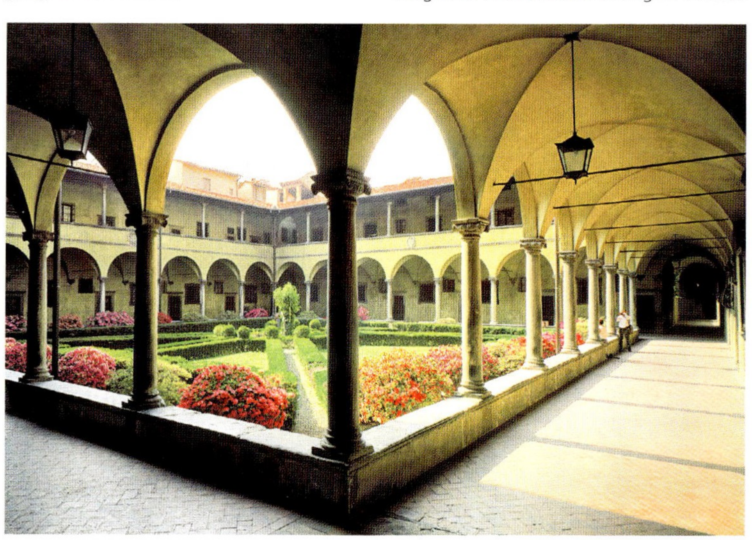

sich allerdings im Aufbau an die Alte Sakristei von Brunelleschi halten, die Fundamente waren bereits gelegt. Um 1520 begann er mit dem Bau. Im Gegensatz zu Brunelleschi ließ er die Architekturgliederung stärker hervortreten und fügte ein weiteres Fenstergeschoss hinzu, was die Proportionen veränderte. Durch seinen Weggang nach Rom 1534 blieb die Ausstattung halbfertig und wurde später von Vasari vollendet.

Michelangelo schuf die **Grabmäler** des Giuliano de' Medici (rechts vom heutigen Eingang) und dessen Neffen Lorenzo gegenüber. Beide *Porträtstatuen* sitzen in Nischen über ihren Sarkophagen mit den Allegorien von Tag und Nacht (Giuliano) sowie Morgen und Abend (Lorenzo). Die *Liegefiguren* wurden erst von Vasari auf die Gräber montiert. Auch Lorenzo der Prächtige und dessen Bruder Giuliano erhielten hier ihre letzte Ruhestätte, die jedoch ohne Grabmonumente blieb. Bestattet sind sie unterhalb der **Medici-Madonna**, die von den hll. Cosmas und Damian flankiert wird. Letztere wurden von Raffaele da Montelupo nach Modellen Michelangelos gefertigt. Die Madonna mit dem Kind hingegen war die erste Figur, die Michelangelo für die Kapelle geschaffen hatte, aber auch sie blieb unvollendet. An den Wänden der Chorka-

Herausragendes Werk: Michelangelos Grabmal für Lorenzo de' Medici mit den Allegorien von Morgen und Abend in der Neuen Sakristei

Im alten Lesesaal der Biblioteca Medicea-Laurenziana wurden einst die Folianten an den Pulten angekettet, um den Diebstahl der wertvollen Schriftwerke zu verhindern

pelle haben sich *Skizzen* des Künstlers und seiner Schüler erhalten. Nicht mehr ausgeführter Figuren- und Freskenschmuck macht das Mausoleum zu einem Fragment. Dennoch ist es einer der bedeutendsten Räume der Florentiner Hochrenaissance.

51 Biblioteca Medicea-Laurenziana

Erste öffentliche Bibliothek, erbaut nach Plänen Michelangelos.

Piazza San Lorenzo 9
Tel. 055 21 07 60
www.bml.firenze.sbn.it
Vestibül, Treppe und Bibliothek Michelangelos: So–Fr 9.30–13.30 Uhr

Im doppelgeschossigen Kreuzgang (Antonio Manetti, 1457), von wo aus man einen schönen *Blick* auf die Domkuppel hat, befindet sich der *Eingang* in die Bibliothek. Anfang des 16. Jh. fasste der Medici-Papst Clemens VII. den Entschluss, die Bibliothek, deren Grundstock von Cosimo d. Ä. stammte und die inzwischen nach Rom verbracht worden war, dem Kanonikat von San Lorenzo mit der Auflage zu stiften, sie öffentlich zugänglich zu machen. Der **Bau** begann 1524 nach Plänen *Michelangelos*, 1571 konnte die Bibliothek eröffnet werden. Auch nachdem Michelangelo 1534 Florenz verlassen hatte, nahm er brieflich auf den Weiterbau und die zahllosen Planungsänderungen Einfluss. Die **Vorhalle** hat vielen Architekturtheoretikern Kopfzerbrechen bereitet. Der viel zu steile Raum mit seiner mächtigen Gliederung, den ›gefangenen‹ Säulen, der proportional viel zu großen, geschwungenen Freitreppe scheint eher Außen- denn Innenarchitektur wiederzugeben. Ebenso ist der Eingang zur Bibliothek mit einem Außenportal geschmückt. Die Funktion der Vorhalle, des ›Ricetto‹ oder ›Vestibolo‹, ist bis heute ungeklärt.

Der **Bibliotheksraum** mit den Kettenpulten geht ebenfalls auf Pläne Michelangelos zurück. Hier und in den anschließenden Räumen sind meist Handschriften aus dem Bibliotheksbesitz ausgestellt. Der heutige *Lesesaal* wird von Wissenschaftlern aus aller Welt genutzt.

52 Palazzo Medici-Riccardi

Familienpalast und Verwaltungszentrum der Medici mit wunderbaren Fresken von Benozzo Gozzoli.

Via Cavour 3
Tel. 05 52 76 03 40
www.palazzo-medici.it
Do–Di 9–19 Uhr

Cosimo d. Ä. gab wahrscheinlich 1444 *Michelozzo* den Auftrag, den Palast zu

Sehr appetitlich: reiche Auswahl an frischem Obst und Gemüse beim Mercato Centrale

Gaumenfreuden pur

TOP TIPP

Auch ohne Einkaufsabsichten sollte man keinesfalls auf einen Besuch der Markthalle des **Mercato Centrale** bei der Kirche **San Lorenzo** verzichten [s. auch S. 164]. Die Vielfalt und Reichhaltigkeit des mediterranen Angebotes an Fleisch, Fisch, Geflügel, Käse, Obst und Gemüse ist überwältigend, allein der Anblick ein **Erlebnis**. Inmitten des geschäftigen Treibens bleibt Muße für einen Caffè oder ein deftiges Panino.

Mitten im **Marktgeschehen** der Hallen, zusammen mit Marktleuten und anderen Hungrigen aus der Umgebung, sollte man einmal – vergleichsweise preisgünstig – zu **Mittag essen** und dabei die Vielfalt der Farben, Gerüche und Geräusche des Marktlebens in sich aufnehmen.

Gnocchi, Tortellini, Cannelloni … allseits beliebte Genüsse der italienischen Küche

Darf natürlich nicht fehlen: Ein Gläschen Rotwein gehört zum Essen einfach dazu

Hat man sich satt gesehen, genug gegessen oder eingekauft, schadet es nicht, sich in den angrenzenden Gassen durch den großen **Kleidermarkt** zu wühlen. Hier sind für erstaunlich wenig Geld Jeans und diverse andere Klamotten aufgetürmt. Sogar die Anprobe ist kein Problem. Schnell ist aus Vorhängen eine provisorische ›Umkleidekabine‹ gezaubert.

Beliebt auch als Souvenir: Parmaschinken in der Markthalle des Mercato Centrale

bauen, der ursprünglich zehn Fensterachsen lang war. Erst nachdem der Palast 1659 in den Besitz der Familie Riccardi übergegangen war, wurde 1684–89 seine Front nach rechts um sieben Achsen erweitert.

Die vierflügelige **Anlage** steht im Gegensatz zum Palazzo Rucellai [Nr. 45] noch in der Tradition des 14. Jh. Sie besitzt in ihrem Untergeschoss die typische schwere, abweisende *Rustika*. Die beiden oberen Geschosse treten mit dem glatt bearbeiteten *Quaderwerk* dagegen zurück und nehmen auch in der Höhe kontinuierlich ab. Ein weit ausladendes *Hauptgesims* schließt den Palast nach oben hin ab. Die für Florenz typische offene *Loggia* im Südwesten wurde bereits 1517 durch Fenster nach Plänen Michelangelos geschlossen. Diese ›knienden‹ Fenster, so benannt nach den Konsolen unter den Fensterbänken, wurden später oft wiederholt.

Einen Gegensatz zum strengen Äußeren bildet der **Hof** mit seinen umlaufenden Arkaden und der – heute verglasten – Loggia im obersten Geschoss. Die Be-geisterung des Bauherrn für die Antike manifestiert sich in den zwölf *Tondi* (Donatello-Werkstatt) oberhalb der Arkaden. Neben dem Medici-Wappen zeigen sie Nachbildungen von Darstellungen auf antiken Gemmen und einem Sarkophagrelief. Die meisten Statuen, die im Hof sowie im anschließenden Garten standen, sind heute auf die Museen der Stadt verteilt. Vom Hof aus gelangt man in das kleine **Museum** zu der Geschichte der Medici mit einer schönen *Porträtsammlung*. Dort finden auch Wechselausstellungen statt.

Die erste Treppe rechts (Giovanni B. Foggini, 1686–89) führt zur **Cappella dei Magi** mit den *Fresken* von Benozzo Gozzoli, einer der besterhaltenen Innenraumdekorationen des 15. Jh. 1459/60 malte er den großen ›Zug der Heiligen Drei Könige‹, der sich auf das Altarbild Filippo Lippis mit der ›Geburt Christi‹ bezog (heute Kopie, Original in Berlin, Gemäldegalerie). Die Landschaftsdarstellung, der Zug mit seinen exotischen Tieren, kostbaren Gewändern, prächtigen Pferden besticht durch Erzählfreudigkeit und Detailtreue. Die Einreihung von prominenten Mitgliedern der Medici-Familie in den Zug der Könige war politisches Programm. 1993 wurde die umfassende Restaurierung der Fresken abgeschlossen.

Eine zweite Treppe führt vom Hof aus in die **Cappella degli Specchi** mit dem

In seinem Fresko ›Zug der Heiligen Drei Könige‹ ließ Benozzo Gozzoli prominente Mitglieder der Familie Medici eine detailreiche toskanische Landschaft durchqueren

Deckenfresko Luca Giordanos von 1682/83, welches die Apotheose der Medici zum Thema hat. An die Kapelle schließen sich die **Biblioteca Riccardiana**, die seit 1715 der Öffentlichkeit zugänglich ist und eine große Anzahl illustrierter Handschriften bewahrt, und die **Biblioteca Moreniana** an, die auf die Geschichte der Toskana spezialisiert ist (Eingang Via de' Ginori 10).

53 San Giovannino degli Scolopi

Ehemalige Jesuitenkirche, die von Ammanati nicht nur gebaut, sondern zu Teilen auch gestiftet wurde.

Via Martelli

Das frühere Oratorium wurde 1546 den Jesuiten überlassen, die 1579 einen Neubau mit anschließenden Konventsgebäuden begannen. Nach Vertreibung der Jesuiten (1773) erhielten die Piaristen (Padri Scolopi) die Kirche. Bemerkenswert ist, dass *Bartolomeo Ammanati* Architekt und Hauptförderer in einer Person war. Er liegt hier mit seiner Frau, der Dichterin Laura Battiferri, begraben.

Klassisch und heiter verspielt: Innenhof des Palazzo Medici-Riccardi ▷

Die schlichte **Fassade** wurde erst 1656 von Parigi nach Plänen Ammanatis errichtet. Nach dem Vorbild der Eingangshalle der Laurenziana [Nr. 51] wird die Wand durch Halbsäulen gegliedert. Der zweigeschossige **Innenraum**, der an die Mutterkirche der Jesuiten – Il Gesù in Rom – erinnert, birgt in der zweiten Kapelle links das *Grabmal der Ammanatis*. Auf dem *Altarbild* von Alessandro Allori ›Christus und das kanaäische Weib‹ (um 1587) sind die Ammanatis als Stifterfiguren dargestellt.

54 Casino Mediceo

Zweigeschossiger Palast mit reich dekorierten Fenstern und schönem Innenhof.

Via Cavour 57

Um 1574 ließ Francesco de' Medici im Areal der Medici-Gärten von Buontalenti über U-förmigem Grundriss einen Palast (heute Gericht) bauen, der ihm für seine wissenschaftlichen Experimente dienen sollte.

Die nur zweigeschossige Anlage (daher Casino = im Altitalienischen: kleines Haus) ist vor allem wegen seiner reich dekorierten ›knienden‹ Fenster im Untergeschoss und dem großen **Portal** mit den originalen hölzernen *Türflügeln* sehenswert. Der **Innenhof** mit Bäumen und einem Brunnen, der von einer Diana-Statue aus der Giambologna-Schule bekrönt wird, bietet trotz parkender Autos ein schönes Bild.

55 Chiostro dello Scalzo

Der Kreuzgang ist berühmt durch einen Freskenzyklus von Andrea del Sarto.

Via Cavour 69
Tel. 05 52 38 86 04
www.polomuseale.firenze.it
Mo/Do/Sa 8.15–13.50 Uhr

In unmittelbarer Nachbarschaft zum Casino Mediceo steht der Chiostro dello Scalzo. Der Kreuzgang gehörte einer Johannesbruderschaft, deren Kreuzträger barfuß (scalzo) an Prozessionen teilnahmen. Für sie malte *Andrea del Sarto* mit Unterbrechungen 1510–26 den **Freskenzyklus** zum Leben Johannes des Täufers sowie Personifikationen der Tugenden. Nicht nur Scheinarchitektur und -skulptur, auch die erzählenden Teile der Male-

rei sind in *Grisaille* (Grau in Grau) gemalt. Der Zyklus gilt als eines der größten Werke der Renaissance in dieser Technik.

56 Via San Gallo

Schmale Straße mit interessanten Bauwerken.

In nur geringer Entfernung reihen sich entlang der Parallelstraße zur belebteren Via Camillo Cavour einige bemerkenswerte Gebäude. Wenige Schritte hinter der Rückseite des Casino Mediceo befindet sich **San Giovanni dei Cavalieri** (Haus-Nr. 66/70), 1323 als Oratorium gegründet. 1551 übernahmen die Nonnen des hl. Johannes von Malta die Kirche. Die *Fassade* entstand 1699, das *Innere* präsentiert sich nach einer Restaurierung heute wieder im Stil des 14. Jh. Zur *Ausstattung* zählen Werke von Lorenzo Monaco, Neri di Bicci, Bicci di Lorenzo und zwei Steinaltäre im Übergangsstil zwischen Gotik und Renaissance. Durch den Eingang Haus-Nr. 68 gelangt man in den *Kreuzgang* aus dem 14. Jh.

Nicht weit entfernt auf der gegenüberliegenden Straßenseite erhebt sich die **Loggia dei Tessitori**. Diese Loggia der Weber wurde um 1560 im Stil Cronacas bzw. Giuliano da Sangallos errichtet. Der klare Aufbau wird heute allerdings durch die spätere Aufstockung des Gebäudes verschleiert.

In den Formen der römischen Hochrenaissance entstand der nahe gelegene **Palazzo Pandolfini** (Haus-Nr. 74). Vasaris Bericht, dass *Raffael* die Pläne für den Palast von Giannozzo Pandolfini, den Bischof von Troja (in Apulien), zeichnete, wird nicht angezweifelt. Der vor 1520 unter der Leitung von Giovanni Francesco und Aristotile da Sangallo begonnene zweigeschossige Bau war vermutlich größer geplant, sodass das *Portal* in der Mitte platziert gewesen wäre. Mit architektonischen Motiven wie den alternierenden *Ädikulafenstern*, dem *Ornamentband* des ›laufenden Hundes‹ und dem Aufbau des *Kranzgesimses* ist der Palast eines der wenigen Beispiele römischer Hochrenaissance-Architektur in Florenz. Durch das Portal ist der schöne **Garten** mit Skulpturen hinter dem großen Gitter zu sehen.

Weiter in nördlicher Richtung liegt **Sant'Agata** (Haus-Nr. 110). Die meist geschlossene Kirche, die in ihrer Substanz aus dem 13. Jh. stammt, wurde mehrfach umgebaut und auch erweitert. Die manieristische *Fassade* schuf Alessandro Allori 1592/93. Sie ist durch Nischen, Rechteck- und Ovalfenster in neun Felder gegliedert.

In Grisaille führte Andrea del Sarto die Fresken im Kreuzgang des Chiostro dello Scalzo aus

Geld und Macht – die Medici

Wie der Name vermuten lässt, waren die frühesten Medici wohl **Ärzte** – woran noch die roten runden ›Pillen‹ in ihrem Familienwappen erinnern. Im Florentiner **Bankwesen**, aus dem sie ihren großen Reichtum und ihre Macht schöpften, sind sie ab 1348 mit dem Beitritt eines ersten Medici in der Arte del Cambio, der Zunft der Geldwechsler, verbürgt.

1413 gelang es dann **Giovanni de' Medici**, genannt di Bicci, Bankier des Papstes zu werden. Kurz darauf war er Gonfaloniere von Florenz, ein Amt, das die Familie mit wenigen Unterbrechungen behalten konnte. Damit traten die Medici auch auf die Bildfläche der **Politik**.

1434–64 regierte **Cosimo d. Ä.** (il Vecchio) die Stadt und wurde zu ihrem großen Mäzen. Sein Enkel **Lorenzo der Prächtige** (il Magnifico), der 1469–92 die Geschicke von Florenz bestimmte, war vor allem als Förderer der Architektur, der Philosophie und der Dichtkunst bekannt geworden. Ein Großteil der unter diesen beiden bekanntesten Familienmitgliedern entstandenen **Kunstwerke** zählt heute zu den Höhepunkten eines Florenzbesuchs.

Lorenzos Sohn **Piero** wurde 1494 aus der Stadt gejagt, der Versuch, die Republik wieder herzustellen, scheiterte spätestens 1530. Mit Unterstützung des Medici-Papstes **Leo X.** war die Familie bereits 1512 zurückgekehrt. 1531 wurde **Alessandro** Herzog von Florenz. Seinem Nachfolger **Cosimo** gelang es

Pontormo fertigte 1518/19 das berühmte Porträt des Medicifürsten Cosimo d. Ä.

dann 1570, Großherzog der Toskana zu werden, ein Amt, das die Medici bis 1737 innehatten.

Die von Cosimo und Lorenzo begonnene großzügige Förderung von Wissenschaft, Kunst und Kultur weiteten die Herzöge auf die ganze Toskana aus. Erst im 17. Jh. verlor der Staat an wirtschaftlicher Bedeutung. 1743 starb die letzte Medici.

57 Cenacolo di Sant'Apollonia

Refektorium mit einer der berühmten Florentiner Abendmahls-Darstellungen.

Museo Andrea del Castagno
Via di XXVII Aprile 1
Tel. 05 52 38 86 07
www.polomuseale.firenze.it
tgl. 8.15–13.50 Uhr,
jeden 2. und 4. Mo sowie
1., 3. und 5. So im Monat geschl.

Im Kloster der Kamaldulenserinnen wurde nach dessen Profanierung 1808 im Refektorium ein großes **Abendmahls-Fresko** freigelegt, welches zunächst Uccello zugeschrieben wurde. Es stammt aber von *Andrea del Castagno,* der es im Jahr 1447 schuf. Die Malerei zeichnet sich vor allem durch die detailgetreu wiedergegebene Architektur aus, in der die Apostel auf einer Bank an dem langen Tisch sitzen, teilweise sich unterhaltend, teilweise in nachdenklicher Haltung verharrend. Nur Judas, der Jesus später verraten wird, ist isoliert. Darüber befinden sich die Fresken der ›Kreuzigung‹, ›Grablegung‹ und ›Auferstehung‹. Verschiedene Werke Castagnos, z. B. ein Fresko mit der ›Kreuzigung‹, aber auch andere Ausstattungsstücke aus Sant'Apollonia, wie z. B. *Neri di Biccis* ›Maria mit Heiligen‹, haben hier im Refektorium eine neue Aufstellung gefunden.

Santissima Annunziata – studentisches Treiben im Künstlerviertel

Dominikaner und Serviten bauten im Norden von Florenz ihre großen Kirchen nah beieinander. Getrennt sind sie nur durch die **Accademia**, die von den Medici gegründete Kunstakademie. Inzwischen mutierte sie zum Museum mit Tausenden von Besuchern, schließlich steht hier der berühmte ›**David**‹ von Michelangelo. Direkt daneben schließt sich heute die Universität an. Am **Archäologischen Museum** vorbei stößt man auf den Borgo Pinti, die Straße mit den schmalsten Gehwegen der Stadt, die zu **Santa Maria Maddalena dei Pazzi** führt. Von dort ist es nicht mehr weit zur **Synagoge**, einem imposanten Bau des 19. Jh.

58 San Marco

Klosterkirche der Dominikaner, deren bekannter Prior, Savonarola, einige Jahre die Stadt beherrschte.

Piazza San Marco 1

Die 1299 von den Silvestrinern gegründete Kirche und die Konventsgebäude [Nr. 59] wurden 1434 auf Veranlassung Cosimo de' Medicis den Dominikanern von Fiesole übertragen. *Michelozzo* erneuerte und erweiterte die Anlage zwischen 1437 und 1452. Die Kirche wurde 1442 dem hl. Markus sowie Cosmas und Damian, den Schutzheiligen der Ärzte (= Medici) geweiht. Von diesem **Bau** blieb kaum etwas erhalten. Die *Fassade* stammt zwar von 1780, bezieht sich in ihrer Architektur aber auf das 16. Jh. Pier Francesco Silvani begann 1678 mit der Barockisierung der *Saalkirche* von 1299, der auch die Veränderungen Michelozzos zum Opfer fielen. Erhalten blieben der offene *Dachstuhl* über der Holzdecke von 1679 sowie die **Chorkapelle** Michelozzos (hinter der heutigen Chorschlusswand).

An der Eingangswand im **Inneren** ist ein gemaltes **Kruzifix** [1] zu sehen, das im 14. Jh. in der Nachfolge Giottos entstand. Das *Fresko* rechts vom Eingang ist eine Kopie des Gnadenbildes in der Santissima Annunziata [Nr. 64].

Die sechs seitlichen *Tabernakel* schuf Giambologna 1588: Santi di Tito malte 1593 das **Altarbild** [2] ›Vision des hl. Thomas von Aquin‹. Von Fra Bartolomeo stammt die **Baldachinmadonna** [3] aus

Fra Angelicos große ›Kreuzigung‹ ist im Kapitelsaal des Klosters San Marco zu bestaunen ▷

dem Jahr 1509. Links davon befindet sich die *Grabplatte* für Filippo Brunelleschi. Aus Alt-Sankt-Peter in Rom gelangte das **byzantinische Mosaik** [4] von 706 hierher, die zugefügten Imitationen sind von 1609. Die **Grabsteine** [5] gegenüber erinnern an zwei Mitglieder der ›Platonischen Akademie‹, den Gelehrten *Pico della Mirandola* (1463–1494) und den Dichter *Polizian* (1454–1494).

Die **Sakristei** [6] rechts vom Chor baute Michelozzo 1437–43, im Jahr 1594 wurde die **Cappella degli Serragli** [7] auf der Westseite des Chors hinzugefügt. Die angrenzende **Cappella di Sant' Antonio** [8] und ihre Vorhalle sind ein architektonisches Hauptwerk *Giovanni da Bolognas* (1580–89). Die Fresken in der Vorhalle zeigen Grotesken sowie die Zurschaustellung und Überführung des Leichnams des hl. Antonius. Der Hauptraum wurde von Alessandro Allori ausgemalt, der auch den Hauptaltar schuf. Die sechs Marmorstatuen und die Bronzereliefs mit Szenen aus dem Leben des Heiligen führten nach Entwürfen Giambolognas dessen Schüler aus.

59 Museo di San Marco

Kloster mit Fresken des Dominikanermönches Fra Angelico in den einzelnen Zellen.

Piazza San Marco 3
Tel. 05 52 38 86 08
www.polomuseale.firenze.it
Mo–Fr 8.15–13.50, Sa/So 8.15–16.50 Uhr, 1., 3. und 5. So sowie 2. und 4. Mo im Monat geschl.

1434 den Dominikanern von Fiesole überlassen, wurden die Konventsgebäude von San Marco 1437–52 von Michelozzo erneuert und vergrößert. Von hier aus wirkten wichtige **Persönlichkeiten:** Der *hl. Antoninus (Pierozzi)*, erster Prior des neuen Dominikanerklosters, wurde 1446 Erzbischof von Florenz. *Fra Angelico* besorgte mit seiner Werkstatt von 1435 bis 1445 den Hauptteil der Ausmalung. Im späten 15. Jh. trat dann *Fra Bartolomeo* – von den Predigten *Savonarolas* [s. S. 97] beeindruckt – dem Kloster bei.

Hauptanziehungspunkt des Klosters, das heute in großen Teilen als Museum organisiert ist, sind die zahlreichen Fresken Fra Angelicos. Ein Rundgang beginnt im **Kreuzgang des hl. Antonius**, dessen Ausmalung dem Leben des Heiligen gewidmet sind. Neben einem Zyklus von 28 teils sehr stark verblichenen Fresken, die das Leben dieses Heiligen schildern (17. Jh.), befinden sich in den *Lünetten* über den vier Eckportalen Werke Fra Angelicos. Die Szene ›Christus als Pilger wird von den Dominikanern aufgenommen‹ ist programmatisch über die Eingangstür zur **Pilgerherberge** gesetzt. Hier werden heute *Tafelgemälde* des frommen Malers aus verschiedenen Florentiner Kirchen ausgestellt. Hervorzuheben ist der ›Altar der Leinweberzunft‹ (1433–35), für den Ghiberti das *Tabernakel* schuf, dessen Stil sich auch auf die Figuren der Madonna und der sie umgebenden Heiligen und Engel ausgewirkt hat. Das ›Jüngste Gericht‹ (1431), der beschädigte Hochaltar von San Marco (1438–40), die ›Kreuzabnahme‹ (vor 1434) und die ›Beweinung‹ (1436) sind, wie auch die weiteren Gemälde, teilweise Werkstattarbeiten.

Über den Kreuzgang gelangt man in das **Große Refektorium**, in welchem Giovanni Antonio Sogliani 1536 die Stirnwand mit einem großen *Fresko* ausmalte. Unter einer ›Kreuzigung mit Heiligen‹ hat er die ›Vorsorge‹ dargestellt, bei der ein Engel dem hl. Dominikus und seinen Brüdern Brot bringt. Die Szenerie erinnert an das Abendmahl.

Im ehem. **Waschraum** hängt heute das abgenommene *Fresko* mit dem ›Jüngsten Gericht‹, welches Fra Bartolomeo 1499 begann und Mariotto Albertinelli vollendete. Das *Altarbild* ›Anna Selbdritt mit Heiligen‹ von 1512 aus San Lorenzo hat Fra Bartolomeo nie vollendet.

Im **Kapitelsaal** schuf Fra Angelico seine große *›Kreuzigung‹* mit den wichtigsten Heiligen, die Orden gegründet oder geleitet haben. Ein Gang mit Blick in den nicht zugänglichen großen Kreuzgang des hl. Domenikus führt zum **Kleinen Refektorium**. Hier schuf Ghirlandaio eine zweite Variante seiner *Abendmahls-Darstellung* aus Ognissanti von 1480 [Nr. 47]. Auch in dieser Fassung bezog der Maler die reale Architektur in den gemalten Raum mit ein, wodurch die Illusion des Ausblicks auf eine Gartenlandschaft verstärkt wird. In der **alten Pilgerherberge** werden *Ar-*

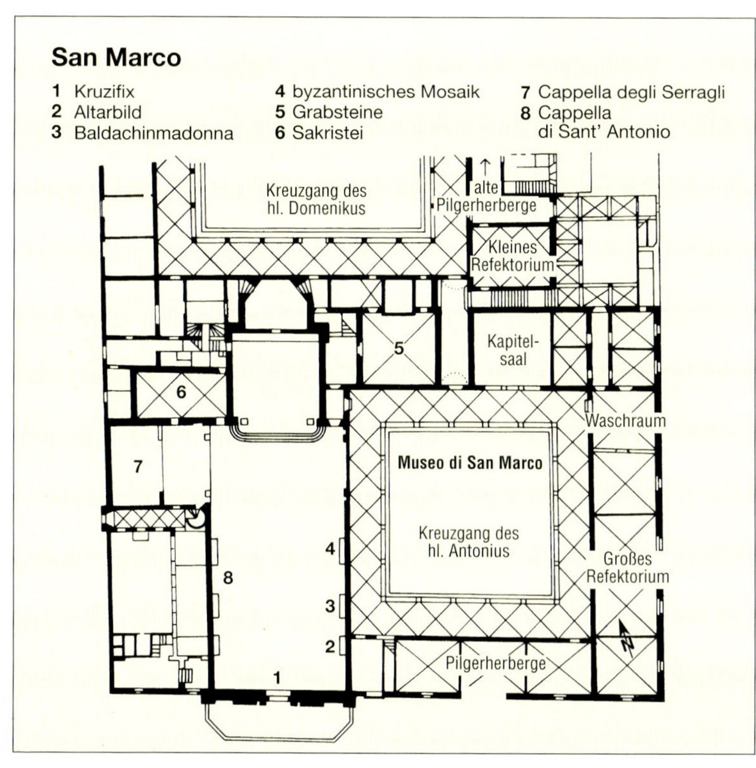

Mit engelhaftem Pinselstrich gefertigt: Fra Angelicos berühmte ›Verkündigung‹

chitekturfragmente des abgerissenen Mercato Vecchio [s. Nr. 24] aufbewahrt.

Im Obergeschoss liegt das **Dormitorium**. In jeder Zelle schmückt ein Fresko Fra Angelicos oder seiner Schüler die Wand. Am **Treppenaufgang** befindet sich die berühmte *›Verkündigung‹* (um 1450), die auch Teile der Klosteranlage zeigt. Die

Fort mit allem Luxus!

Eng mit dem Kloster San Marco verbunden ist der Name **Fra Girolamo Savonarola**, eines Sittenpredigers, der Ende des 15. Jh. versuchte, das Leben und die Verwaltung der Stadt streng nach asketisch-christlichen Grundsätzen zu organisieren und rücksichtslos jede Form von Luxus und Wohlleben bekämpfte.

Am 21. 9. 1452 als Sohn einer vornehmen Familie in Ferrara geboren, trat er 1475 in Bologna dem **Dominikanerorden** bei und ließ sich 1490 in Florenz nieder. Ein Jahr später wurde er Prior des Klosters San Marco. Nach der Vertreibung der Medici 1494 gelang es ihm, die Stadt zu einer theokratisch beeinflussten Demokratie zu bekehren.

Sein Einfluss war immens, auch wenn er nie ein Regierungsamt bekleidete. Er predigte ein asketisches Leben in Buße, Luxusgegenstände wurden auf dem **Scheiterhaufen der Eitelkeiten** verbrannt. Viele Künstler – unter ihnen Botticelli – ließen sich dazu hinreißen, ihre Werke den Flammen preiszugeben. Die Kurie, die schon immer allen Armutsidealen skeptisch gegenüberstand, exkommunizierte Savonarola 1497, seine Macht begann zu schwinden. Ein Jahr später wurde er schließlich gefangen genommen und von der Signoria zum **Tode** verurteilt. Am 23. Mai 1498 wurde er auf der Piazza della Signoria gehängt und anschließend verbrannt. Seine Schreckensherrschaft über das Volk von Florenz hatte nach vier Jahren ein Ende.

Radikal und redegewandt: Dominikanermönch Fra Girolamo Savonarola

Fresken in den **Mönchszellen** entstanden um 1440/41 und stellen wichtige Stationen aus dem Leben Christi dar. Die **Klause des Priors** beherbergt einige *Erinnerungsstücke an Savonarola*. Neben seinem bescheidenen Besitz befinden sich hier sein Porträt und das Bild des Petrus Martyr mit seinen Gesichtszügen (beide von Fra Bartolomeo) sowie zwei Gemälde, die die Hinrichtung des Sittenpredigers auf der Piazza della Signoria zum Inhalt haben.

An das Dormitorium, in welches sich auch Cosimo de' Medici häufiger zurückzog, schließt sich der große **Bibliothekssaal** Michelozzos an, der erste bekannte der Renaissance überhaupt. Der durch ionische Säulen dreigeteilte Raum beeindruckt in seiner Schlichtheit. Hier werden *illuminierte Handschriften* aus dem Besitz des Klosters ausgestellt.

Der erste der Renaissance: Michelozzos Bibliothekssaal im Museo di San Marco

60 Orto Botanico

Botanischer Garten und größtes Botanisches Museum Italiens.

Via Micheli 3
Tel. 05 52 75 74 02
Do–Di 10–17 Uhr

1554 ließ Cosimo I. für die Erforschung von Heilkräutern den ›Giardino dei Semplici‹ (Garten der Heilkräuter) anlegen. Mehrfach umgestaltet, gehört er heute zum Botanischen Institut der Universität. Außer einer Eibe von 1720 stammen die meisten Bäume aus der 2. Hälfte des 18. Jh., Koniferen und Farnpalmen dominieren. An diesen angenehm lauschigen Garten ist das **Museo Botanico** (Via la Pira 4, Tel. 05 52 75 74 62, nur nach Voranmeldung) angeschlossen, mit seinen zwölf Sälen das größte seiner Art in Italien. Neben *Herbarien* aus dem 16.–18. Jh. und botanischen *Wachsmodellen* des 19. Jh. befindet sich hier eine *Holzmustersammlung* mit ca. 4000 Hölzern und ein tropisches Herbarium zu der Pflanzenwelt Afrikas.

Ein lauschiges Plätzchen: Der Orto Botanico ist ideal für eine Verschnaufpause

61 Galleria dell'Accademia

Aus der Akademie hervorgegangenes Museum, in welchem neben Florentiner Malerei des 14.–16. Jh. vor allem Werke Michelangelos zu besichtigen sind.

Via Ricasoli 60
Tel. 05 52 38 86 12
www.polomuseale.firenze.it
Di–So 8.15–18.50 Uhr

Cosimo I. gründete 1562 die Florentiner Kunstakademie. 1784 ließ Großherzog Pietro Leopoldo sämtliche Zeichenschulen zu einer Akademie zusammenführen, die in der Loggia des ehemaligen Hospitals San Matteo aus dem 14. Jh. und dem anschließenden Kreuzgang untergebracht wurde. Eine ›Galleria‹ sollte den Studenten das Studium der Kunstwerke erleichtern.

Im Mittelpunkt des **Salone del Colosso** steht Giambolognas Originalgips vom ›*Raub der Sabinerin*‹, dessen Marmorfassung inzwischen ebenfalls in der Galleria dell'Accademia zu sehen ist [s. u.]. Er ist von hervorragenden Beispielen Florentiner Malerei des frühen 16. Jh. aus verschiedenen Kirchen u. a. von Perugino, Filippino Lippi und Fra Bartolomeo umgeben.

Von hier aus gelangt man in die *Galleria dei Prigioni*, die den Blick auf die **Tribuna del David** lenkt. Diese wurde 1882 für den ›*David*‹ angebaut, der 1873 aus konservatorischen Gründen von der Piazza della Signoria [Nr. 10] hierher verbracht worden war. In den Jahren 2003/2004 wurde er einer Säuberung unterzogen. Die umstrittene ›Feuchtreinigung‹ befreite die fünfeinhalb Tonnen schwere Statue von Staub, Kerzenwachs und Ruß, sodass sie heute wieder in voller Schönheit erstrahlt. Zwischen 1501 und 1504 schuf Michelangelo die 434 cm hohe Figur aus einem relativ schmalen, ›verhauenen‹ Marmorblock, der ursprünglich für den Dom gedacht war. Nach Fertigstellung der heroischen Statue des siegesgewissen Jünglings mit ihrem aufwühlenden Pathos begriff man sie sofort als *Symbol* der freien Republik im Kampf gegen die Großmächte und stellte sie vor dem heutigen Palazzo Vecchio [Nr. 11] auf. Diese Interpretation entsprach dem Zeitgeist: Die Medici waren vertrieben, Savonarolas Herrschaft zu Ende, die Florentiner mit Pietro Soderini an der Spitze träumten von einer freien Republik [s. S. 15]. So wurde dieser schöne David, der nicht mehr die Attribute des Befreiers (Kopf des Goliath) tragen musste, um seine Stärke zu demonstrieren, direkt nach seiner Vollendung zum Symbol für Florenz und ist es bis heute geblieben. Unweit dieses Meisterwerks ist das Original der dreifigurigen Marmorgruppe ›*Raub der Sabinerin*‹ zu bewundern, die früher in der Loggia dei Lanzi stand [Nr. 12]. Dort hält nun eine Kopie der von Giambologna 1574–82 im Auftrag von Cosimo I. geschaffenen manieristischen Skulptur die Stellung.

Die unvollendeten ›*Sklaven*‹ Michelangelos in der **Galleria dei Prigioni** sollten ursprünglich das Grabmal Papst

Rechts: *Handwerk höchster Vollendung im Opificio delle Pietre Dure: Florentiner Wappen*
Unten: *Berühmte Originale: Michelangelos unvollendete ›Sklaven‹ (vorne) und sein ›David‹ (hinten) in der Galleria dell'Accademia*

Julius II. in Rom schmücken, dessen Ausführung jedoch sehr viel reduzierter geriet als alle Pläne. Um 1519 geschaffen, gelangten sie nach dem Tod Michelangelos in den Besitz Cosimos I., der sie in der Grotte des Boboli-Gartens [Nr. 86] aufstellen ließ. Von hier brachte man sie 1909 in die Accademia. Die gefesselten Figuren setzen die *neuplatonische Idee*, dass der Körper das irdische Gefängnis der Seele sei, ins Bild um. Der wesentlich früher entstandene ›David‹ hingegen verkörpert noch die harmonische Verbundenheit von Körper und Geist.

Rechts von der Galleria liegen die **Florentiner Säle**, die einen Überblick über die sakrale und profane Kunst des 15. Jh. in dieser Stadt vermitteln. Die sog. *Adimari-Truhe*, eine Hochzeitstruhe, zeigt schöne Stadtansichten von Florenz.

Durch die Tribuna gelangt man in die sog. **Byzantinischen Säle**, die der Florentiner Malerei des 13. und 14. Jh. gewidmet sind. Pacino di Bonaguidas *›Lebensbaum‹* zeigt die Herkunft des Künstlers von der Buchmalerei. Die 22 Tafeln der *Sakristeischränke* aus Santa Croce [Nr. 72] von Taddeo Gaddi sind interessante Beispiele aus der Giotto-Nachfolge und stellen das Leben Christi und des hl. Franziskus dar. Im letzten Raum des Erdgeschosses, dem **Toskanischen Saal**, werden Accademia-Mitglieder aus dem 19. Jh. vorgestellt.

Im 1. Stock sind *russische Ikonen* des 16.–18. Jh. sowie weitere italienische *Gemälde* des 14. und 15. Jh. zu sehen, darunter interessante Werke von Lorenzo Monaco, Niccolò di Pietro Gerini, Spinello Aretino und Bicci di Lorenzo, um nur einige zu nennen. Insgesamt bietet die Accademia einen hervorragenden Überblick über die Florentiner Malerei des 14.–16. Jh.

62 Opificio delle Pietre Dure

Staatliche Werkstätten für Einlegearbeiten in Stein, denen ein Museum angeschlossen ist.

Via degli Alfani 78
Tel. 055 26 51 11
www.opificiodellepietredure.it
Museum: Mo–Mi/Fr/Sa 8.15–14, Do 8.15–19 Uhr

Die Pietra dura, auch Florentiner Mosaik genannt, hat eine lange Tradition. Die

Akribie mit Tradition: Noch heute entstehen Pietra-dura-Mosaike in Handarbeit

Werkstätten wurden 1580 durch Großherzog Francesco I. begründet. 1588 siedelten sie in die Uffizien über. 1769 verstaatlicht, erhielten sie 1796 im alten Konvent San Niccolò neue Räumlichkeiten. Auch heute noch befasst sich das Opificio hauptsächlich mit der Ausstattung der Fürstenkapelle von San Lorenzo [Nr. 49] und mit Restaurierungsarbeiten, für die es Aufträge aus ganz Europa erhält. Das angeschlossene **Museum** zeigt Beispiele von Einlegearbeiten auch aus neuerer Zeit, die teilweise wie gemalt wirken. Daneben sind alte Arbeitstische, Werkzeuge und Steine ausgestellt. Anhand einer unvollendeten Vase aus dem 19. Jh. kann man das Verfahren nachvollziehen, wie die geschnittenen Steine fugenlos nicht nur zu Ornamenten, sondern auch zu figürlichen Darstellungen zusammengesetzt werden.

63 Piazza Santissima Annunziata

Eine der harmonischsten Platzanlagen in Florenz, als einheitliches Architektur-Ensemble entworfen.

Nicht weiter vom Dom entfernt als die Piazza della Signoria, allerdings im Norden gelegen, gehört dieser Platz eher den Florentinern als den Touristen. Von der Via dei Servi aus betrachtet, öffnet sich die einheitliche Platzanlage relativ unvermittelt. Die rechts angrenzende Loggia des Ospedale degli Innocenti [Nr. 65] von Brunelleschi wurde Vorbild für die 100 Jahre später gebaute *Loggia der Bruder-*

Von Renaissance-Loggien gesäumt: Piazza Santissima Annunziata ▷

schaft des Servitenordens gegenüber. In formaler Entsprechung wurde wiederum 100 Jahre später der Portikus der *Kirche* errichtet – diese schließt im Norden den Platz ab. Erst nachdem diese Einheit hergestellt war, wurde das **Reiterstandbild** Ferdinandos I. nach Plänen Giambolognas 1608 von Pietro Tacca ausgeführt, von dem auch die beiden **Brunnen** stammen.

An der Ecke zur Via dei Servi erhebt sich der große **Palazzo Grifoni**, 1557–63 von Ammanati gebaut, der als einer der repräsentativsten der Stadt bezeichnet wird, allerdings unter den Umbauten, die um 1890 durchgeführt wurden, gelitten hat.

64 Santissima Annunziata

Wegen ihres Gnadenbildes weithin bekannte Kirche, die durch die Jahrhunderte großen Wandlungen unterworfen war.

Piazza Santissima Annunziata
Tel. 055 26 61 81
tgl. 7.30–12.30 und 16–18.30 Uhr

Kurz nach Gründung ihres Ordens erbauten die Serviten (Servi Mariae = Diener Mariens) 1250 ein kleines *Oratorium* außerhalb der Stadtmauern mitten im Weideland. Das von einem Mönch gemalte Bild der ›Verkündigung‹ wurde im Jahre 1252 der Überlieferung nach von einem Engel vollendet, was eine ungeheure *Wallfahrt* auslöste. 1254 musste man den Bau bereits erweitern. Kontinuierlich wurde er vergrößert, bis die *Klosteranlage* im 14. Jh. in etwa den jetzigen Umfang erreicht hatte. Die Medici finanzierten im 15. Jh. eine völlige *Neugestaltung*, die in den Händen *Michelozzos* lag. 1444 begann man mit den Bauarbeiten, die 1477 abgeschlossen waren. Die *Barockisierung* des 17. und 18. Jh. brachte noch einmal einschneidende Veränderungen mit sich.

Der **Portikus**, der 1559–61 in Angleichung an das Ospedale degli Innocenti [Nr. 65] entstand, bezieht den mittleren Bogen mit ein, der bereits 1447 den Eingang betonte. Von hier aus gelangt man in den **Vorhof** Michelozzos mit den sorgsam ausgearbeiteten *Kapitellen*. Im 19. Jh. schloss man dieses offene Atrium mit einem Glasdach. Die **Fresken** aus dem 16. und 17. Jh. zeigen Begebenheiten aus dem Leben Mariae und des hl. Filippo Benizzi, wobei die Chronologie der Ereignisse nicht eingehalten ist, man also

schwerlich von einem Zyklus sprechen kann. Die *›Himmelfahrt Mariens‹* von Rosso Fiorentino (1517) rechts am Eingang steht neben der *›Heimsuchung‹* Pontormos (1514–16). Dem *›Verlöbnis Mariens‹* von Franciabigio (1513) folgt die *›Geburt Mariens‹*, die den reifen klassischen Stil Andrea del Sartos zeigt (1514). Drei Jahre früher hatte er den ›Zug der Heiligen Drei Könige‹ vollendet. Die *›Geburt Christi‹* von Alesso Baldovinetti (1460–62) ist das früheste Fresko. Fünf der sechs Szenen aus dem Leben des 1285 gestorbenen Heiligen sind Frühwerke von Andrea del Sarto (1509/10), die *›Berufung und Einkleidung des Heiligen‹* an der linken Wand ganz rechts schuf Cosimo Rosselli 1476.

Der **Innenraum** der Kirche lässt noch Züge der ursprünglich gotischen Basilika erkennen. Michelozzo wandelte die Seitenschiffe in Kapellenreihen um, sodass ein einschiffiger, gewölbter *Saalbau* mit Kapellen entstand, ein Schema, wie es sich später in zahllosen Barockkirchen wiederfand. Die geschnitzte *Holzdecke* von 1669 trägt neben der übrigen Barockverkleidung stark zur Veränderung des Raumes bei. An das Langhaus schließt sich eine *Rotunde* an, die einen damals noch erhaltenen römischen Rund-Tempel zum Vorbild hatte. Wahrscheinlich hat Alberti, der allerdings erst ab 1470 die Verantwortung für den Bau übernahm, diesen Plan angeregt, der damals von den Florentinern nicht gerade begeistert aufgenommen wurde.

Für das vielverehrte **Gnadenbild** entwarf Michelozzo das marmorne Tabernakel, dessen Schmuckformen römisch-antike Formen aufnehmen. Der Aufsatz über dem Gebälk ist barock. Das im 14. Jh. stark überarbeitete Gnadenbild zeigt Maria mit echter Krone und Halsschmuck. Es haben sich jedoch zahlreiche Kopien erhalten, die früheste in Ognissanti [Nr. 47]. Das *Tabernakel* wird durch ein Gitter aus geknüpften Bronzetauen abgeschlossen. Rechts vom Tabernakel, in der Kapelle mit Marmorverkleidung und Pietra-dura-Arbeit, ist ein *Silbertabernakel* (1617) mit einem Brustbild Christi von *Andrea del Sarto* (1515) in die Wand eingelassen.

Etwas abseits der Touristenpfade: die Servitenkirche Santissima Annunziata

Fein gewickelt: Andrea della Robbias Terrakotta-Medaillons am Findelhaus

Andrea del Castagno malte um 1454 sowohl das Freskenfragment in der **1. Kapelle** links als auch das Fresko ›Verehrung der Dreifaltigkeit durch den hl. Hieronymus und seine Schülerinnen‹ in der **2. Kapelle**. Die ›Himmelfahrt Mariens‹ (1506) in der **4. Kapelle** stammt von *Perugino*. Michelozzo schuf 1444–50 die *Tonfigur* des Täufers neben dem Eingang zur Sakristei, die 1454 nach seinen Plänen vollendet worden war. Die Ausmalung ist barock.

Durch dieselbe Seitentür, an die sich rechts die **Sakristei** anschließt, gelangt man in die **Rotunde**. Das *Kuppelfresko* mit der ›Himmelfahrt und Krönung Mariens‹ malte *Volterrano* 1681–83. Von ihm stammen auch die *Holzdecke* und das zentrale Gemälde.

Die **Chorscheitelkapelle** hat *Giambologna* für sich und flämische Künstler, die in Florenz lebten, als Grabkapelle ausgestaltet. Sein *Sarkophag* befindet sich hinter dem Altar. *Veit Stoß* schuf die Holzskulptur des hl. Rochus (um 1520) in der Kapelle links daneben, *Bronzino* die ›Auferstehung‹ (1548–52).

Kehrt man in die Kirche zurück, sieht man links der Rotunde ein *Grabmal* von Sangallo (1546). Das Pendant stammt von Foggini 1702, der auch das Silbertabernakel auf dem Hochaltar entwarf. *Baccio Bandinelli*, der mit seiner Gemahlin in der Kirche begraben liegt, schuf 1559 die marmorne ›*Pietà*‹ in der letzten Kapelle rechts.

Der **Kreuzgang** mit der ›Madonna del Sacco‹ von Andrea del Sarto (1525) und die **Malerkapelle** (Cappella dei Pittori), die mit ihrer programmatischen Ausstattung ein einzigartiges Beispiel des gesteigerten Selbstbewusstseins der Künstler im 16. Jh. darstellt, sind nur mit Genehmigung zu besichtigen (Tel. 055 26 61 81).

65 Ospedale degli Innocenti

Innovative Architekturgliederung der Findelhaus-Loggia mit den berühmten Kinder-Medaillons in Terrakotta.

Piazza Santissima Annunziata 12
Tel. 05 52 03 73 08
www.istitutodeglinnocenti.it
Mo–Sa 8.30–19, So 8.30–14 Uhr

Brunelleschis Loggia des Findelhauses gehört zusammen mit der Alten Sakristei von San Lorenzo [Nr. 49] und der Domkuppel [Nr. 3] zu den Bauten, welche die gesamte europäische Architektur beeinflussten. Alle drei wurden etwa zur gleichen Zeit von *Brunelleschi* in Angriff genommen.

1419 beauftragte die große Zunft der Seidenweber, die Arte della Seta, Brunelleschi mit dem **Bau** eines ›Heimes für die Unschuldigen‹, deren Schutzpatrone die ersten christlichen Märtyrer, die Kinder des Bethlehemitischen Kindermordes, waren. Er entwarf Loggia, Kirche und Hofgebäude, gab allerdings nach Vollendung der Loggia die Bauleitung an *Francesco della Luna* ab, der sich nicht genau an die Pläne hielt. 1447/49 waren die Arbeiten abgeschlossen, 1451 konnte die Kirche geweiht werden. Aber bereits 1445 war das erste Kind aufgenommen worden. Bis 1875 war es möglich, Kinder unerkannt durch eine Drehtüre an der linken Schmalwand der Loggia abzuge-

Groß ist die Anzahl der archäologischen Schätze im Florentiner Museo Archeologico

ben. Bis heute ist das Ospedale degli Innocenti ein Waisenhaus.

Die traditionelle **Architektur-Konzeption** (um einen Binnenhof gruppierte Gebäude, Kirche, Vorhalle unter dem großen Saal des Obergeschosses) belebte Brunelleschi durch neue Formen. Statt der üblichen Pfeiler, die Kreuzgratgewölbe tragen, entschied er sich bei der **Loggia** für schlanke *Säulen* und *Hängekuppeln*. Die Jochhöhe entspricht in etwa der Breite, die durch die Via Colonna links vorgegeben war. Brunelleschi arbeitete mit einfachen geometrischen Körpern, die *Wandgliederung* tritt durch den grauen Stein (pietra serena), der sich von der weiß verputzten Wandfläche abhebt, deutlich hervor. Neu sind auch die großen, das Gebälk tragenden *Pilaster* und die *Treppe*, die die Loggia wie einen Tempel auf einen Sockel hebt. Die zehn mittleren **Terrakotta-Medaillons** mit den Wickelkindern in den Tondi sind ein Frühwerk von *Andrea della Robbia* (um 1463), die seitlichen Imitationen von 1845.

Das *Obergeschoss* (ohne Pilastergliederung) und den rechten Anbau, der die Symmetrie störte (der linke entstand erst 1843), konstruierte Francesco della Luna nicht ganz im Sinne Brunelleschis. 1610/11 malte Bernardino Poccetti die mittlere *Hängekuppel* mit Ereignissen aus dem Leben Cosimos I. aus.

In dem Museum des Findelhauses, der **Galleria dello Spedale degli Innocenti**, befinden sich abgelöste Fresken und Gemälde des 14.–18. Jh. Besonders hervorzuheben ist die ›*Anbetung der Könige*‹, die Ghirlandaio 1488 für das Findelhaus schuf und deshalb den Bethlehemitischen Kindermord in das Bild integrierte. Auch die im Jahr 1786 erneuerte *Hospitalkirche* und der erste *Kreuzgang* können besichtigt werden.

66 Museo Archeologico

Vor allem wegen seiner etruskischen und ägyptischen Kunst eines der bedeutendsten Museen in Italien.

Via della Colonna 36
Tel. 05 52 35 75
www.firenzemusei.it/archeologico
Mo 14–19, Di/Do 8.30–19
Mi/Fr–So 8.30–14 Uhr

1880 wurde in dem 1620 für die Frau Cosimos II. errichteten *Palazzo della Crocetta* das Archäologische Museum eingerichtet. Es beherbergt eine *ägyptische Sammlung*, die 1828 nach einer groß angelegten Expedition entstanden war und seit 1831 als Museum der Öffentlichkeit zugänglich ist. 1870 wurden die große *etruskische Sammlung* und die *griechischen* und *römischen Antiken* aus dem Besitz der Medici hinzugefügt. Außerdem wurde in der Folgezeit das *Topographische Museum von Etrurien* aufgebaut.

Über 50 Säle stehen vor allem der etruskischen und ägyptischen Kultur zur Verfügung. Der mit antiken Monumenten geschmückte *Garten* kann im Rahmen von Führungen besichtigt werden.

67 Santa Maria degli Angeli

Erster frei stehender Zentralbau der Renaissance.

Via degli Alfani,
Ecke Via del Castellaccio

Auf dem Weg vom Museo Archeologico zu Santa Maria Nuova lohnt ein Blick in die Kirche Santa Maria degli Angeli, die man auch als *Rotunde von Brunelleschi* bezeichnet. Interessant ist vor allem der von dem großen Renaissance-Baumeister 1434–37 entworfene **Grundriss**. Außen zeigt sich das Oratorium als 16-eckiger Zentralbau, im Inneren leiten dessen Kapellen zum Achteck über. Erst im 20. Jh. wurde das Oratorium nach angeblichen Originalzeichnungen vollendet.

Etruskische Kunst im Museo Archeologico: Amazonensarkophag aus Tarquinia …

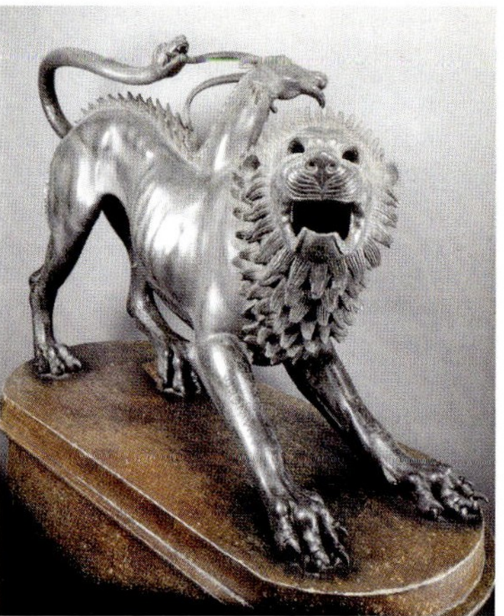

… und die über 1600 Jahre alte ›Chimäre von Arezzo‹ aus der Medici-Sammlung

68 Santa Maria Nuova

Älteste Florentiner Spitalgründung.

Piazza Santa Maria Nuova

Das älteste Florentiner Hospital wurde 1287 gegründet. Im 14. Jh. verlegte man es auf die andere Platzseite und nannte es Santa Maria Nuova, obwohl die Spitalkirche von alters her dem hl. Ägidius geweiht war.

Die ausgedehnte Anlage ist wegen des Krankenhausbetriebes nicht zu besichtigen. Die Kirche **Sant'Egidio** von 1418–20 bildet das Zentrum der *Loggia*, die 1611–18 von Alfonso Parigi nach Plänen Buontalentis gebaut wurde. Die Ausstattung der Kirche wurde im späten 16. Jh. weitgehend erneuert. Die illusionistische barocke *Deckenmalerei* von Matteo Bonechi und Giuseppe Tonelli beherrscht den Raum. Im Bogenfeld des *Nischenportals* befindet sich ein Abguss des Terrakottareliefs ›Marienkrönung‹ von Dello Delli aus dem Jahr 1424.

69 Santa Maria Maddalena dei Pazzi

Die wechselvolle Geschichte der Kirche spiegelt sich in der Architektur. Sehenswert ist das Fresko Peruginos.

Via Borgo Pinti 58
Tel. 05 52 47 84 20
Mo–Sa 9.30–12, 16.30–17.15 und 18–19,
So 9.30–11 und 16.30–19 Uhr

Gegründet 1257, folgten im Konvent den Vallombrosanerinnen erst die Zisterzien-

ser, dann die Karmeliterinnen und zum Schluss die Augustiner. Der einschiffigen gotischen **Kirche** fügte *Giuliano da Sangallo* 1480–92 im Auftrag der Zisterzienser sechs Kapellen auf jeder Seite hinzu. Die Florentinerin Maria Maddalena dei Pazzi, die 1582 in den Karmeliterinnen-Orden eingetreten war, wurde 1669 heiliggesprochen. Die *Fresken* Luca Giordanos (um 1685) in der barockisierten **Chorkapelle** erzählen ihr Leben.

Von der Klosteranlage kann nur die **Sala Capitolare** (Kapitelsaal) mit Arbeiten von Perugino besichtigt werden. Obwohl das *Fresko* ›Christus am Kreuz, umgeben von Heiligen‹ (1493–96) auf die Arkadengliederung Rücksicht nehmen muss und dreigeteilt ist, präsentiert es die geschlossene Darstellung eines Geschehens, das in einer umbrischen Landschaft, der Heimat des Künstlers, spielt.

70 Sinagoga

Eines der wenigen erhaltenen Beispiele für eine Synagoge aus dem 19. Jh.

Via Farini 4
Tel. 055 24 52 52
Juni–Aug. So–Do 10–18, Fr 10–14, April/Mai/Sept./Okt. So–Do 10–17, Fr 10-14, Nov.–März So–Do 10–15, Fr 10–14 Uhr

Obwohl bereits in römischer Zeit Juden in Florenz lebten, kann erst seit dem 14. Jh. von einer *jüdischen Gemeinde* gesprochen werden, die allerdings schnell

Festlich illuminiert zeigt sich der Innenraum der Synagoge in seiner ganzen Pracht

wuchs. Um Handelsbeziehungen ins Ausland bemüht, statteten die Medici in ihrem Herrschaftsbereich die Juden mit vielen Privilegien aus, was deren Ansiedlung förderte. Auch nach der Einrichtung eines *Gettos* 1571 verloren sie ihre Vorrechte nicht. Die durch die Französische Revolution ausgelöste jüdische Emanzipationsbewegung hatte 1848 die Aufhebung des Gettos in der Innenstadt zur Folge. Eine *neue Synagoge* war vonnöten, die erst 1874 dank einer Stiftung errichtet werden konnte.

Drei Architekten entwarfen den monumentalen **Bau**, dessen Kuppel weit über das Häusermeer hinaus ragt. Die Arbeiten an dem überkuppelten Zentralbau, der der Hagia Sophia in Istanbul folgt, waren 1882 vollendet. Die einzelnen Architekturglieder und Ausstattungen im **Innenraum** lehnen sich an den maurischen Stil der Synagoge von Toledo an. Der Ritus der Sephardim bestimmt in der Apsis die Stellung des *Aron Hakodesch*, in dem die Thorarollen aufbewahrt werden. Davor steht das *Lesepult*, die Bima.

Nach den Zerstörungen durch deutsche Truppen im Zweiten Weltkrieg und den Schäden durch die Flutkatastrophe von 1966 bemühte man sich, den alten Raumeindruck wieder herzustellen. Mit seiner ornamentalen **Ausmalung** und den **Glasfenstern** zählt das Bauwerk zu den prächtigsten Beispielen des europäischen Synagogenbaus des 19. Jh.

Nahebei wurde 1981 ein Museum zur Jüdischen Kunst und Geschichte eingerichtet. Dieses **Museo di Arte e Storia Ebraica** (Via Farini 6, Tel. 05 52 34 66 54, So–Do 10–17, Fr bis 13 Uhr) zeigt neben einer aufschlussreichen Dokumentation zur Geschichte der Florentiner Juden vor allem Kultgeräte aus verschiedenen Jahrhunderten.

Markant im Stadtbild und weithin sichtbar: die imposante Sinagoga von Florenz

Santa Croce – vom Bettelorden zum Haus von Michelangelo

Östlich des Zentrums bauten die Franziskaner ihre große Kirche, deren Fresken von **Giotto** und seinen Zeitgenossen stammen. In den Klosterhöfen ist die **Pazzi-Kapelle** berühmtes Beispiel Florentiner Renaissance-Architektur. Am Platz davor wechseln sich die *Schmuckgeschäfte* mit Läden für *Lederwaren* ab. In den umliegenden Gassen sind noch zahlreiche kleine Handwerksbetriebe zu finden, die vor allem kunstvolle Bilderrahmen und in Gold gefasste Spiegel anbieten. Hält man sich nördlich, kommt man über die **Casa Buonarroti**, das heutige Michelangelo-Museum, zur Kirche **Sant'Ambrogio**, der Grablege vieler Renaissancekünstler.

71 Piazza Santa Croce

Große, weiträumige Platzanlage, auf die Kirche hin orientiert und von repräsentativen Palästen gesäumt.

Von Westen her nähert man sich der Piazza Santa Croce durch schmale Gassen, in denen sich *Handwerksgeschäfte* mit Rahmen, Spiegeln und Lederwaren aneinanderreihen. An der Ostseite des großen Platzes erhebt sich die Kirche. Auch wenn zahlreiche Touristen hierher streben, gehört dieser Platz weitgehend den Florentinern. Seit alters her wird hier der *Calcio Storico* [s. S. 171] ausgetragen, bei dem Vertreter der Stadtviertel in historischen Kostümen gegeneinander antreten. Deshalb stehen hier auch keine Monumente, die das Spiel beeinträchtigen könnten. Ausnahme ist das **Dante-Denkmal** links neben der Kirche, das Enrico Pazzi 1865 aus Carrara-Marmor schuf. Die Paläste stammen in ihrer heutigen Bausubstanz weitgehend aus dem 16. Jh. Hervorzuheben sind der **Palazzo Serristori** (Haus-Nr. 1) und der **Palazzo dell'Antella** (Haus-Nr. 21/22), der 1619 aus zwei Palästen des 15. Jh. von Giulio Parigi umgebaut wurde und dessen *Wandbemalung* angeblich in 20 Tagen realisiert wurde. Hier befindet sich auch die runde *Gedenkplatte* (1565), die die Mittellinie für den Calcio Storico bezeichnet, auch *Calcio in Costume* genannt.

Zu Füßen grüner Hügel – die große Franziskanerkirche Santa Croce mit Kloster ▷

72 Santa Croce

Die größte Franziskanerkirche der Stadt mit reicher Ausstattung und bedeutender Ausmalung.

Piazza Santa Croce
Zugang: Längsseite links der Fassade am Largo Piero Bargellini
Tel. 05 52 46 61 05
www.santacroce.firenze.it
Mo–Sa 9.30–17.30, So 13–17.30 Uhr

Am Platz des heutigen Konvents besaßen die Franziskaner schon 1221, also noch zu Lebzeiten des Ordensgründers, ein **Kloster**, dem um die Mitte des 13. Jh. ein Neubau folgte. Dieser musste wiederum einer neuen Kirche weichen, die 1295 in Angriff genommen wurde. 1314 konnte mit der

In Gedanken versunken scheint Dante auf die Piazza Santa Croce herabzuschauen

Ausstattung der *Querhauskapellen* begonnen werden, 1385 war das Langhaus vollendet. Der alte *Glockenturm* stürzte 1512 ein, der Nachfolgebau entstand erst 1842 nach dem Vorbild der Badia [Nr. 17]. Die *Fassade* blieb über die Jahrhunderte in der Planung stecken, erst Niccolò Matas errichtete sie 1853–63 in gotischen Formen.

Das **Kircheninnere** besticht durch seine Größe. Puritanismus und Formenstrenge in der Architektur, die das *Armutsideal* der Franziskaner hervorheben, lassen die Ausstattung noch prächtiger erscheinen. Die 115 m lange Kirche besitzt ein dreischiffiges Langhaus und ein weit ausladendes Querhaus. Beide sind mit einem offenen Dachstuhl gedeckt. Den polygonal geschlossenen Hauptchor begleiten auf jeder Seite fünf kreuzrippengewölbte Chorkapellen, die an den Stirnwänden des Querhauses durch zwei weitere Kapellen ergänzt werden. Sie wurden erst während der Ausstattungsphase hinzugefügt. Ursprünglich nahm der *Mönchschor* die letzten eineinhalb Joche des Langhauses im Osten ein und war durch einen *Lettner* abgeriegelt. So verblieben dem Laienpublikum nur fünf der sieben großen, sich weit zu den Seitenschiffen hin öffnenden Joche. Auf den Seitenschiffswänden befand sich eine **Ausmalung**, die sich direkt an die Laien wandte. Man weiß von dem großen

Santa Croce

1 Grab Francesco Nori
2 Kanzel
3 Grab Michelangelo
4 Dante-Kenotaph
5 Grab Vittorio Alfieri
6 Machiavelli-Monument
7 Altartabernakel
8 Grab Leonardo Bruni
9 Grab Rossini
10 Grab Ugo Foscolo
11 Grab Carlo Marsuppini
12 Bronzino ›Pietà‹, Grab Lorenzo und Vittorio Ghiberti
13 Grab Galileo Galilei
14 Castellani-Kapelle
15 Baroncelli-Kapelle
16 Velluti-Kapelle
17 Riccardi-Kapelle
18 Kapelle der Apostel
19 Perruzzi-Kapelle
20 erste Bardi-Kapelle
21 Hauptchorkapelle
22 Tosinghi-Kapelle
23 Capponi-Kapelle
24 Ricasoli-Kapelle
25 Pulci-Kapelle
26 Bardi di Vernio-Kapelle
27 Niccollini-Kapelle
28 dritte Bardi-Kapelle
29 Salviati-Kapelle
30 Portal Michelozzos
31 Noviziatenkapelle
32 Sakristei

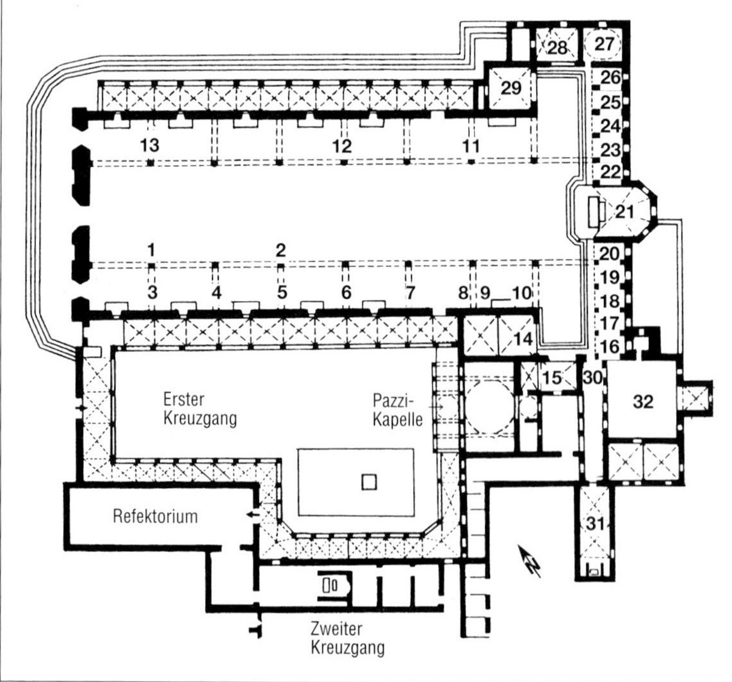

Kunstreigen von Santa Croce: Blick vom Langhaus zur Hauptchorkapelle mit Fresken Agnolo Gaddis (Mitte), Tosinghi-Kapelle (links) und Bardi-Kapelle mit Malerei Giottos (rechts)

›Jüngsten Gericht‹ und Orcagnas ›Triumph des Todes‹ an der rechten Seitenschiffswand. Aufgefundene Reste befinden sich heute im Museo dell'Opera di Santa Croce [Nr. 73]. Auch die Ausmalung der Chorkapellen wandte sich nicht ausschließlich an die Mönche.

Die Zerstörung dieses Ensembles ist das Werk *Giorgio Vasaris*, der im Auftrag Cosimos I. 1560–84 den Kirchenraum modernisierte. Mönchschor und Lettner wurden abgerissen, die Seitenschiffswände mit zwölf *Altären* versehen, deren Bilder die Passion Christi bis zum Pfingstfest illustrieren. Zwischen den Tabernakeln stehen die monumentalen **Grabdenkmäler**. Auch in den Kirchenfußboden sind zahlreiche Grabplatten eingelassen. Insgesamt befinden sich in Santa Croce 276 Grabsteine. Die **Glasfenster** stammen aus der Zeit zwischen 1320 und 1450 und zählen zu den bedeutendsten, die damals in Florenz geschaffen wurden. Das große *Rundfenster* an der Innenfassade

Personifikationen der drei Künste zieren Michelangelos Grabmal von Giorgio Vasari

mit der ›Grablegung‹ schuf Giovanni del Ponte Anfang des 15. Jh.

Bei einem **Rundgang** fällt zunächst das **Grab für Francesco Nori** [1] ins Auge, der bei der Pazzi-Verschwörung 1478 ums Leben kam. Es wird von einem *Madonnenrelief* von Antonio Rossellino begleitet. Putti halten die rahmende Mandorla.

Die **Kanzel** [2] von *Benedetto da Maiano* (1472–76) ist mit dem ausgehöhlten und etwas verstärkten Pfeiler, in dem sich die Treppe befindet, eng verbunden. Ihr architektonischer Aufbau ist ein Meisterwerk, ihre marmornen *Reliefs* sprechen von der Begabung des Künstlers. Sie illustrieren fünf Szenen aus dem Leben des hl. Franziskus: ›Bestätigung der Ordensregeln‹, ›Feuerprobe vor dem Sultan‹, ›Stigmatisierung‹, ›Begräbnis des Heiligen‹ und ›Martyrium der ersten Franziskaner‹. In *Nischen* zwischen den Tragkonsolen sitzen die personifizierten Tugenden Glaube, Hoffnung, Liebe, Stärke, Gerechtigkeit.

Im rechten Seitenschiff beginnt die Folge der *Grabmonumente* mit dem von Vasari 1564 entworfenen **Grabmal Michelangelos** [**3**]. Vor und neben dem Sarkophag sitzen Personifikationen der drei Künste Architektur (rechts), Skulptur (Mitte) und Malerei (links). Von 1829 stammt das **Dante-Kenotaph** [**4**], das den großen Florentiner Dichter ehren soll (in Ravenna begraben). Canova schuf 1810 das **Grab für Vittorio Alfieri** [**5**], einen Dichter, um den die ›Italia‹ trauert. Dem Staatsmann *Machiavelli* wurde erst 1787 die Ehre eines **Machiavelli-Monumentes** [**6**] zuteil.

Das **Altartabernakel** [**7**] Donatellos (um 1435) bekam nach dem Abriss des Mönchschores hier seinen neuen Platz. Die reich verzierte und golden gefasste Architektur bildet den Rahmen für die beiden Figuren der *›Verkündigung‹*. Der kniende Engel blickt nicht zu Maria auf, stürmt nicht auf sie zu, sondern scheint konzentriert zu reden; obwohl Maria erschrocken zurückweicht, lauscht sie ihm andächtig. *Donatello* ›beschreibt‹ nicht nur die Figuren sehr genau (z. B. den reichen Faltenwurf ihrer Kleider), sondern auch die Beziehung zwischen ihnen.

Das erste **Wandnischengrab**, welches typenbildend für die Renaissance werden sollte, schuf *Bernardo Rossellino* nach 1444 für den Humanisten, Staatssekretär und Verfasser der ›Storia Fiorentina‹ **Leonardo Bruni** [**8**], der – wie bei seinem Begräbnis – mit einem seidenen Gewand bekleidet, den Lorbeerkranz um das Haupt und seine ›Geschichte von Florenz‹ in den Händen dargestellt ist. 1990 entstand das Grabmonument für den Komponisten **Rossini** [**9**].

Dem romantisch-patriotischen Dichter des frühen 19. Jh., **Ugo Foscolo** [**10**], wurde 1938 ein Grabdenkmal gewidmet. Vorbild für das von Desiderio da Settignano nach 1453 geschaffene Grab des Humanisten **Carlo Marsuppini** [**11**] war dasjenige Leonardo Brunis gegenüber, dem Marsuppini im Amt des Staatssekretärs folgte. Die **›Pietà‹** von Bronzino (1560) hängt rechts neben dem Grabstein für **Lorenzo Ghiberti** [**12**] und dessen Sohn **Vittorio**. Das Grab **Galileo Galileis** [**13**] wurde unmittelbar nach dessen Tod 1642 geplant, jedoch erst im Jahr 1737 ausgeführt. Die großen *Freskenfragmente* an den Wänden vermitteln noch einen schwachen Eindruck der früheren Ausmalung (um 1400).

Für die **Kapellen im Chorbereich** (und zwei, die ans östliche Langhaus grenzen) scheint es – obgleich sich die ursprüngliche Ausstattung über zwanzig Jahre hinzog – ein **ikonographisches Gesamtprogramm** gegeben zu haben. Die *Hauptchorkapelle* ist dem Heiligen Kreuz (Santa Croce) gewidmet, das der Kirche auch ihren Namen gab. Flankiert wird sie von einer Kapelle mit Szenen der Franziskus-Vita rechts und der Tosinghi-Kapelle, die der *Himmelfahrt Mariens* geweiht ist. Der Ordensgründer erscheint nicht nur an exponierter Stelle, seine herausragende Bedeutung wird auch durch die Gleichsetzung mit Maria hervorgehoben. Rechts folgt die Johannes gewidmete Kapelle. **Franziskus** war bürgerlich auf diesen Namen getauft worden. Außerdem wurde er häufig als ›zweiter Täufer‹ bezeichnet und auch mit dem Engel des sechsten Siegels in der Offenbarung des Johannes in Zusammenhang gebracht. Die anschließende *Apostelkapelle* stellt Franziskus in die Reihe der Jünger Christi. Zusätzlich ist *Andreas* eine Kapelle gewidmet, da er vor seinem Kreuzestod vom Mysterium des Kreuzes gepredigt hatte, was sich wiederum auf den Kirchennamen bezieht. Die letzte Kapelle rechts ist dem *Erzengel Michael* geweiht, zu dessen Ehren Franziskus jedes Jahr vierzig Tage fastete. In dieser Fastenzeit ereignete sich 1224 das Wunder der Stigmatisation.

Die anschließende *Querhauskapelle* greift mit dem Patrozinium der Verkündigung an Maria noch einmal das **Muttergottesmotiv** auf. Die Patrozinien der *rechten Kapellen* spiegeln die **Ordenstheologie** der Franziskaner wider, die *linken Kapellen* thematisieren die einzelnen Stände der Heiligen: Neben der *Kapelle der Himmelfahrt Mariens* folgt die der *Jungfrauen*, die mit Maria und Franziskus die Keuschheit teilen. *Antonius von Padua* ist der zweite Ordensheilige der Franziskaner, *Stephanus und Laurenaus* stehen als erste Märtyrer stellvertretend für diesen Stand. Der *hl. Papst Sylvester* und *Ludwig von Anjou* (linke Querhauskapelle) sind beide den Bekennern zuzurechnen. Außerdem stellen sie die kirchliche Macht (Sylvester) und den Verzicht auf die weltliche dar (Ludwig, ebenfalls ein Franziskanerheiliger, der auf den Anspruch der Krone verzichtete). Die *Ausmalungen* der Kapellen, in großen Teilen von **Giotto** ausgeführt, waren jeweils den Patronen gewidmet. Sie sind nicht mehr im vollen Umfang erhalten.

Die *Fresken* der nach 1383 angebauten zweijochigen **Castellani-Kapelle** [**14**] von

Mit ihm begann eine neue Epoche der Malerei: Giotto in einem Selbstporträt

Legende um ein Schaf

Die Legende erzählt, der Maler Cimabue habe auf einer Wanderung einen Hirtenjungen getroffen, der sich die Zeit damit vertrieb, die von ihm gehüteten Tiere in Stein geritzt abzubilden. Diese Schafe seien so lebensecht gewesen, dass Cimabue den Jungen mitgenommen und ausgebildet habe.

Der kleine Hirte war niemand anderes als **Giotto di Bondone** (1266?–1337), der zu seiner Zeit gefeiertste Künstler von Florenz. Von Dante und Boccaccio literarisch geehrt, war er in seinen letzten Lebensjahren der für den Dombau verantwortliche **Baumeister**, der 1334 mit der Errichtung des Campanile begann. Zu seinen gesicherten Werken der **Malerei** zählen die Ognissanti-Madonna in den Uffizien sowie die Fresken der Bardi- und Peruzzi-Kapelle in Santa Croce.

Ob und inwieweit Giotto an der Ausmalung der Oberkirche in **Assisi** beteiligt war, ist ein Streit zwischen Rom und **Florenz**. Lange Zeit war die Dominanz der Florentiner Malerei relativ unumstritten. Nachdem aber in der privaten Papst-Kapelle Sancta Sanctorum bei der Restaurierung 1995 hervorragende Fresken freigelegt wurden, die auf 1277–80 datiert werden konnten, nimmt Rom wieder für sich in Anspruch, dass in Assisi römische Maler gearbeitet haben. Ohne Quellenfunde wird sich dieser Streit wahrscheinlich nie auflösen.

Agnolo Gaddi und seiner Werkstatt erzählen rechts die Legenden des hl. Nikolaus und Johannes d. T., links diejenigen vom Evangelisten Johannes und dem hl. Antonius. Das gemalte *Kruzifix* stammt von Niccolò di Pietro Gerini (1380).

Die **Baroncelli-Kapelle** [15] wurde 1328, noch während der Ausstattungsphase des Chorbereichs, angebaut. An der rechten Außenwand befindet sich ein für die Entwicklung des Florentiner Nischengrabes wichtiges *Grabmal* (1327). Der Sarkophag eines Baroncelli wird erstmals mit einem Tabernakel verbunden. Das *Marienfresko* im Bogenfeld schuf, wie die *Ausmalung* der Kapelle, Taddeo Gaddi. 1332–38 malte der Giotto-Schüler den Marienzyklus, der links mit der ›Vertreibung Joachims aus dem Tempel‹ beginnt und an der Stirnwand mit der ›Anbetung der Könige‹ endet. Beachtenswert ist die Nachtdarstellung der ›Verkündigung an die Hirten‹: Hier korrespondiert das ›gemalte‹ Licht mit dem realen Lichteinfall. Das Altarretabel mit der ›Krönung Mariens‹ aus der Werkstatt Giottos von 1335–37 vervollständigt den Zyklus. Die ›Himmelfahrt Mariens‹ an der rechten Seitenwand führte Sebastiano Mainardi 1495 nach einem Entwurf Ghirlandaios aus.

Die zwei schlecht erhaltenen *Fresken* mit den Taten des Erzengels Michael in der **Velluti-Kapelle** [16] stammen von einem Cimabue-Nachfolger (um 1310). In der **Riccardi-Kapelle** [17] ist noch die *Übermalung Vasaris* aus dem 16. Jh. erhalten. Den ursprünglichen Andreas-Zyklus hatte Taddeo Gaddi geschaffen. Die **Kapelle der Apostel** [18] birgt heute Gräber der Familie von Napoleon Bonaparte.

In der **Peruzzi-Kapelle** [19] kann man sich eine Vorstellung davon machen, wie die Kapellen ursprünglich ausgesehen haben. Giotto malte hier 1326–30 links drei Szenen aus dem Leben *Johannes des Täufers* (›Verkündigung an Zacharias‹, ›Geburt‹, ›Gastmahl des Herodes‹) und rechts drei Begebenheiten, die dem *Evangelisten Johannes* widerfuhren (›Offenbarungsvision auf Patmos‹, ›Erweckung der Drusiana in Ephesus‹, ›Himmelfahrt‹). In diesen Fresken manifestiert sich der *Spätstil Giottos*. Seine voluminösen Figuren bewegen sich frei im Raum. Sie waren Vorbild für Masaccios Fresken in Santa Maria del Carmine [Nr. 94] und auch Michelangelo hat sie gezeichnet.

Giotto schuf außerdem die *Franziskus-Vita* in der **ersten Bardi-Kapelle** [20]. Da Ludwig von Anjou bereits als Heiliger dargestellt ist, muss sie nach 1317 ausgemalt worden sein. Der Zyklus springt immer von der linken zur rechten Wand. Er beginnt links mit der ›Lossagung vom Vater‹ und setzt sich rechts mit der ›Bestätigung der Ordensregeln‹ fort. Es folgen die ›Erscheinung in Arles‹, die ›Feuerprobe vor dem Sultan‹, der ›Tod‹ und ›Visionen des Bruders Augustinus und des Bischofs von Assisi‹. Die ›Stigmatisation‹ wurde aus dem Zyklus herausgehoben und an der Wandfläche oberhalb der Kapelle – damit direkt neben den Hauptchor – platziert. Heiligenfiguren und Allegorien der franziskanischen Tugenden komplettieren die Ausmalung. Auf dem Altar befindet sich das *Franziskus-Retabel* aus der Mitte des 13. Jh., welches bereits im Vorgängerbau gestanden hatte. Es ist die erste überlieferte Darstellung, in der die Heiligenvita die Ideale und Ziele des neuen Ordens vermittelt.

Die ›*Legende vom Heiligen Kreuz*‹ in der **Hauptchorkapelle** [**21**] führte Agnolo Gaddi um 1390 aus. Ob er damit eine erste Ausmalung überdeckte, ist unklar. Ein *gemaltes Kreuz* aus der Mitte des 14. Jh. befindet sich über dem Altar, dessen Retabel aus Fragmenten verschiedener Altäre des 14. Jh. zusammengesetzt ist.

Das *Fresko* ›Himmelfahrt Mariens‹ über dem Kapellen-Eingang weist auf das Patrozinium der **Tosinghi-Kapelle** [**22**] hin. Es korrespondiert mit der ›Stigmatisation‹ rechts und ist eine Arbeit der Giotto-Schule. In der **Capponi-Kapelle** [**23**] befindet sich seit 1926 ein *Denkmal* für die italienischen Mütter und ihre im Ersten

Der Heilige, der mit den Vögeln sprach

Franz von Assisi (1182–1226) war Sohn eines reichen Tuchhändlers, der – nach der Lossagung vom Vater und Verzicht auf sein gesamtes Erbe – predigend durch Europa zog. Bald schlossen sich ihm Gleichgesinnte an. Im Jahr 1209 wurde ihnen vom Papst das Recht auf Predigt verliehen.

Häresie-Bewegungen, die **Armut** und **Askese** verkündeten, machten seit dem frühen 12. Jh. der Kurie zu schaffen. Man wollte diese starken Reformbewegungen integrieren, und so erhielten die Franziskaner und die Klarissinnen strenge **Ordensregeln**. Sie konnten sich weiterhin auf ihre Armut berufen, da ihnen ihre ›Besitztümer‹ wie die großen Kirchen und Konvente vom Papst nur zur Verfügung gestellt wurden. Der Zulauf, gerade in den Städten, war enorm. Franziskus selbst zog sich immer mehr aus der Ordensgemeinschaft zurück und lebte in Einsamkeit und Askese. Nach seinem Tode 1226 entdeckte man seine **Stigmata**, was seine Verehrung noch steigerte. In Assisi begraben, wurde er schon 1228 heiliggesprochen.

Trauriger Verlust: Die Betroffenheit der Glaubensbrüder vom Tod des hl. Franziskus hat Giotto in der ersten Bardi-Kapelle eindrucksvoll in Szene gesetzt

Weltkrieg gefallenen Söhne. Die **Ricasoli-Kapelle** [**24**] wurde ebenfalls im 19. Jh. erneuert. Die Martyrien des hl. Laurentius (rechts) und des Erzdiakon Stephanus' in der **Pulci-Kapelle** [**25**] führte Bernardo Daddi vor 1328 aus. Das *Altarretabel* ist ein Werk von Giovanni della Robbia (um 1525).

Maso di Banco malte die *Sylvester-Legende* in der **Bardi di Vernio-Kapelle** [**26**] vor 1338. Beachtenswert ist vor allem die unterste Szene rechts, in der der Heilige zwei Magier zum Leben erweckt und einem Drachen das Maul verschließt. Diese Ereignisse fanden der Überlieferung nach auf dem Forum Romanum statt, was Maso durch eine antike Ruinenlandschaft andeutet. Das erste *Grab* auf der linken Seite zeigt eine für die damalige Zeit erstaunliche Darstellung. Der Tote entschwebt seinem (realen) Sarkophag, um zum Weltenherrscher zu beten. Seiner Frau hat der Stifter dies nicht zugestanden. Über dem kleineren Grab daneben ist sie sehr klein als betende Stifterin in einer schönen ›*Grablegung Christi*‹ von Taddeo Gaddi dargestellt.

Die **Niccollini-Kapelle** [**27**] wurde 1579 bis 1585 von Giovanni Antonio Dosio angebaut, der zur Ausstattung mehrfarbigen Marmor verwendete. Das *Deckenfresko* wurde 70 Jahre später ausgeführt.

Die Ausmalung der **dritten Bardi-Kapelle** [**28**] von Taddeo Gaddi ist verloren. Hier befindet sich das *Holzkruzifix* Donatellos, geschaffen in den Jahren 1412–20, das Brunelleschi zu der uns heute nicht mehr nachvollziehbaren Kritik veranlasste, Christus sehe aus wie ein Bauer. Als Pendant zum Baroncelli-Grab gegenüber befindet sich außerhalb der Kapelle links das *Familiengrab der Bardi* aus dem 14. Jh.

Die 1661 erneuerte **Salviati-Kapelle** [**29**] birgt das *Grab* einer polnischen Gräfin (gest. 1837). Die Darstellung wird wegen ihrer Porträt-Ähnlichkeit gerühmt.

Durch ein schönes **Portal Michelozzos** [**30**] (um 1445) gelangt man in den vom selben Architekten geschaffenen Korridor. Dieser führt geradeaus in die **Noviziatenkapelle** [**31**] mit einem *Altarretabel* von Andrea della Robbia (1489–1500). Die erste Tür links öffnet sich zur **Sakristei** [**32**], die 1340 die Peruzzi gestiftet haben. Taddeo Gaddi hat die große ›*Kreuzigung*‹ geschaffen. Sie wird von Darstellungen der ›Kreuztragung‹, der ›Auferstehung‹ und der ›Himmelfahrt‹ gerahmt, die verschiedene Meister um 1400 ausführten. Die *Sakristeischränke* hatte Taddeo Gaddi mit Szenen aus dem Leben Christi und des hl. Franziskus geschmückt. Teile davon befinden sich heute in der Accademia [Nr. 61]. Die **Rinuccini-Kapelle** (Kapelle der Sakristei) zeigt Bilder aus dem Leben Mariä und Maria Magdalenas von Giovanni da Milano (um 1365) und birgt ein *Polyptychon* von Giovanni del Biondo (1379). Das *Abschlussgitter* entstand 1371. Somit ist dieses Ensemble das seltene Beispiel einer vollständig erhaltenen Kapellenausstattung des 14. Jh.

73 Museo dell'Opera di Santa Croce

Die Pazzi-Kapelle, das ausgemalte Refektorium, vor allem aber das Kruzifix von Cimabue stellen Kunstwerke von hohem Rang dar.

Piazza Santa Croce 16
Tel. 05 52 46 61 05
www.santacroce.firenze.it
Mo–Sa 9.30–17.30, So 13–17.30 Uhr

Im **Ersten Kreuzgang** von Santa Croce, südlich der Kirche gelegen, wurde um 1430 der Kapitelsaal des Klosters nach Plänen *Brunelleschis* begonnen. Stifter waren die Pazzi, die nach ihrer gescheiterten Verschwörung 1478 zum Tode verurteilt oder verbannt wurden. Der Bau zog sich lange hin, 1478 arbeitete man noch an der Dekoration. Wahrscheinlich ist die *Vorhalle* in ihrem oberen Teil deswegen nie vollendet worden.

Die **Pazzi-Kapelle**, kurz nach der Alten Sakristei von San Lorenzo [Nr. 49] in Angriff genommen und architektonisch auf ihr fußend, gilt als eines der berühmtesten Bauwerke der Frührenaissance. Die *Attika* der Vorhalle, von einem großen Bogen in der Mitte durchbrochen, wird von sechs korinthischen Säulen getragen. Die tonnengewölbte Halle besitzt als Zentrum eine mit einer *Majolika-Rosette* von Luca della Robbia geschmückte Kuppel. Die ebenfalls überkuppelte Kapelle wird von kurzen, tonnengewölbten Seitenarmen und einer Apsis begleitet. Die geometrische Architekturgliederung tritt durch den grünlichen Stein auf den weiß verputzten Wandflächen deutlich zutage. Das umlaufende Gebälk wird von Pilastern getragen, die auf den Steinbänken aufliegen und somit auf derselben Höhe ansetzen wie im Chorbereich.

Architektur und **Ausstattung** korrespondieren miteinander und ergänzen sich. Gemeinsam weisen sie auf das

Im Innern der Pazzi-Kapelle zeigt sich das Harmoniebestreben Brunelleschis in Vollendung

Himmlische Jerusalem der Apokalypse hin, die auf zwölf Grundsteinen basiert. Die Kuppel wird von zwölf Rippen gegliedert und durch zwölf Fenster beleuchtet. In den Pendentifs darunter befinden sich *Medaillons* mit den vier Evangelisten (Luca della Robbia, evtl. nach Entwürfen Brunelleschis). Das Gebälk ziert ein *Fries*, der das Lamm Gottes auf dem Altar mit den sieben Siegeln und Seraphim darstellt, darunter zwölf *Tondi* mit den Aposteln.

In der Pazzi-Kapelle begegnen sich Kunst und Wissenschaft. Die Gesetze der Geometrie werden mit theologischen Prinzipien verbunden, in die auch philosophisches und – in der Kuppel des Chorbereiches mit seiner Sternbild-Konstellation – astrologisches Gedankengut einfließen.

Der **Zweite Kreuzgang**, wahrscheinlich ebenfalls nach Plänen Filippo Brunelleschis von der Werkstatt Bernardo Rossellinos um 1452 errichtet, wird oft als einer der schönsten Kreuzgänge der Renaissance bezeichnet.

Das **Refektorium** und die anschließenden Räume werden heute als **Museum** genutzt. Hier befindet sich die früheste

Taddeo Gaddis berühmte Fresken ›Abendmahl‹, ›Lebensbaum‹ und vier ›Wunder‹ im Refektorium des Museo dell'Opera di Santa Croce (Ausschnitt)

Abendmahl-Darstellung, die als Fresko zur Ausstattung Florentiner Refektorien überliefert ist. Taddeo Gaddi malte sie um 1340 zusammen mit dem sich darüber erhebenden ›*Lebensbaum*‹. Die im Langhaus von Santa Croce aufgefundenen Reste von Andrea Orcagnas ›*Triumph des Todes*‹ (um 1345) geben einen Eindruck von der hervorragenden Malerei, die sich dort befunden hat. Donatellos *vergoldete Bronzestatue* des Franziskanerheiligen Ludwig von Toulouse (oder Anjou), die er für Orsanmichele [Nr. 7] schuf, hat hier ebenso wie das Fresko ›Johannes der Täufer und der hl. Franziskus‹ von Domenico Veneziano (1450–60) einen neuen Platz gefunden.

Am bedeutendsten aber ist das große gemalte **Kruzifix des Cimabue**, welches früher den Lettner von Santa Croce schmückte, dann an der Fassaden-Innenwand hing, wo es bei der Flut von 1966 stark beschädigt wurde. Nach zehnjähriger Restaurierung wird es heute im Refektorium aufbewahrt. Die 3,90 x 4,30 m große Tafel war wohl noch für den Vorgängerbau der heutigen Kirche entstanden. In den *anschließenden Räumen* befinden sich weitere Kunstwerke, die zu einem großen Teil aus der Kirche hierher gebracht wurden.

Viel bewundert – Brunelleschis Pazzi-Kapelle

Das gemalte Kruzifix des Cimabue ist heute im Refektorium von Santa Croce zu sehen

74 San Giuseppe

Kirche mit spätbarockem Innenraum.

Via di San Giuseppe

Nur wenige Meter östlich der Piazza Santa Croce liegt die Kirche San Giuseppe, 1519 von *Baccio d'Agnolo* errichtet. Im **Inneren** griff er die Prinzipien der Architektur von San Salvatore al Monte [Nr. 103] auf. Am dritten Altar rechts ist eine 1564 von Santi di Tito gemalte *›Geburt Christi‹* zu sehen. Die Decke wurde im 18. Jh. erhöht und ausgemalt, die Fassade verändert. Der Glockenturm stammt von 1933.

75 Museo Horne

Renaissancepalast mit einer großen Sammlung an Kunsthandwerk und Malerei.

Via de' Benci 6
Tel. 055 24 46 61
www.museohorne.it
Mo–Sa 9–13 Uhr

Die Baupläne zeichnete *Cronaca* oder *Giuliano da Sangallo* vermutlich im Jahr 1489. Die figürlichen Kapitelle im **Innenhof** werden mit *Andrea Sansovino* in Verbindung gebracht. Der englische Kunstgelehrte und Literat Herbert Percy Horne kaufte 1911 den Palazzo Corsi. Er sammelte alte Möbel, Gemälde, Zeichnungen und Altartafeln. Nach seinem Tod 1916 erbte der italienische Staat den Palast und das Museo Horne, das er dort beließ. In drei Stockwerken finden sich *Möbel*, *Keramik*, *Kleinplastik*, *Bilder* von Giotto, Taddeo Gaddi, Bernardo Daddi, Pietro Lorenzetti und anderen Sienesen, Benozzo Gozzoli, Masaccio, Filippo Lippi, Beccafumi, Dosso Dossi u. a., daneben Zeichnungen und die *Bibliothek* des Gelehrten.

76 Palazzo Bardi

Hier fanden die ersten Opernaufführungen der ›Camerata Fiorentina di Casa Bardi‹ statt.

Via de' Benci 5

Der Palast mit strenger Fassade und fast quadratischem Arkadenhof gilt als ein *Frühwerk Filippo Brunelleschis* (1415–20). Im ausgehenden 16. Jh. versammelte der Hausherr Graf Bardi Humanisten, Adlige, Gelehrte, Philosophen, Dichter und Musiker um sich. Ihr Bestreben war es, die antike Musik wieder auferstehen zu lassen, was letztlich zur *Entstehung der Oper* und des rezitativen Gesangstils führte.

77 San Remigio

Gotische Hallenkirche karolingischen Ursprungs.

Piazza San Remigio

Die karolingische Kirche erfuhr um 1300 eine tief greifende Umgestaltung. Die dreischiffige Hallenkirche mit Natursteinfassade und achteckigen Pfeilern im Innern besitzt proportional zu den Seitenschiffen ein extrem weites Mittelschiff. Das Gewölbe ist mit gemalten Medaillons geschmückt. Die **Madonnentafel** aus dem Umkreis Cimabues (spätes 13. Jh.; drittes Joch links) befand sich ursprünglich wahrscheinlich auf dem Hochaltar. Jacopo da Empoli malte 1591 die ›*Unbefleckte Empfängnis*‹ wohl nach der Beschreibung in Dantes ›Paradiso‹ (linke Chorkapelle).

78 San Simone

Barockisierte Kirche des 13. Jh.

Piazza San Simone

Gherardo Silvani veränderte um 1630 die Choranlage der einschiffigen Kirche aus dem 13. Jh. und legte vor die Wände eine Blendarkatur. Heute rahmt das von Silvani im Stil der Frührenaissance gestaltete und von zwei Säulen getragene **Rundbogenportal** das 1827 freigelegte ursprüngliche Portal ein. Am ersten Seitenaltar rechts ist auf einer 1307 datierten **Tafel** ein ›Thronender Petrus‹ dargestellt. Dieses Werk wird dem Meister der hl. Cäcilie zugeschrieben, der vermutlich auch an der Ausmalung der Oberkirche in Assisi beteiligt war.

79 Casa Buonarroti

Haus der Buonarroti, das neben frühen Werken des Meisters vor allem die Künstlerverehrung des 17. Jh. deutlich macht.

Via Ghibellina 70
Tel. 055 241752
www.casabuonarroti.it
Mi–Mo 9.30–14 Uhr

Michelangelo hat nie in diesem Haus gewohnt. Er kaufte es für seinen Neffen Leonardo, dessen Sohn Michelangelo d. J. (1568–1646), ein Dichter und Literat, im Obergeschoss eine ›Ruhmes-Galerie‹ für seinen Großonkel anlegen ließ. Der letzte Buonarroti überließ das Haus 1858, nach seinem Tod, der Stadt Florenz.

Im Erdgeschoss befinden sich neben der **Kunstsammlung** *antiker Werke*, die vor allem auf Michelangelo d. J. zurückgeht, **Porträts** aus dem 16. und 17. Jh. Die Werke Michelangelos im ersten Stock sind sparsam auf die Räume verteilt.

Die ›**Treppenmadonna**‹ (Madonna della Scala), die der Sechzehnjährige 1491 noch unter dem Einfluss Donatellos in Marmor ausführte, ist dem Marmorrelief der ›**Kentaurenschlacht**‹ (um 1492) – sie zeigt die Entwicklung, die der Künstler innerhalb eines Jahres vollzog – gegenübergestellt. Das nach Plänen Michelangelos gefertigte *Holzmodell* der nicht ausgeführten Fassade von San Lorenzo [Nr. 49] stammt von Baccio d'Agnolo. Das **Holzkruzifix** aus Santo Spirito [Nr. 92] war zeitweise hier zu sehen, nachdem die Kunsthistorikerin Margrit Liesner es 1963

Aus dem Vollen schöpfen: Obst und Gemüse auf dem Markt von Sant'Ambrogio

Das Marmorrelief der ›Kentaurenschlacht‹ schuf Michelangelo bereits im Alter von 17 Jahren

als dasjenige identifiziert hatte, welches der neunzehnjährige Michelangelo – laut Vasari – für die Kirche gearbeitet hatte. Mittlerweile ist das Jugendwerk Michelangelos wieder am ursprünglichen Ort, der Sakristei von Santo Spirito, zu besichtigen. Das **Tonmodell** für einen der nicht ausgeführten Flussgötter für die Neue Sakristei von San Lorenzo [Nr. 49], Modelle für Skulpturen und Kopien seiner Werke beschließen die Sammlung.

Die Raumflucht der **›Galleria‹** ist der *Verherrlichung des Meisters* gewidmet. Der Großneffe Michelangelo d. J. arbeitete um 1613 ein Programm aus, welches er von Florentiner Künstlern verwirklichen ließ. Die *Wandbilder* erzählen idealisierte Begebenheiten aus dem Leben des Künstlers, die *Deckengemälde* sind seinen Tugenden gewidmet. Er wird als Diplomat verherrlicht, seine Gläubigkeit, seine Arbeitskraft, seine Mäßigkeit und seine Unsterblichkeit betont. Sein schwieriger Charakter (der ihn u. a. fertige Bildwerke zertrümmern ließ) bleibt unerwähnt. Um so deutlicher belegt diese Ausmalung den ungeheueren Stellenwert, den der ›Divino‹ genannte große Meister zu Beginn des 17. Jh. innerhalb der Florentiner Künstlerschaft genoss.

80 Sant'Ambrogio

Grabeskirche zahlreicher Renaissancekünstler, in der sich 1230 ein Blutwunder ereignet haben soll.

Piazza Sant'Ambrogio

Die Kirche wurde weit außerhalb der Stadtmauern an einer der römischen Ausfallstraßen vermutlich im 6. Jh. gegründet, 990 ist sie zum ersten Mal dokumentarisch belegt. Erst die Stadtmauer des 14. Jh. umschloss auch diesen Bereich, die Kirche wurde jedoch bereits im 13. Jh. erneuert. Im 19. Jh. versuchte man ihren alten Zustand zu rekonstruieren, wodurch die Barockisierung im Inneren durch Foggini (1716) nur noch fragmentarisch erhalten ist. Auch die Fassade erhielt 1888 eine neue Gestalt, man legte den offenen Dachstuhl wieder frei, der früher bemalt gewesen sein muss.

Schlichte kleine **Grabplatten** von Verrocchio, Cronaca, Mino da Fiesole, Francesco Granacci und anderen Renaissancekünstlern sind in den Fußboden eingelassen. An den Seiten des einschiffigen Raumes stehen **Altartabernakel**, in denen sich z. T. Fresken des 14. und 15. Jh. befinden. Das Licht fällt nur rechts durch alte gotische Fenster, links schließen sich die Klostergebäude an.

Hauptsehenswürdigkeit ist die **linke Chorkapelle**, die dem ›Wunder des Heiligen Sakramentes‹ gewidmet ist. 1230 soll

Neugierige Zuschauer blicken im Abendmahl-Fresko Andrea del Sartos auf die Apostel herab

sich in einem Messkelch ein Rest Wein in Blut verwandelt haben. Dieser Kelch wird heute von einem *Marmortabernakel* umschlossen, welches als Meisterwerk *Mino da Fiesoles* gilt (1481–83). Das Fresko an der Nordwand der Kapelle von *Cosimo Rosselli* (1486) zeigt eine Prozession vor der Kirche, deren ursprüngliche gotische Fassade dadurch überliefert ist. Unter den Porträtierten befinden sich Pico della Mirandola und der Maler selbst.

Der besonders bei den Einheimischen beliebte *Mercato Sant'Ambrogio* findet gleich bei der Kirche an der Piazza Ghiberti statt. Der Lebensmittelmarkt lockt mit Spezialitäten der Region.

81 Cenacolo di San Salvi

Im Refektorium des ehemaligen Klosters ist ein Abendmahl-Fresko Andrea del Sartos zu bewundern.

Via di San Salvi 16
Tel. 05 52 38 86 03
www.polomuseale.firenze.it
Di–So 8.15–13.50 Uhr

Außerhalb der Viali, weit hinter der Porta alla Croce, befindet sich das *Museo del Cenacolo di Andrea del Sarto a San Salvi*, wie das heutige Museum mit vollem Namen heißt. Das 1048 gegründete Vallombrosaner-Kloster beherbergte 1312 während der Belagerung von Florenz den

Der Kettenplan war Vorlage für dieses Aquarell (um 1490) im Topografischen Museum

angreifenden Heinrich VII. Daraus zogen die Florentiner eine Lehre und zerstörten das Kloster vor der Belagerung von 1529. Es wurde später von den Vallombrosanerinnen bewohnt. Heute ist in dem Gebäude eine Psychiatrische Klinik untergebracht.

Die Konventsräume dienen als **Museum** für verschiedene Werke von Lorenzo Bartolini (Gipsmodelle des 19. Jh.), Giorgio Vasari, Rosselli, Jacopo da Empoli, Benedetto da Rovezzano, vor allem aber für Bilder *Andrea del Sartos* und seiner Werkstatt.

Hauptanziehungspunkt jedoch ist das ›**Abendmahl**‹ Andrea del Sartos im Refektorium. Dieses nach 1519 geschaffene Werk stellt eine Weiterentwicklung der Abendmahl-Fresken von Leonardo in Mailand, von Ghirlandaio in Ognissanti [Nr. 47] und im Museo di San Marco [Nr. 59] sowie von Castagno im Cenacolo di Sant'Apollonia [Nr. 57] dar. Es wird vor allem wegen der überzeugenden Raumdarstellung, der Natürlichkeit der Bewegungen und der harmonischen Farbwirkung gerühmt.

82 Museo Storico Topografico

Topografische Entwicklung der Stadt vom 15. Jh. bis heute.

»Firenze com'era«
Via dell'Oriuolo 24
Tel. 05 52 61 65 45
Mo–Mi 9–14, Sa 9–19 Uhr, Juni–Sept. auch Mi geschl.

Das 1909 gegründete Topografische Museum zeigt anhand von Plänen, Zeichnungen und Gemälden die Entwicklung der Stadt vom 15. Jh. bis heute.

Gleich im ersten Raum hängt eine große Kopie des **Kettenplanes** von 1470 – so benannt nach der rahmenden gemalten Kette –, die älteste vollständige Stadtansicht von Florenz. Außerdem befinden sich hier Zeichnungen sowie andere grafische Darstellungen der *Medici-Villen* und vor allem die *Pläne des Architekten Poggi* aus dem 19. Jh., der die Straßen der Innenstadt verbreitern und begradigen wollte. Leider lässt die Beschriftung der Exponate zu wünschen übrig.

Santo Spirito – vom Ponte Vecchio zur Piazzale Michelangelo

Neun Brücken bieten dem Florenzbesucher die Möglichkeit, den Arno zu überqueren. Die berühmteste, der **Ponte Vecchio**, ist von Goldschmiedeläden gesäumt und führt direkt zum **Palazzo Pitti**, dem Schloss der Herzöge von Florenz. Wer keine Lust auf die zahlreichen Museen verspürt, die der Palast beherbergt, kann im **Giardino di Boboli** lustwandeln oder durch kleine Gassen an die **Piazza Santo Spirito** schlendern und die von Brunelleschi geplante Kirche betrachten. Grandiosen Ausblick auf Florenz bieten der **Piazzale Michelangelo** oder das **Forte di Belvedere**. Ausdauernde können auch bis zur mittelalterlichen Kirche **San Miniato al Monte** steigen.

83 Ponte Vecchio

Berühmteste und älteste der Florentiner Arno-Brücken.

Wo sich heute Touristen, Straßenmusiker und Karikaturisten tummeln, befand sich bereits in römischer Zeit eine hölzerne Brücke. 1080 wurde der erste Steinbau errichtet, der mehrmals erneuert werden musste, vor allem nach der großen Flut von 1333. Seit dem 13. Jh. weiß man von **Läden** auf der Brücke, die lange Zeit dem Florentiner Staat gehörten. Erst 1495 gelangten sie in privaten Besitz. In der Folgezeit entstanden immer wieder neue

Läden, die, von Konsolen gestützt, zu beiden Seiten weit über die Brücke hinausragten. Dazu kam an der Ostseite noch der ›**Corridoio Vasariano**‹, ein im 16. Jh. angelegter Verbindungsgang zwischen den Uffizien [Nr. 13] und dem Palazzo Pitti [Nr. 85].

Berühmt ist der Ponte Vecchio heute vor allem wegen der zahlreichen kleinen **Juweliergeschäfte**, deren Auslagen jeder Besucher wenigstens einmal näher betrachtet. Dass ausgerechnet diese Branche auf der Brücke Handel treiben darf, geht auf eine *Verfügung der Medici* Ende des 16. Jh. zurück, die sich ihren Weg zwischen Palazzo Vecchio und Palazzo Pitti weitgehend lärmfrei halten wollten.

84 Santa Felicità

Brunelleschis Capponi-Kapelle mit Pontormos meisterlichen Fresken verleihen diesem Barockbau Glanz.

Piazza Santa Felicità

Santa Felicità geht auf frühchristliche Zeit zurück. An eine Kirche aus dem 14. Jh. wurde im 15. Jh. an der südwestlichen Ecke des Langhauses eine Kapelle angebaut; die Sakristei wurde erneuert. 1564 schuf *Vasari* eine Vorhalle, über deren offenem Teil ein Stück jenes Korridors verläuft, der die Uffizien [Nr. 13] mit dem Palazzo Pitti [Nr. 85] verbindet. 1736–39 errichtete man eine völlig neue Kirche, die jedoch die Anbauten seit dem 15. Jh. integrierte.

Die **Vorhalle**, hinter der man den Giebel der Fassade sieht, birgt das *Grab des Kardinals Luigi de' Rossi*. Das **Kircheninnere**, in welches man durch einen Seiteneingang rechts gelangt, steht in der Tradition Florentiner Kirchenbauten, wie sie seit Michelozzos Santissima Annunziata [Nr. 64] immer wieder errichtet wurden. Das einschiffige Langhaus mit drei begleitenden Kapellen endet in einem großen Chor. Die Wandgliederung in der grauen Farbe der *Pietra serena* hebt sich deutlich gegen die weiß verputzten Flächen ab. Zwischen Vorhalle und Langhaus befindet sich rechts die im 15. Jh. von *Brunelleschi* errichtete **Cappella Barbadori-Capponi**, ein schön proportionierter Zentralbau in der Nachfolge der Alten Sakristei von San Lorenzo [Nr. 49]. Die

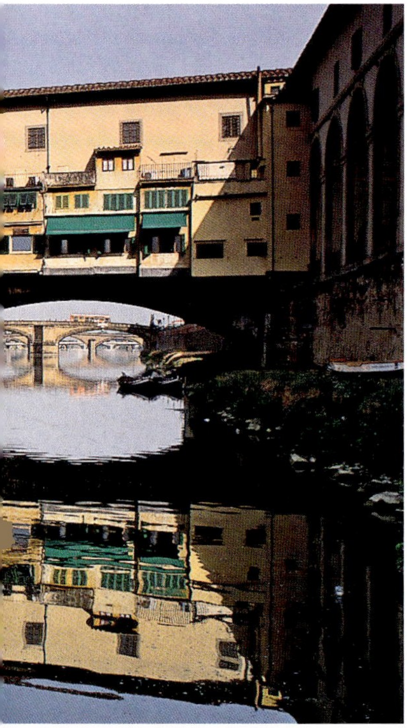

Oben: *Seit Ende des 16. Jh. säumen Juwelierläden die älteste der Florentiner Brücken*
Links: *Der Ponte Vecchio spiegelt sich auf der sanft gewellten Wasserfläche des Arno*

Kapelle birgt die bedeutendsten Kunstwerke der Kirche: das *Verkündigungsfresko* und das Altarbild mit der ›*Kreuzabnahme*‹ von Pontormo. Die gegenüberliegende Kapelle ist eine Nachahmung der Capponi-Kapelle. Sie wurde um 1589 gebaut, Fresko und Altarbild stammen von Poccetti. Die Gemälde der anderen Langhauskapellen entstanden im 17.–19. Jh.

Die 2006 restaurierte **Sakristei**, ein Zentralbau, der Brunelleschis Einfluss zeigt, ist reich mit Fresken und Altarbildern ausgestattet. Das *Polyptychon* ›Madonna mit Heiligen‹ von Taddeo Gaddi wird als eines seiner späten Hauptwerke angesehen (1353–55). In der Altarkapelle der Sakristei befindet sich ein großes gemaltes *Kruzifix* (um 1310), das Pacino di Bonaguida zugeschrieben wird.

Die Brücken von Florenz

Von den neun heute existierenden Arno-Brücken stammen die vier mittleren spätestens aus dem Mittelalter. Die älteste ist, wie ihr Name schon besagt, der Ponte Vecchio [s. Nr. 83]. Ferdinando I. ordnete 1593 an, dass sich nur noch Goldschmiede auf der Brücke niederlassen dürften. Das ist bis auf den heutigen Tag so geblieben.

Vom **Ponte Vecchio** aus hat man einen herrlichen Blick flussabwärts auf die schönste der Florentiner Brücken. Der **Ponte Santa Trìnita** wurde erst 1257 erbaut. Immer wieder rissen die Arno-Fluten diese Brücke mit sich, bis sie Ammanati um 1566–69 vielleicht nach Plänen Michelangelos in ihrer heutigen Gestalt mit den drei sich weit und flach spannenden Brückenbögen erbaute. An den Köpfen befinden sich Personifikationen der vier Jahreszeiten, die 1608 von mehreren Künstlern geschaffen wurden. Wie alle Florentiner Brücken, mit Ausnahme des Ponte Vecchio, wurde sie am 4. August 1944 vor dem Einmarsch der Alliierten von der deutschen Wehrmacht gesprengt. Unter Verwendung der alten, aus dem Arno geborgenen Teile konnte sie jedoch wieder errichtet werden.

Weiter arnoabwärts wurde als zweite Brücke der **Ponte alla Carraia** 1218–20 über den Fluss geschlagen. Auch er musste mehrmals erneuert werden, geht aber in seiner Grundsubstanz auf das 14. Jh. zurück. Den Arno aufwärts entstand 1237 der **Ponte alle Grazie**, der nach dem Krieg nicht wieder in seiner alten Form aufgebaut wurde. Alle diese Brücken verbinden das ›alte‹ Florenz mit dem erst 1173 in die Stadtmauern einbezogenen Stadtviertel Oltrarno südlich des Arno.

85 Palazzo Pitti

Einstiges Stadtschloss der Medici mit weltberühmten Kunstsammlungen.

Piazza dei Pitti
www.polomuseale.firenze.it
Di–So 8.15–18.50 Uhr

Luca Pitti ließ das Kernstück des Palastes (die mittleren sieben Achsen) kurz nach dem Palast der Medici [Nr. 52] und in Rivalität zu diesem 1457–66 von *Luca Fancelli* erbauen. Dieser Kernbau, bei dem die Elemente des Palazzo Medici-Riccardi ins Kolossale gesteigert sind, ging um 1550 in den Besitz Eleonoras von Toledo über, der Frau Cosimos I., die das Gebäude von *Bartolomeo Ammanati* renovieren und zu einer dreiflügeligen **Anlage** ausbauen ließ. Nachdem Cosimo 1571 seinem Sohn Francesco die Regierungsgeschäfte überlassen hatte, zog er sich in diesen Palazzo zurück, der fortan *Familienpalast der Medici* war. Die Vergrößerung auf die heutigen Maße geschah 1620 und 1640. Die Seitenflügel, die mit dem Hauptbau einen ›Cour d'Honneur‹ bilden, wurden erst 1764 und 1783 angebaut. Damit hatte sich der Palazzo Pitti im Laufe der Zeit in das *Schloss der toskanischen Großherzöge* verwandelt und wurde folgerichtig königlicher Sitz, als Florenz 1865–70 italienische Hauptstadt war. Seit 1919 in Staatsbesitz, bergen Palast und Giardino di Boboli [Nr. 86] heute mehrere **Museen** und **Galerien**, darunter die weltberühmte Galleria Palatina.

Im **Hof** steht man vor einem der großen Beispiele manieristischer Architektur in Florenz. Hier tritt Ammanati zum ersten Mal als eigenständiger Baumeister auf. Eine schwere, von Geschoss zu Geschoss variierende *Rustika* ist für den Bau charakteristisch, sie legt sich sogar über die Säulen, die, der klassischen *Säulenordnung* folgend, unten toskanische, dann ionische und im oberen Geschoss korinthische Kapitelle tragen. In den oberen

Gigantisch: Der Palazzo Pitti sollte den Palazzo Medici-Riccardi übertreffen

Geschossen wird die Rustika durch *Ädikulafenster* auf glatter Wand durchbrochen.

Die **Hofgrotte** aus dem 17. Jh. geht auf einen Plan Ammanatis für die Uffizien [Nr. 13] zurück. Zwischen dekorativer Malerei und imitiertem Muschelwerk steht in einer Nische die große Figur des *Moses* (bearbeiteter antiker Torso), die von symbolischen Darstellungen der *Tugenden* des Herrschers Ferdinando I. in vier der sechs Nischen begleitet wird: Gesetzgebung, Eifer, Großmut und Macht.

In den Nischen neben der Grotte stehen auf hohen Konsolen mit Brunnenschalen *Herkules und Antäus* (links) sowie *Herkules* allein. Links im Umgang hat Ammanati augenzwinkernd einem der bei den Bauarbeiten eingesetzten *Maulesel* ein Denkmal gesetzt, über dem sich ein weiterer Herkules erhebt.

Im **Inneren** des Palastes, der vor einigen Jahren umfassend restauriert wurde, befinden sich die *Appartamenti Reali* (Prunkgemächer), die *Galleria Palatina*, das *Museo degli Argenti* (Schatzkammer), die *Galleria d'Arte Moderna* und das zzt. geschlossene *Museo delle Carrozze* (Museum historischer Kutschen).

Die **Privatsammlung** der toskanischen Großherzöge, die um 1620 in ihrer heutigen Form entstand, wurde erst Anfang des 19. Jh. der Öffentlichkeit teilweise zugänglich gemacht. Auch wenn später einige Gemälde mit den Uffizien getauscht wurden, entspricht die Hängung noch barocken Vorstellungen. Auf roter Seidentapete hängen die Bilder nach dekorativen Gesichtspunkten geordnet in mehreren Reihen übereinander. Das ist zwar kulturhistorisch interessant, führt aber auch dazu, dass einzelne Kunstwerke vom Betrachter nicht mehr richtig erfasst werden können, und es besteht die Gefahr, dass man an ›Highlights‹ leicht vorbeiflaniert. Hier kann allerdings nur eine kleine *Auswahl der wichtigsten Werke* Erwähnung finden.

Über Ammanatis große Treppe kommt man ins Vestibül des 1. Obergeschosses, von dem aus man durch drei Säle zur **Galleria Palatina** (Tel. 05 52 38 86 14) gelangt. In den alten Repräsentationsgemächern der Medici entstanden 1641–47 die illusionistischen *Deckenmalereien* von Pietro da Cortona. Sie stellen Apoll sowie die Planetengötter Venus, Mars, Jupiter und Saturn dar, die auf das Herrscherhaus Einfluss nehmen. In diesen Räumen hängen auch (nicht geordnet!) *Gemälde* von Tizian, Rubens, Guido Reni, Van Dyck und Raffael. In den anschließenden Räumen

Einst eine Privatsammlung der Großherzöge – die Galleria Palatina im Palazzo Pitti

geht es weiter mit Velásquez, Caravaggio, Filippino Lippi, Veronese etc. Einzige Malerin in dieser Riege der Berühmtheiten ist Artemisia Gentileschi (1593–ca. 1652/53), eine der wenigen Frauen, die ihr künstlerisches Können unter Beweis stellen durfte.

Im rechten Palastflügel, ebenfalls im 1. Obergeschoss, liegen die **Appartamenti Reali** (Tel. 05 52 38 86 14). Die königlichen Gemächer waren ursprünglich Wohnräume der Medici. Ihre *Ausstattung* begann im 16. Jh. (von Ammanati), wurde allerdings von den Lothringern, den Bonaparte und zuletzt von den italienischen Königen Ende des 19. Jh. verändert.

Die **Galleria d'Arte Moderna** (Tel. 05 52 38 86 16) im zweiten Obergeschoss präsentiert in 30 Sälen vor allem die Sammlung der lothringischen Herzöge und die Ankäufe der Accademia im 19. Jh., reicht aber bis in die 20er-Jahre des 20. Jh.

Das **Museo degli Argenti** (Tel. 05 52 38 87 09, Juni–Aug. tgl. 8.15–19.30, April/Mai/Sept. tgl. 8.15–18.30, März/Okt. tgl. 8.15–17.30, Nov.–Febr. tgl. 8.15–16.30 Uhr, 1. und letzter Mo im Monat geschl.) befindet sich in den Räumen des Erdgeschosses, die für die Hochzeit Ferdinandos II. mit Vittoria della Rovere 1634 neu ausgestaltet wurden. Diese Hochzeit kann man in den *Deckengemälden* bewundern (1636), die *Wandbilder* verherrlichen Lorenzo den Prächtigen. Im Museum sind *kunsthandwerkliche Stücke*, vor allem aus dem 16. und 17. Jh., ausgestellt: Gold- und Silberschmiedearbeiten, Kameen, Gemmen, Pietra-dura-Arbeiten, Skulpturen etc.

Zahlreichen Kunstwerken begegnet man auch beim Flanieren im Giardino di Boboli ▷

86 Giardino di Boboli

Eine der schönsten Gartenanlagen Italiens, die nach reichlichem Kunstgenuss zur Ruhe einlädt, aber auch wichtige Ausstattungsstücke besitzt.

Hinter dem Palazzo Pitti
Tel. 05 52 38 87 86
www.polomuseale.firenze.it
Juni–Aug. tgl. 8.15–19.30,
April/Mai/Sept./Okt. tgl. 8.15–18.30,
März tgl. 8.15–17.30,
Nov.–Febr. tgl. 8.15–16.30 Uhr,
1. und letzter Mo im Monat geschl.

Die Medici erwarben mit dem Palazzo Pitti auch die anschließenden Grundstücke hauptsächlich von den Boboli (daher der Name). Eleonora von Toledo ließ den Garten erst von *Tribolo*, dann von *Ammanati* anlegen, später erfuhr er etliche Vergrößerungen.

Neben einigen wichtigen Gartengebäuden und Statuen, die im Folgenden genannt werden, befinden sich in dem großen Park eine Reihe *Marmorstatuen*, teils aus der Antike, teils aus dem 16. und 17. Jh. Unmittelbar hinter dem Eingang am Palazzo Pitti befindet sich der *Bacchus-Brunnen* mit der Schildkröte, auf der

Unvermutet Wienerisch: das Kaffeehaus im Rokoko-Pavillon im Ostteil des Gartens

der Hofzwerg Cosimos I. reitet (nach 1560). Die nur wenige Schritte entfernte *Grotte* Buontalentis lässt etwas von der Sehnsucht der Renaissance nach der arka-

Resolut: Neptun mit seinem Dreizack ist eine der Brunnenfiguren im Boboligarten

dischen Landschaft erahnen. Der Bau war bereits 1556 von Vasari begonnen worden (Eingangsbogen). Die *Stalaktiten* im Inneren verwandeln sich bei genauerem Hinsehen in Hirten und ihre Schafe. Im ersten der drei Räume sind die ›*Sklaven*‹ Michelangelos (heute Gipsabgüsse, Originale in der Accademia, Nr. 61) in die Muscheln und Kiesel eingebunden, scheinen sich aus Schlamm und Stein zu befreien. Im letzten Raum entsteigt *Venus*, die Liebesgöttin, dem Bade (Giambologna, 1573). Die Grotte ist häufig mit einem Gitter verschlossen.

Blickpunkt in der Mittelachse des Palazzo Pitti ist der **Artischockenbrunnen** von 1639/41. Das nahe gelegene **Amphitheater** von 1618 lädt bei schönem Wetter zum Ausruhen ein. Die Parigi verwendeten bei seinem Bau ein Granitbecken aus den Caracalla-Thermen in Rom und Obelisken aus Luxor (1500 v. Chr.). Etwas abseits östlich davon, im **Wiener ›Kaffeehaus‹** von 1776 kann man ebenfalls gut eine Pause einlegen. Am **Neptunsbrunnen** vorbei, der in der Achse des Palazzo Pitti steht, gelangt man in den **Giardino del Cavaliere**, wo die Medici Seidenraupen züchteten und erstmals in Italien Kartoffeln angepflanzt wurden.

Das *Casino Segreto* aus dem 18. Jh. birgt seit 1973 das **Museo delle Porcellane** (Tel. 05 52 38 87 09, Juni–Aug. tgl. 8.15–18.50, April/Mai/Sept./Okt. tgl. 8.15–18.30, März tgl. 8.15–17.30, Nov.–Febr. tgl. 8.15–16.30 Uhr, 1. und letzter Mo im Monat geschl.), welches in seinen drei Sälen italienisches, französisches, Wiener und deutsches Porzellan ausstellt, das aus dem Besitz der Medici und ihren österreichischen Nachfolgern stammt.

Überaus kunstvoll ist die Grotte Buontalentis mit ›Stalaktiten‹ und Malereien ausgeschmückt

Eine breite Zypressenallee, ›Viottolone‹, führt hinunter zum **›Isolotto‹**, einem künstlichen See mit einer Insel in der Mitte, auf der der *›Ozeanusbrunnen‹* Giambolognas von 1576 etwa 40 Jahre später seine endgültige Aufstellung fand. Ozeanus (Kopie; Original im Bargello, Nr. 18) zu Füßen lagern die Flüsse Nil, Ganges und Euphrat, im Wasser tummeln sich Perseus und Andromeda von Ammanati.

Auf dem Weg zurück zum Palast kann man in dem klassizistischen Bau der *Meridiana* noch die **Galleria del Costume** (Öffnungszeiten wie Museo delle Porcellane) mit rund 6000 Kleidungsstücken und Accessoires besichtigen.

Der Boboligarten ist während der Ausstellungen im Forte di Belvedere [Nr. 104] zu diesem hin geöffnet, sodass man nicht unbedingt zurück zum Palazzo Pitti laufen muss bzw. den Rundgang auch bei der Fortezza beginnen kann.

87 San Felice in Piazza

Kirche aus dem 14. Jh. mit vorgeblendeter Renaissancefassade.

Piazza San Felice

Die dem hl. Felix geweihte, 1066 erstmals erwähnte Kirche ging im 12. Jh. auf die Benediktiner über. 1413 übernahmen sie die Kamaldulenser und 1557 die Dominikanerinnen. Die einschiffige Kirche mit drei Chorkapellen stammt im Wesentlichen aus dem 14. Jh. Die barocke Ausstattung wurde im 19. Jh. weitgehend entfernt. Die **Fassade** von 1457 rezipiert antikes Formengut. Sie erinnert in ihrer Schlichtheit mehr an ein Haus oder eine Tempelfassade, denn an eine Kirche und wird im Entwurf sowohl Michelozzo als auch dem Brunelleschi-Schüler Antonio Manetti zugeschrieben.

An der Fassadeninnenwand rechts befinden sich **Fresken** des 15. Jh., wie sie ursprünglich in der ganzen Kirche vorhanden gewesen sein dürften, worauf die Reste der ›Taufe Christi‹ an der rechten Langhauswand hindeuten. Die meisten *Altartabernakel* stammen aus barocker Zeit, die *Tafeln* hauptsächlich aus dem 16. und 17. Jh. Ausnahmen sind u. a. das **Sakramentstriptychon** am sechsten Altar links, welches Neri di Bicci 1467 schuf, und das Fresko ›Die Gürtelspende Mariens‹ von Bicci di Lorenzo (rechts vom Hauptaltar).

Anblick für Hartgesottene: anatomische Wachsfigurensammlung La Specola

88 La Specola

Hochinteressante anatomische Wachsfigurensammlung.

Museo di Zoologia ›La Specola‹
Via Romana 17
Tel. 05 52 28 82 51
www.msn.unifi.it
Mo/Di/Do/Fr/So 9–13, Sa 9–17 Uhr

Der Name ›La Specola‹ für den **Palazzo Torrigiani** rührt daher, dass Großherzog Pietro Leopoldo 1775 hier ein Observatorium einrichten ließ. Gleichzeitig entstand auch das **Zoologische Museum**. Den Grundstock bildete die mediceische Sammlung von Fossilien, präparierten Tieren und Mineralien. Hiervon ist heute nur ein Bruchteil ausgestellt, z. B. ein *Nil-*

Unter freiem Himmel: Restaurants auf der Piazza Santo Spirito laden zur Pause ein ▷

pferd, das der Großherzog in der zweiten Hälfte des 18. Jh. geschenkt bekam.

Berühmt ist das Museum aber vor allem wegen seiner **anatomischen Wachse**. Die durchsichtigen bzw. ›sezierten‹ Leiber ermöglichen anatomische Studien. Mit der Anfertigung dieser bizarren Darstellungen des Innenlebens des menschlichen Körpers hatte *Ludovico Cigoli* im 16. Jh. begonnen. Die meisten der über 600 Stücke stammen jedoch von *Clemente Susini* aus der 2. Hälfte des 18. Jh. Ein Besuch ist lohnend, man sollte sich auch durch die kurzen und öfters wechselnden Öffnungszeiten nicht abhalten lassen.

89 Santa Elisabetta delle Convertite

Vereinigung von Renaissance und Barock.

Via de' Serragli, zwischen
Haus-Nr. 122 und 124

Das heutige Oratorium gehörte im 14. Jh. den Augustinerinnen, die sich auch um ›gefallene Mädchen‹ kümmerten. Bis ins 18. Jh. wurden Kirche und Kloster umgebaut und erweitert. Die um 1490 errichtete **Chorkapelle** ist eine getreue Nachbildung der Zentralbauten von Brunelleschi. Die *Fassade* entwarf Allori, die *Nonnenempore* stammt aus dem späten 16. Jh., die *Deckenmalerei* aus dem 18. Jh.

90 Villa Poggio Imperiale

Einstige Sommerresidenz der Großherzöge mit prachtvoller Fassade.

Piazzale del Poggio Imperiale
Tel. 055 22 61 71
Besichtigung nur auf Anfrage

Südlich des Zentrums über die *Porta Romana* und entlang der Viale del Poggio Imperiale erreicht man nach 1200 m die Villa Poggio Imperiale. Das heutige Mädchen-Internat (*Istituto Statale Ss. Annunziata*) hatte diverse Besitzer, ab 1565 die Medici, die den Bau im 17. Jh. in großem Stil erweiterten. Ende des 18. Jh. ließ sich Großherzog Pietro Leopoldo hier seine Sommerresidenz einrichten und das Anwesen umgestalten. Die heutige neoklassizistische **Fassade** baute *Giuseppe Cacialli* ab 1814. Er gestaltete auch die erhaltene Cappella della Ss. Annunziata 1820 im neoklassizistischen Stil um und schuf die Stuckdecke im Ballsaal.

91 Piazza Santo Spirito

Lebendiger Platz mit Markt.

Die Piazza Santo Spirito ist eines der heimlichen Zentren von Florenz. Morgens findet auf der mittlerweile für den Verkehr gesperrten Piazza ein kleiner **Gemüsemarkt** statt, auf dem einheimische Produkte verkauft werden. Die alten Händler pflegen noch die Tradition: Es kann schon passieren, dass man eine Tüte Tomaten mit Zitaten aus Dantes ›Inferno‹ oder ›Paradiso‹ überreicht bekommt. Nachmittags und abends gehört der Platz der Jugend. In der Nähe befinden sich eine Jugendherberge und einige günstige Restaurants, weshalb sich auch viele ›Rucksacktouristen‹ hier heimisch fühlen. Im Sommer finden auf der Piazza

abends Freiluftkonzerte und auch kleine Theateraufführungen statt.

Der schräg südwestlich orientierte Platz bindet die nach Süden ausgerichtete Fassade der Kirche nicht wirklich ein. In seiner Mitte steht ein **Denkmal** für den Agronomen Cosimo Ridolfi (1896), an der Südostecke (Haus-Nr. 10) schließt der **Palazzo Dei-Guadagni** den Platz ab. Kurz nach 1503 wohl von Cronaca gebaut, gehört er zu den typischen Florentiner Familienpalästen des 16. Jh.

92 Santo Spirito

Bedeutende Schöpfung Brunelleschis, in der er die Ideen von San Lorenzo weiterentwickelte.

Piazza Santo Spirito 29
Tel. 055 21 00 30
Do–Di 9.30–12.30 und 16–18 Uhr

In den italienischen Stadtrepubliken folgten die großen Ordensgemeinschaften dem Beispiel der neu gegründeten Bettelorden, sich am Stadtrand große Konvente zu bauen. Den Franziskanern im Osten (Santa Croce, Nr. 72) und Dominikanern im Westen (Santa Maria Novella, Nr. 38) folgten bald die Serviten im Norden (Santissima Annunziata, Nr. 64) und die **Augustiner** im Süden. Ihre erste Kirche auf der anderen Arnoseite wurde bereits 1262 durch einen Neubau ersetzt, der aber gegen Ende des 14. Jh. den räumlichen Anforderungen nicht mehr genügte. Es dauerte lange, bis genug Geldgeber gefunden waren, um einen anspruchsvollen Neubau für den Orden zu errichten, der neben einem Hospital, einer Pilgerherberge und einer Armenküche auch ein Ort humanistischer Studien war, dem sich z. B. Petrarca und Boccaccio verbunden fühlten.

Die 1434 konstituierte Baukommission wandte sich an *Brunelleschi* als federführenden Architekten. Seinen **Plan**, die Kirche in eine Nord-Süd-Achse zu legen und einen freien Platz bis zum Arno hinunterzuführen, einen städtebaulich interessanten Gedanken, konnte er nicht realisieren, doch ließen ihm die Auftraggeber bei der Konzeption der Kirche völlig freie

Hand, ein Novum in der Kulturgeschichte. Brunelleschi hatte also keine Vorgaben zu berücksichtigen wie bei San Lorenzo [Nr. 49], sondern konnte seine dort gewonnenen Erkenntnisse weiterentwickeln.

Erst kurz vor dem Tode des Architekten, 1436, begannen die Bauarbeiten. Unter seinem Schüler Manetti (bis 1460) und anderen erfuhr der Bau einige Planungsänderungen, die z. T. heftige Diskussionen auslösten. 1482 war die Kirche mit der Einwölbung der **Kuppel** endlich vollendet. Die **Fassade** wurde nicht ausgestaltet, die Voluten und der Giebel entstanden 1758, verputzt wurde sie 1957 und 2002 restauriert. Die glatten Seitenwände widersprechen ebenfalls den Vorstellungen Brunelleschis, der die Ausbuchtungen der Kapellen auch am Außenbau hatte sichtbar machen wollen.

Im **Inneren** hat Brunelleschi eine zukunftsweisende Raumkonzeption verwirklicht, indem er die Prinzipien der *Basilika* mit denen des *Zentralraumes* verband. In der Vierung, die die Maße der Kirche vorgibt, treffen die vier Kreuzarme zusammen, die von einem Kapellenkranz umgeben sind. Es gibt keine Hauptapsis. Die Seitenlänge des *Vierungsquadrates* (22 Florentiner Ellen) entspricht den Geschosshöhen des Langhauses (also 44 Ellen), sie wird beim Arkadenabstand und der Tiefe der Kapellen halbiert. In den kurzen Kreuzarmen wiederholt sich das Quadrat, und nach Brunelleschis Plan hätte sich das Mittelschiff aus vier Vierungsquadraten zusammengesetzt. Er wollte den Kapellenkranz an der Fassadenseite fortführen, was eine Vierportalanlage zur Folge gehabt hätte. Obwohl sich Giuliano da Sangallo für dieses Konzept einsetzte, konnte man sich nicht entschließen, die traditionelle Dreiportalanlage aufzugeben.

Dem klaren **Aufbau** im Großen entsprechen die Details. Säulen und Halbsäulen sind die tragenden Elemente für Bögen und Gebälk, die Ornamentik ist vollkommen zurückgenommen. Die zweischalige *Kuppel* ist eine Weiterentwicklung der Domkuppel [Nr. 3], auf die Michelangelo dann bei seiner Konstruktion von St. Peter in Rom zurückgriff. Die ursprüngliche Helligkeit der Kirche ist heute durch die Altäre, die die *Kapellenfenster* teilweise verdecken, reduziert, die Klarheit der Architektur besonders in der Vierung durch den Baldachinaltar gestört.

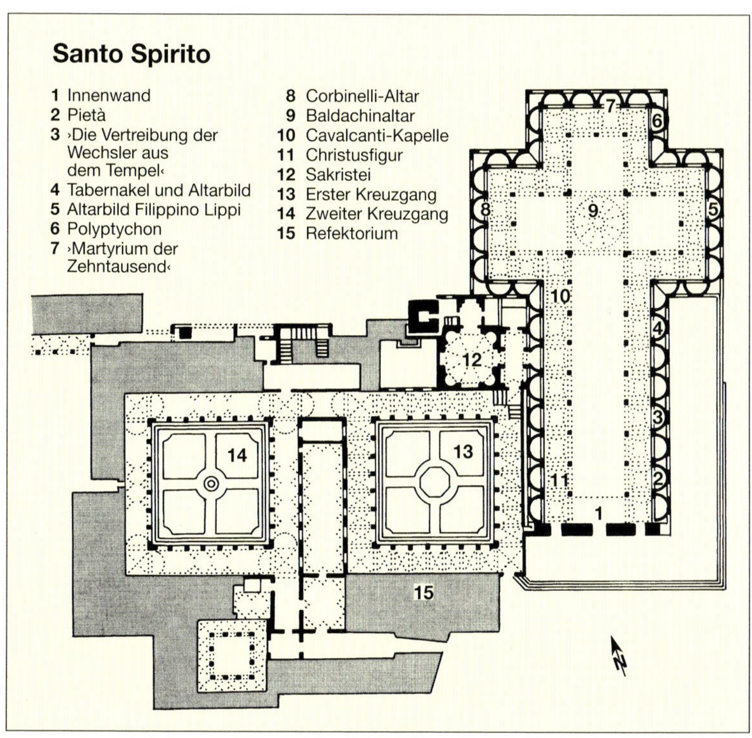

In Santo Spirito kommt Brunelleschis Architekturideal am deutlichsten zum Ausdruck

Wäre der Plan Brunelleschis in Gänze zur Ausführung gekommen, so hätte es sich, laut Vasari, um den vollendetsten Tempel des Christentums gehandelt. Das lässt sich heute noch erahnen. Welche Lösung Brunelleschi als Abschluss im Mittelschiff gedacht hat, ist nicht bekannt. Fest steht jedoch, dass es nicht die bemalte Kassettendecke aus dem 18. Jh. sein sollte.

Bei einem Rundgang lohnt zunächst ein Blick auf die **Innenwand** [1] der Hauptfassade. Sie enthält ein *Glasfenster* mit der ›Herabkunft des Heiligen Geistes‹, das um 1500 nach einem Entwurf Peruginos entstanden ist.

Nanni di Baccio Bigio schuf 1549 die Marmorkopie der **Pietà** [2] Michelangelos. Der Flame Stradanus (Jan van der Straet) malte 1572 **›Die Vertreibung der Wechsler aus dem Tempel‹** [3]. Von Passignano (1602) stammen **Tabernakel** und **Altarbild** [4] der achten Kapelle rechts sowie deren Gesamtdekoration.

Das **Altarbild** [5] von *Filippino Lippi* gehört zur ursprünglichen Ausstattung der Kirche. Die Madonna mit Heiligen und Mitgliedern der Familie Nerli als Stifter entstand um 1488. Im Hintergrund sieht man den Familienpalast der Nerli und die Porta San Frediano.

Das um 1340 zu datierende **Polyptychon** [6] ist ein Werk Maso di Bancos. Das **›Martyrium der Zehntausend‹** [7] von Alessandro Allori (1574) besitzt eine *Predella* des 15. Jh., die den Palazzo Pitti [Nr. 85] in seiner ursprünglichen Größe mit sieben Achsen zeigt. Das Mittelteil des **Corbinelli-Altars** [8] ist ein Frühwerk Andrea Sansovinos (um 1490). Die Seitenteile, die Balustrade und der gesprengte Giebel wurden 1642 angefügt.

Obwohl der **Baldachinaltar** [9] an dieser Stelle den Raumeindruck der Kirche erheblich stört, ist er für sich genommen ein bedeutendes Werk der Zeit um 1600. Von Caccini entworfen, müssen vor allem die *Leuchterengel* hervorgehoben werden, die in der Nachfolge Giambolognas stehen.

Die **Cavalcanti-Kapelle** [10] ist das erste belegte Beispiel der Anwendung von Pietra-dura-Einlegetechnik (1562). Hier wurde der Grundstein für das Opificio delle

Fein gearbeiteter Sgraffito-Schmuck ziert die Casa di Bianca Cappello in der Via Maggio

Pietre Dure [Nr. 62] gelegt. Eine weitere Michelangelo-Kopie schuf Taddeo Landini mit seiner **Christusfigur** [11] von 1579.

Vom linken Seitenschiff aus gelangt man in die von Giuliano da Sangallo 1488 bis 1492 errichtete **Sakristei** [12]. Im **Vorraum** tragen, von der römischen Hochrenaissance beeinflusst, mächtige Säulen ein *kassettiertes Tonnengewölbe*. Im **Hauptraum** werden Architekturvorstellungen Brunelleschis und der Protorenaissance verarbeitet. *Sangallo*, von dem der erste genaue Grundriss des Baptisteriums [Nr. 2] stammt, hat hier einen *achteckigen Zentralbau mit zweischaliger Kuppel* geschaffen, in welchem sich Elemente des Baptisteriums, der Alten Sakristei von San Lorenzo [Nr. 49] und des Domes [Nr. 3] zu einer zukunftweisenden Lösung verbinden, die Michelangelo in der Neuen Sakristei von San Lorenzo [Nr. 50] wieder aufgriff (dreigeschossige, durch ein Gebälk gegliederte Wand, die dennoch eine Einheit bildet). Schmückende Elemente sind die *figuralen Kapitelle* der unteren Pilaster. In der Sakristei ist nun auch wieder das *Holzkruzifix* zu sehen, das der erst neunzehnjährige Michelangelo für Santa Croce schuf. Zeitweise war es in der Casa Buonarroti [79] ausgestellt gewesen.

Die Kreuzgänge stammen aus dem 16. Jh. Den **Ersten Kreuzgang** [13] – mit *Fresken* von Cosimo Ulivelli – schuf Alfonso Parigi, den **Zweiten Kreuzgang** [14] errichtete Ammanati 1564 bis 1565. An den Ersten Kreuzgang grenzt das **Refektorium** [15], in dem das kleine Museum *Fondazione Romano nel Cenacolo di Santo Spirito* (Tel. 055 28 70 43, April–Okt. Sa 9–17, Nov.–März Sa 10.30–13.30 Uhr) untergebracht ist. Neben einigen schönen Stücken, wie den beiden *Neapolitaner Seelöwen* aus dem 13. Jh., sind vor allem – wenn auch nur fragmentarisch – die *Fresken* von Andrea Orcagna und Nardo di Cione erhalten, die das Abendmahl und darüber die Kreuzigung zeigen.

93 Via Maggio

Die prächtigste Straße auf der anderen Seite des Arno führt von dem Ponte Trìnita zur Piazza San Felice.

Hier reihen sich die Paläste bekannter Florentiner Familien aneinander und sind teilweise, wie der **Palazzo Ricasoli** (Haus-Nr. 7), heute noch in deren Besitz. Die meisten Paläste stammen aus dem 16. Jh., der früheste wurde allerdings schon im 14. Jh. erbaut (Casa Ridolfi; Haus-Nr. 43).

Die **Casa di Bianca Cappello** (Haus-Nr. 26) ist ein schönes Beispiel für ein Florentiner Herrschaftshaus des 16. Jh. Großherzog Francesco I. ließ für seine Geliebte und spätere Frau, die Venezianerin Bianca Cappello, um 1570 das herrschaftliche Haus von Buontalenti umbauen. Es ist das erste gesicherte Zeugnis von dessen architektonischer Leistung, das vor allem durch reiche Dekoration (z. B. das rechte Fenster im Erdgeschoss mit der grotesken Fledermaus zwischen den Konsolen) besticht. Die glatte Wand wird durch eine *Sgrafitto-Dekoration* nach einem Entwurf von Poccetti belebt.

94 Santa Maria del Carmine

Kirche aus dem 18. Jh., die mit dem Freskenzyklus in der Brancacci-Kapelle eines der wichtigsten Werke Florentiner Frührenaissance-Malerei birgt.

Piazza del Carmine 14
Tel. 05 52 76 82 24
Mo/Mi–Sa 10–17/So 13–17 Uhr
Besichtigung der Cappella Brancacci nur mit Voranmeldung

Die 1268 begonnene Kirche der Karmeliter brannte 1771 zu großen Teilen ab, nur die Sakristei, die Corsini-Kapelle und die Brancacci-Kapelle konnten gerettet werden. Ein neuer, tonnengewölbter lang gestreckter **Saalbau** mit Querhaus und Vierungskuppel von Giuseppe Ruggieri und Giulio Mannaioni, der die Ausmaße der alten Kirche behielt, war bereits 1775 fertig. Das *Deckengemälde* mit der ›Himmelfahrt‹ und die Kuppelausmalung mit der ›Verklärung Christi‹ stammen von Giuseppe Romei (1780/82).

Die **Cappella Corsini** im linken Querschiff von 1675–83 ist Andrea Corsini (1301–1373) geweiht, der Bischof von Fiesole war und 1629 heiliggesprochen wur-

In der Cappella Brancacci wird das neue Menschenbild der Renaissance erlebbar

de. Das von dem Neapolitaner Luca Giordano geschaffene *Kuppelfresko* zeigt seine Apotheose. Über dem Altar befindet sich der *Sarkophag* des Heiligen mit einem Silberrelief von G. B. Foggini, von dem auch die *Marmorreliefs* mit der ›Aufnahme des Heiligen in den Himmel‹ (1677–83), die ›Anghiarischlacht‹ (1685/87) und die ›Messe des hl. Andreas‹ (1685–91) stammen.

Die wegen ihrer Fresken berühmte **Cappella Brancacci** an der Stirnwand des rechten Querschiffs (Eingang durch den Kreuzgang) gehörte seit 1386 der namengebenden Familie. Felice Brancacci erhielt 1422 den Auftrag, nach Ägypten zu fahren, um mit dem Sultan Handelsbeziehungen anzuknüpfen. Nach seiner glücklichen Rückkehr gab er 1423 den Zyklus mit der Geschichte des hl. Petrus in Auftrag. Der **Freskenzyklus** (in den Lünettenfeldern verloren) wurde von *Masolino* und *Masaccio* zwischen 1424 und 1428 begonnen und 1481/82 von *Filippino Lippi*

Ausdrucksstark: Masaccios ›Zinsgroschen‹ **(oben)** *und die ›Vertreibung aus dem Paradies‹ in der Cappella Brancacci* **(links)**

vollendet. Masaccios Arbeit an diesen Fresken gehört zu den bahnbrechenden Werken der Frührenaissance-Malerei. Von Botticelli, Leonardo und Michelangelo weiß man, dass sie diese Malerei eingehend studierten, Vasari spricht von ihrem Einfluss auf alle Maler und Bildhauer der Folgezeit.

Neu an diesen Bildern waren die perspektivische Sicherheit der Darstellung sowie die *Körperhaftigkeit* und der strenge *Realismus* der Figuren. Deutlich zeigt sich das an dem Vergleich zwischen Masolinos **›Sündenfall‹** und Masaccios **›Vertreibung aus dem Paradies‹**.

Der 18 Jahre ältere Masolino war noch der *internationalen Gotik* verhaftet. Sein erstes Menschenpaar ist verhalten dargestellt, voller Grazie, die Plastizität der Figuren ist nur wenig ausgeprägt. Dagegen stehen pralle Körperlichkeit, psychologische Tiefe und dramatische Körpersprache im Werk Masaccios. Deutlich wird die neue vom Humanismus geprägte Sehweise auch in dem berühmten Werk **›Zinsgroschen‹**. Jesus befiehlt Petrus, einen Fisch zu fangen, in dessen Maul er einen Groschen finden würde, um die Tempelabgabe zu zahlen. Die

dreimalige Wiederholung der Figur Petri (er nimmt den Befehl entgegen, fängt den Fisch und zahlt die Tempelabgabe) entspringt noch der üblichen mittelalterlichen Erzählweise. Alles andere jedoch ist neu. Vor der perspektivisch genau gemalten Landschaft und Architektur agieren die körperhaft mächtigen, farblich klar voneinander abgesetzten Figuren. Die Jünger umgeben die zentrale Dreiergruppe: die Rückenfigur des Zöllners, der die Hand aufhält, Christus, den Befehl erteilend, und Petrus, der diesen offensichtlich wiederholt.

Nach einer umfassenden Restaurierung der Fresken Ende des 20. Jh. machen deren originale Farbigkeit und die dabei neu entdeckten Fresken von Masaccio und Masolino hinter dem Altar den Besuch noch lohnender.

In der **Sakristei** befinden sich *Fresken* von Bicci di Lorenzo (nach 1394) mit dem Leben der hl. Cäcilie. Im **Kapitelsaal** kann man eine Dokumentation zur Freskotechnik studieren, im **Refektorium** eine Abendmahl-Darstellung von Alessandro Allori (1581/82) und im Raum daneben abgenommene Fresken u. a. von Filippo Lippi.

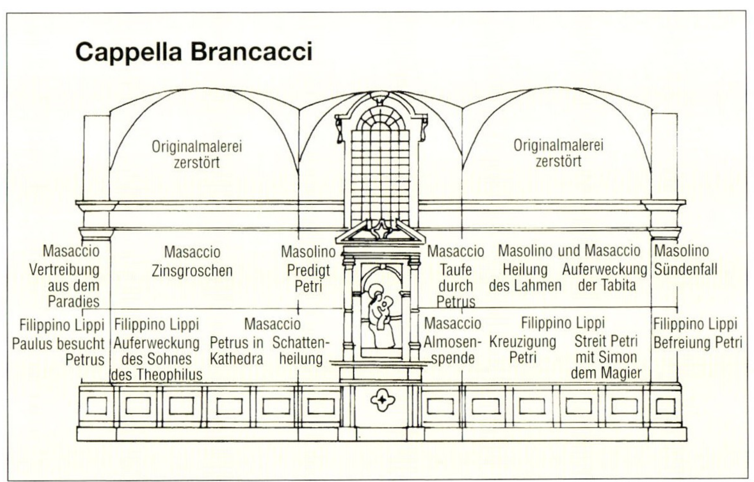

95 San Frediano in Cestello

Eine für Florenz seltene Form der spätbarocken Kuppelkirche.

Piazza di Cestello

Die Kirche wurde von den Karmeliterinnen um 1450 gegründet und 1628 den Zisterzienserinnen übertragen. Diese veranlassten einen Neubau, den *Giulio Cerruti* 1680–89 ausführte. Er nahm eine Idee Brunelleschis auf, die dieser beim Bau von Santo Spirito [Nr. 92] nicht hatte umsetzen können: Die Fassade blickt zum Arno, die Kirche ist also nach Süden und nicht, wie allgemein üblich, nach Osten ausgerichtet. Durch die große **barocke Kuppel**, die Antonio Ferri um 1689 errichtete, gehört San Frediano zu den Kirchen, die das Stadtbild prägen.

Die **Fassade** wurde nie ausgestaltet, der rohe Haustein belassen. Im **Inneren** bietet San Frediano das Bild einer typischen *barocken Anlage*. Ein einschiffiger Raum wird von Kapellen begleitet, die vom Querhaus gebildete Vierung ist überkuppelt, daran schließt sich die Choranlage an. Die **Ausstattung** ist sehr einheitlich und stammt zum überwiegenden Teil aus der Zeit um 1700, das *Kuppelfresko* ist ein Meisterwerk Gabbianis (1702–12), in der dritten Kapelle links befindet sich die *›Madonna des Lächelns‹*, eine farbig gefasste Holzskulptur aus dem 14. Jh., die in der Nachfolge des Nino Pisano steht.

96 Seminario Maggiore

Altes Kloster mit wertvollem Schrifttum.

Lungarno Soderini 19
Tel. 055 28 38 75
www.seminariofirenze.it
Besichtigung nur nach Voranmeldung

Am Arno-Ufer liegt das Seminario Maggiore. In dem altehrwürdigen Zisterzienserkloster werden Kirchenschätze, vor allem aus dieser Diözese, aufbewahrt, die jedoch nur auf Anfrage zu besichtigen sind. Unter den erhaltenen Handschriften befindet sich auch der berühmte *›Codex Rustici‹* aus dem Jahr 1448, der mit aquarellierten Federzeichnungen geschmückt ist. Diese zeigen Ansichten einiger Florentiner Kirchen.

Über den Ponte Santa Trinita erreicht man die Piazza Frescobaldi am südlichen Arnoufer

97 San Jacopo sopr'Arno

Konzertraum in romanischen Mauern.

Borgo San Jacopo 34

Die Kirche aus dem 12. Jh. hat mehrere Umbauten erfahren. Interessant ist die Geschichte der **Vorhalle**, des einzigen erhaltenen Beispiels aus so früher Zeit (um 1000). Sie gehörte eigentlich zur Kirche *San Donato in Scopeto*, die bei der Anlage von Verteidigungswerken 1529 abgerissen werden musste. Die Augustinermönche, die nach San Jacopo umzogen, ließen ihre alte Vorhalle hier wieder aufbauen.

Im Jahre 1418 soll *Brunelleschi* die Kuppel der Ridolfi-Kapelle ganz ohne Gerüst errichtet haben, als Test für die Domkuppel. Sie wurde bei Renovierungsarbeiten des 18. Jh. zerstört. Die alte Kirche wird heute für **Konzerte** und **Ausstellungen** genutzt.

98 Piazza Frescobaldi

Brunnen und Stadtpaläste am südlichen Arno-Ufer.

An der verkehrsreichen Ecke der spitz aufeinander zulaufenden Straßen *Borgo San Jacopo* und *Via dello Sprone* steht ein kleiner Brunnen – ›**Fontana dello Sprone**‹ – von Buontalenti. Die Wasser spendende *Maske* befindet sich über einem kleinen, unregelmäßig gebildeten Becken, dessen Rand in großen Voluten endet.

Der **Palazzo Frescobaldi**, direkt am Ponte Santa Trìnita gelegen, gab dem Platz seinen Namen. Er wurde um 1640 errichtet und zählt architektonisch zu den schönsten Beispielen des Florentiner Barock. Die *Büsten* in den Nischen zeigen die Porträts einiger Medici-Herzöge.

Vom *Lungarno Guicciardini* aus hat man einen schönen Blick auf die Brücke [s. S. 130] und die dahinter liegende Stadt. Hier befinden sich der **Palazzo Guicciardini** (Haus-Nr. 7) aus dem 17. Jh. und der ca. hundert Jahre früher errichtete **Palazzo Lanfredi** (Haus-Nr. 9) mit einer Fassade von Baccio d'Agnolo, direkt nebeneinander. Den Arno abwärts steht der **Palazzo Medici** (ehemals Soderini), der um 1765 umgebaut wurde.

99 San Niccolò sopr'Arno

Spätgotische Saalkirche um 1400 mit restaurierten Fresken aus der Entstehungszeit.

Via di San Niccolò

Im 12. Jh. gegründet, erhielt San Niccolò kurz nach 1400 einen Neubau. Die spätgotische Saalkirche mit drei Chorkapellen wurde im 16. Jh. umgebaut und erhöht. Bei den Restaurierungsarbeiten nach der Flut von 1966 fand man einige interessante *Fresken* aus der Zeit um 1400.

In der **Sakristei** befindet sich u. a. ein *Tabernakel* im Stile Michelozzos, welches eine ›Himmelfahrt und Gürtelspende Mariens‹ von einem Castagno nahe stehenden Maler enthält (um 1470). Der Überlieferung nach verbarg sich Michelangelo 1530 nach dem Einmarsch der kaiserlichen Truppen in einem Raum des Glockenturms vor den Häschern.

Erstklassige Aussichtsterrasse über Florenz – die Piazzale Michelangelo

100 Museo Bardini

Römische Sarkophage, etruskische Fundstücke, Madonnenbilder und vieles mehr.

Piazza de' Mozzi 1
Tel. 05 52 34 24 27
zzt. wegen Restaurierung geschl.

In unmittelbarer Nähe der Kirche San Niccolò sopr'Arno befindet sich das Museo Bardini mit der Sammlung des Kunsthändlers *Stefano Bardini*, die 1923 in den Besitz der Stadt überging und **Kunstwerke** sowie **Kunsthandwerk** fast aller Epochen bis in die Barockzeit umfasst. Sie wird nach der Restaurierung wieder in ihrer ursprünglichen Aufstellung des 19. Jh. im alten **Wohnhaus** Bardinis gezeigt. Der Garten ist geöffnet und sein Besuch kann schön mit einem des Boboli-Gartens kombiniert werden.

101 Piazzale Michelangelo

Einer der schönsten Aussichtspunkte über Florenz.

Der Piazzale Michelangelo bietet dem Besucher die schönste Aussicht auf Florenz und die Ausläufer des Apennin. 1875 anlässlich des 400. Geburtstags zu Ehren Michelangelos erbaut, wurde aus Bronzeabgüssen des ›David‹ und der ›Vier Tageszeiten‹ ein Denkmal errichtet. Die Loggia, die den Platz abschließt, sollte ein Michelangelo-Museum werden, heute ist es ein renommiertes Café-Restaurant.

102 San Miniato al Monte

Die älteste Kirchengründung von Florenz ist einer der großen Bauten der Protorenaissance.

Monte alle Croci
Tel. 05 52 34 27 31
Sommer tgl. 8–19,
Winter tgl. 8–12 und 15–18 Uhr

Hoch über der Stadt gelegen, blickt San Miniato al Monte in Richtung Arno und Florenz. Um 250 ließ Kaiser Decius den Florentiner Christen Minias enthaupten. Der *Legende* nach hob dieser sein abgeschlagenes Haupt auf und ging bis zu dieser Stelle, wo er tot niederstürzte. Hier errichteten die Christen über seinem Grab das älteste Heiligtum der Stadt.

Im 11. Jh., nach der Gründung einer Benediktinerabtei, entstand der heutige **Bau**. Über die genauen Daten ist sich die Forschung nicht einig, fest steht, dass 1207 die Arbeiten im Wesentlichen beendet waren. Das 15. Jh. brachte einige Erweiterungen, z. B. den Anbau einer *Grabkapelle* für Kardinal Jakob von Portugal, ein Mitglied des portugiesischen Königshauses. 1495 stürzte der *Glockenturm* ein. Baccio d'Agnolo errichtete einen neuen, der nie vollendet wurde. 1553 zur Festung ausgebaut, wurde das ehemalige Kloster im 17. Jh. Hospital für Pestkranke, später Obdachlosenasyl. Mitte des 19. Jh. wurden Kirche und Kloster grundlegend restauriert, heute haben es wieder die Olivetaner Benediktiner in ihrem Besitz.

Die mit weißem und grünem Marmor inkrustierte **Fassade**, die Alberti und Brunelleschi für ihre Bauten Anregungen gab, stammte nicht, wie sie glaubten, aus römischer Zeit, sondern war um 1075 begonnen worden. Besonders der untere schlichte Teil mit *halbkreisförmigen Arkaden* und den Rahmen, die, um die ganze Tür gelegt, auch als Schwelle fungieren, hatte für das Findelhaus [Nr. 65] und den Rucellai-Palast [Nr. 45] Vorbildfunktion. Der obere, spätere Teil ist reicher ornamentiert und wird von einem weitgehend erneuerten *Mosaik* und dem *Adler der Calimala* (Zunft der Wollhändler, die die Bauaufsicht besaßen) geziert.

Die flach gedeckte, dreischiffige Basilika endet in einer halbkreisförmigen Apsis. Bemerkenswert ist die Rhythmisierung des **Innenraumes** durch Stützenwechsel (zwei Säulen, ein Pfeiler) zwischen Hauptschiff und Seitenschiffen. Sieben der Kapitelle stammen aus römischer Zeit. Die *›Inkrustation‹* des Innenraumes ist gemalt (im 19. Jh. erneuert). Über der großen Krypta liegt erhöht der *Mönchschor*. In der siebenschiffigen, fünfjochigen **Hallenkrypta**, deren Säulen z. T. antike Kapitelle tragen, steht der Altar, in dem seit 1013 die Gebeine des hl. Minias liegen.

In der Kirche selbst, deren ursprünglicher *Marmorfußboden* mit Einlegearbeiten noch bruchstückhaft erhalten ist, sind an den Langhauswänden *Wandmalereien* aus dem 14. und 15. Jh. zu sehen, die z. T. Heilige in Tabernakeln stehend bzw. Szenen aus dem Leben Christi zeigen. Vor dem erhöhten **Chor** steht der große *Kreuzaltar* von Michelozzo, den er 1448 im Auftrag Piero de' Medicis schuf. Das wundertätige Kreuz, welches er barg, befindet sich heute in Santa Trìnita [Nr. 31]. Von einem eisernen *Gitter* mit den

Aus weißem Carrara-Marmor und grünem Serpentin: die Fassade San Miniatos

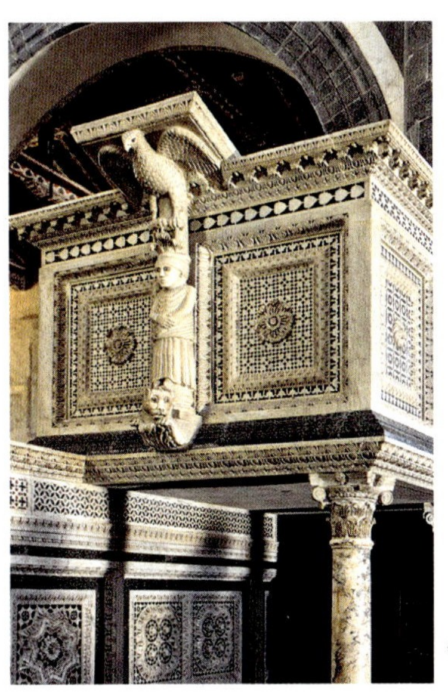

Diamantringen der Medici abgeschlossen, tragen Säulen mit fein ausgearbeiteten Kapitellen ein *Tonnengewölbe* mit Kassettenrosetten und Majolikaschindeln von Luca della Robbia. Darunter steht ein alter *romanischer Altar*. An der Rückwand des Ziboriums ist ein *Altarbild* Agnolo Gaddis zu sehen, welches neu zusammenmontiert wurde, um die Wand maßgerecht auszufüllen. Geschickt verteilt sind die Embleme und die Devise »semper« (immer) der Medici. Bekrönt wird das Tabernakel aber vom Adler der Wollhändlerzunft.

Die **Chorschranken** und die **Kanzel** weisen Marmorinkrustationen aus dem 12. Jh. mit antiken Ornamentformen und für das Mittelalter typische Fantasiegestalten auf. Die Evangelistensymbole tragen das Lesepult der Kanzel.

◁ *Die Kanzel (12. Jh.) von San Miniato ist üppig mit Marmorinkrustationen überzogen*

Das **Apsismosaik** von 1297 wurde mehrfach überarbeitet und 1860/61 nach dem ursprünglichen Vorbild erneuert. Es zeigt – von den vier Evangelistensymbolen umgeben – Christus mit Maria und dem hl. Minias. Das **Chorgestühl** mit schönen Einlegearbeiten stammt aus dem 15. Jh., das *Altarretabel* rechts mit Szenen aus dem Leben des hl. Minias schuf Jacopo del Casentino um 1340.

Die 1387 angebaute **Sakristei** wurde von Spinello Aretino mit *Fresken* geschmückt, die Szenen aus dem Leben des hl. Benedikt darstellen (um 1840 stark restauriert). Zwischen 1461 und 1466 wurde an das linke Seitenschiff die **Grabkapelle** des Kardinals Jakob von Portugal angebaut, der in Florenz gestorben war. Sein Onkel, König Alfons von Portugal, gab sie in Auftrag. Antonio Manetti, ein Schüler Brunelleschis, entwarf diesen von der Alten Sakristei in San Lorenzo [Nr. 49] beeinflussten Zentralbau, für den Antonio Rossellino mit seiner Werkstatt die *Skulpturen*, Alesso Baldovinetti und die Pollaiuolo die *Wandmalereien* und Luca della Robbia die *Tondi* aus Terrakotta schufen. Die fünf großen kreisrunden Reliefs im Gewölbe zeigen die Taube als Symbol des Heiligen Geistes, umgeben von Darstellungen der vier Kardinaltugenden. Die Ausstattung verbindet christliches und antikes Gedankengut. Der leere Thron dem Grabmal gegenüber verweist auf das Jüngste Gericht.

Im **zweigeschossigen Kreuzgang** befinden sich schlecht erhaltene *Fresken* mit Szenen aus dem Leben des hl. Benedikt aus dem 15. Jh., die dem Umkreis Paolo Uccellos zuzuordnen sind.

Der 1295 unter Bischof Andrea de' Mozzi begonnene **Bischofspalast** (Palazzo di Vescovi) – rechts der Kirche – war bis 1553 Sommerresidenz der Florentiner Bischöfe und dient nach wechselvollem Schicksal heute als Konzertsaal. Der sich anschließende **Friedhof** wurde 1854 nach Plänen des Niccolò Matas angelegt.

103 San Salvatore al Monte

Architektonisch interessanter Bau aus dem späten 15. Jh.

Via San Salvatore al Monte 9
Tel. 05 52 00 12 29
www.monteallecroci.it

Die kleine Niederlassung der Franziskaner von 1415 sollte Mitte des Jahrhunderts durch einen größeren Bau ersetzt werden. Die Pläne wurden erst realisierbar, als sich Lorenzo der Prächtige um 1475 für das Vorhaben zu interessieren begann. 1487 übertrug man *Cronaca* die Bauleitung, doch wurde die Kirche wahrscheinlich erst ab 1499 errichtet und 1504 geweiht. Der unsichere Baugrund veranlasste *Michelangelo* 1529, Substruktionen anzulegen, 1555 verstärkte man die Fun-

Ein Meisterwerk Michelozzos ist das Marmortabernakel im Chor von San Miniato

Markstein der alten Stadtgrenze: Die Porta Romana ist das größte erhaltene Tor

Mauern und Tore

Ein schöner Weg führt an einem erhaltenen Teil der alten **Stadtmauer** entlang von der Porta San Niccolò hinauf zum Forte di Belvedere [Nr. 104]. Ihren einstigen weiteren Verlauf kann man heute noch durch die ›Viali‹ nachvollziehen, breite Straßen, die rund um den Stadtkern gelegt wurden. Beschlossen worden war der Bau dieses letzten Verteidigungsringes 1284, ausgeführt wurde er erst 1299–1330 von keinem Geringeren als **Arnolfo di Cambio**. Diese Mauer blieb bis ins 19. Jh. bestehen.

An die frühere Befestigung erinnern auch einige erhaltene Stadttore wie die **Porta San Niccolò**, die 1324 nach Plänen Andrea Orcagnas entstand, die **Porta San Frediano** und die **Porta Romana**. Dieses größte und am besten erhaltene Stadttor gibt den Weg nach Siena und Rom frei – deshalb der Name. Es wurde im Jahr 1326 errichtet und ist ›stadtseitig‹ mit dem Fresko ›Madonna mit Kind und Heiligen‹ von Neri di Bicci verziert. Die späteren Übermalungen nahm Franciabigio vor.

Auf unsicherem Baugrund errichtet – die Franziskanerkirche San Salvatore al Monte

damente, dennoch mussten die Mönche 1561 das Kloster wegen Einsturzgefahr verlassen. 1562 verkürzte man den Glockenturm aus statischen Gründen. Seit 1705 sind wieder Franziskaner hier ansässig.

San Salvatore ist vor allem wegen seiner *Wandgliederung* im Langhaus bemerkenswert. Die **Saalkirche** mit offenem Dachstuhl, seitlichen, tonnengewölbten Kapellen und einem rechteckigen Chor greift die architektonischen Vorbilder Brunelleschis auf und führt sie fort. Die **Seitenkapellen** öffnen sich in hohen Arkaden, denen Pilaster vorgeblendet sind. Säulen tragen das schwere Gebälk, auf dem die Säulen ruhen, die das Obergeschoss gliedern. Die **Fensterrahmung** tritt durch die alternierenden Segment- und Dreiecksgiebel hervor.

Dieses Prinzip, im Baptisterium [Nr. 2] vorgebildet, hat den Palastbau der Hochrenaissance, vor allem in Rom, entscheidend beeinflusst.

104 Forte di Belvedere

Befestigungsanlage aus dem späten 16. Jh., von der sich ein schöner Ausblick über die Stadt öffnet.

Costa di San Giorgio/
Via di San Leonardo
Tel. 05 52 62 59 62
Di–So 10–16 Uhr, während der Ausstellungen abweichende Öffnungszeiten

Nach der Vertreibung der Medici 1527 waren unter der Bauleitung Michelangelos bei San Miniato al Monte Bastionen errichtet worden. Im Jahre 1530 hielten sie dem Ansturm der kaiserlichen Truppen mehrere Monate stand. Die anschließend erbaute Fortezza da Basso [Nr. 41] und das 1590/95 errichtete Forte di Belvedere ließen die Medici nicht gegen einen äußeren Feind, sondern zum eigenen Schutz errichten. Mit ihren auf die Stadt gerichteten Kanonen waren die Bastionen *Symbole der Medici-Herrschaft* und sichtbare Zeichen für das Ende der Republik.

Das Hauptgebäude der Fortezza von Giovanni Medici weist die typischen Merkmale einer *Florentiner Landvilla* auf. Seine künstlerische Ausgestaltung übernahm Buontalenti. Seit Beendigung der Restaurierungsarbeiten 2003 wird die Festung für Ausstellungen genutzt. Gegenwärtig sind die ›Collezioni del '900‹ mit der *Sammlung Alberto della Ragione* zu sehen, die Werke von Carrà, Marino Marini und Giorgio Morandi umfasst.

105 San Leonardo in Arcetri

Schlichte Kirche mit berühmtem Ausstattungsstück.

Via di San Leonardo

Oberhalb des Forte di Belvedere, außerhalb der Stadt, liegt die Kirche San Leonardo in Arcetri aus dem frühen 11. Jh. Der schlichte Saalbau mit einem modernen Mosaik an der Fassade besitzt im Inneren eine 1782 aus San Pier Scheraggio [s. S. 43] hierher verbrachte **Marmorkanzel** des 13. Jh., deren Reliefs Szenen aus dem Leben Christi und die Wurzel Jesse zeigen.

Das im Stil der Medici-Villen gehaltene Gebäude des Forte di Belvedere ist heute Schauplatz für Wechselausstellungen, von den Bastionen genießt man einen weiten Blick über die Stadt

Ausflug nach Fiesole – Kunst und Natur pur

Von Florenz aus bieten sich viele Ausflüge in die landschaftlich reizvolle Umgebung an: ins Mugello, nach Impruneta, ins Chianti, zu den Medici-Villen oder nach Siena und San Gimignano. Am naheliegendsten ist es jedoch, hinauf in die einstige Etruskerstadt Fiesole zu fahren. Neben dem Kunstgenuss reizen auch schöne Spaziergänge, z. B. auf den *Monte Ceceri* (414 m), von dem aus man bei klarem Wetter weit über Florenz hinweg blicken kann.

106 Fiesole

Einst bedeutende Stadt auf einem Hügel über dem Arno-Tal.

Bus 7 ab Hauptbahnhof, Dom, Piazza San Marco

Fiesole, das wahrscheinlich im 8. Jh. v. Chr. gegründet wurde, gehörte zu den bedeutenden etruskischen Städten. Nach mehreren Auseinandersetzungen mit den Römern wurde Fiesole um 80 v. Chr. zur römischen Kolonialstadt. Bald machte ihm die Neugründung Florenz Konkurrenz, obwohl Fiesole vorerst der wichtigere strategische Ort blieb. Seit 492 Bischofssitz, wurde es von den Byzantinern 539 empfindlich geschlagen, konnte aber in der Folge bis zum Krieg gegen Florenz 1123 zu einer erneuten Blüte gelangen. Seitdem von Florenz abhängig, blieb Fiesole dennoch weiterhin Bischofssitz und erhielt 1450 kommunale Selbstverwaltung. Allerdings war die einst so bedeutende Stadt inzwischen ein Villenvorort der Florentiner geworden.

Im Zentrum des Städtchens liegt die *Piazza Mino da Fiesole*, die links (wenn man Florenz im Rücken hat) von **Seminario** 1 (1697) und **Palazzo Vescovile** 2 aus dem 11. Jh. (Fassade von 1675) abgerie-

Das Römische Theater von Fiesole ist nicht nur eine archäologische Attraktion, sondern bietet auch einen herrlichen Ausblick auf die toskanische Zypressenlandschaft

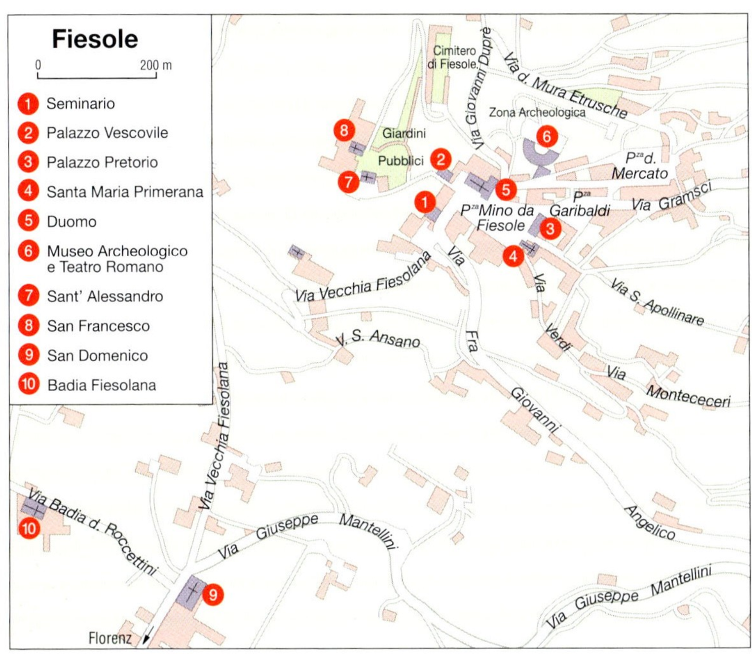

gelt wird, rechts vom **Palazzo Pretorio** 3 bzw. Palazzo Comunale (14. und 15. Jh.) und dem frühmittelalterlichen Oratorium **Santa Maria Primerana** 4 (1585 erneuert). Das *Reiterstandbild* von 1906 im Zentrum des Platzes zeigt die Begegnung zwischen Giuseppe Garibaldi und Vittorio Emanuele II.

Dominiert wird der Platz jedoch vom **Duomo** 5, auch *Cattedrale di San Romolo* genannt, einer dreischiffigen Basilika, die 1028 begonnen, im 13. und 14. Jh. erneuert und erweitert und im 19. Jh. durchgreifend restauriert wurde. Der Raum mit *Krypta* und Hochchor erinnert an die frühen Kirchen von Florenz. Hinter dem Dom liegt das **Museo Bandini** (Via G. Duprè 1, Tel. 05 55 96 12 93, April–Sept. Mi–Mo 10–19, Okt.–März Do–Mo 10–16 Uhr). Schwerpunkt der ehemaligen Privatsammlung ist die Florentiner Malerei des 13.–15. Jh. mit Werken von Taddeo Gaddi, Nardo di Cione, Cosimo Rosselli, Jacopo del Sellaio u. a.

Direkt dahinter beginnt die Zone des **Museo Archeologico e Teatro Romano** 6 (Via Portigiani 1, Tel. 05 55 96 12 93, April–Sept. Mi–Mo 10–19, Okt.–März Do–Mo 10–16 Uhr). Wer sich zu einer Pause mit Blick auf die Zypressenlandschaft auf den Stufen des im 1. Jh. n. Chr. errichteten römischen Theaters, das ca. 3000 Plätze umfasst, niederlassen möchte, kann dabei vielleicht auch eine Kostprobe der hervorragenden Akustik erhalten, wenn sich Besucher auf der tiefer gelegenen Bühne unterhalten. Aus der gleichen Zeit wie das Theater stammen die *Thermen* und der *Tempel*, der in seinem Kern etruskisch ist, in römischer Zeit aber erneuert wurde. Im *Museo Civico* sind römische und etruskische Funde ausgestellt.

Zwischen Bischofspalast und Priesterseminar führt ein steiler Weg zunächst zu **Sant'Alessandro** 7. An der Stelle eines etruskischen Heiligtums wurde hier im 6. Jh. eine Kirche errichtet, die im 9. und 11. Jh. umgebaut wurde. Aus jener Zeit erhalten ist noch das Innere mit 16 Marmorsäulen, die Fassade hingegen stammt erst von 1815/17.

Weiter oben liegt **San Francesco** 8, ursprünglich ein Oratorium, welches 1399 von den Franziskanern übernommen wurde (1905–07 restauriert). In der einschiffigen Kirche mit Spitztonne und Frührenaissance-Chor sind *Tafelgemälde* von Cosimo Rosselli, Neri di Bicci und Perugino zu sehen. Zu der Anlage gehört ein schöner *Klostergarten* und das **Museo Missionario Etnografico Francescano** (Via San Francesco 13, Tel. 05 55 91 75, Di–Fr 10–12 und 15–17, Sa/So 15–17 Uhr), das franziskanische Missionare eingerichtet haben. Es präsentiert u.a. antike Jade- und Elfenbeinarbeiten aus dem alten China sowie archäologische Fundstücke aus Ägypten.

Auf halbem Wege nach Florenz liegen San Domenico und die Badia Fiesolana (Bushaltestelle; man kann aber auch auf der ›Strada vecchia fiesolana‹ an der von Michelozzo erbauten *Medici-Villa* vorbei in einer knappen halben Stunde zu Fuß gehen). In **San Domenico** 9, 1406–35 erbaut, später barockisiert, lebte *Fra Angelico*, bevor er 1437 nach San Marco [Nr. 58] übersiedelte. Von ihm sind hier die *Altartafel* ›Madonna umgeben von Dominikaner-Heiligen‹ von 1428 und das Kreuzigungsfresko im Kapitelsaal erhalten.

Von San Domenico führt eine Straße zur **Badia Fiesolana** 10. Hier stand bis 1028 der Dom, anschließend bauten die Kamaldulenser eine Kirche, deren *Fassade* aus dem 13. Jh. in den heutigen Renaissancebau integriert ist. Mit ihrer strengen Gliederung und den weißgrünen Marmorinkrustationen ist sie dem Florentiner Baptisterium [Nr. 2] verpflichtet. Ihre Wirkung wird zusätzlich erhöht durch den Umstand, dass die Fassade des Renaissancebaus nicht vollendet wurde. Cosimo de' Medici stiftete 1458 den Neubau, der wahrscheinlich auf einen Entwurf Michelozzos zurückgeht. Das einschiffige *Langhaus* wird von Kapellen begleitet, Querhaus und Chor schließen sich an. Der schlichte Bau, nur durch gliedernde architektonische Elemente geschmückt, ist tonnengewölbt. Die daneben liegenden *Klostergebäude* der Badia wurden nach ihrer Profanierung 1778 als Internat genutzt. Seit 1973 beherbergen sie einige Abteilungen der Europäischen Universität.

Verkleidung: Die Fassade der Badia Fiesolana stammt von ihrem Vorgängerbau

Jacopo del Sellaios Tafelbild ›Triumph Amors‹ (um 1485) ist im Museo Bandini zu bewundern

Florenz aktuell A bis Z

Vor Reiseantritt

ADAC Info-Service:
Tel. 018 05/10 11 12,
Fax 018 05/30 29 28 (0,14 €/Min.)

ADAC im Internet:
www.adac.de
www.adac.de/reisefuehrer

Informationsbroschüren und Kartenmaterial zu Florenz können ADAC-Mitglieder kostenlos bei ADAC-Geschäftsstellen oder unter Tel. 018 05/10 11 12 (0,14 €/Min.) anfordern.

Florenz im Internet:
www.firenzeturismo.it
www.comune.fi.it
www.mega.it

ENIT – Ente Nazionale Italiana per il Turismo (Staatliches Italienisches Fremdenverkehrsamt):

www.enit.de
www.enit.at
www.enit.ch

Deutschland
Friedrichstraße 187, 10117 Berlin,
Tel. 030/247 83 98, Fax 030/247 83 99,
enit-berlin@t-online.de

Neue Mainzer Str. 26, 60311 Frankfurt/Main, Tel. 069/23 74 34, Fax 069/23 28 94,
enit.ffm@t-online.de

Prinzregentenstr. 22, 80538 München,
Tel. 089/53 13 17, Fax 089/53 45 27,
enit-muenchen@t-online.de

Österreich
Kärntnerring 4, 1010 Wien,
Tel. 01/505 16 39, Fax 01/505 02 48,
delegation.wien@enit.at

Schweiz
Uraniastr. 32, 8001 Zürich,
Tel. 04 34 66 40 40, Fax 04 34 66 40 41,
info@enit.ch

Prospekte können bei der Enit telefonisch bestellt werden, sie stehen aber auch als Downloads zur Verfügung.

Allgemeine Informationen

Reisedokumente

Erforderlich ist ein *Reisepass* oder *Personalausweis*, für Kinder unter 13 Jahren ein *Kinderreisepass* mit Foto.

Kfz-Papiere

Führerschein und Zulassungsbescheinigung Teil 1 (vormals Fahrzeugschein) sind mitzuführen. Die Mitnahme der Internationalen Grünen Versicherungskarte wird empfohlen.

Krankenversicherung

Heutzutage ist die *Europäische Krankenversicherungskarte* in die übliche Versicherungskarte integriert. Sie wird in ganz EU-Europa anerkannt und garantiert die medizinische Versorgung. Sicherheitshalber empfiehlt sich jedoch der Abschluss einer zusätzlichen *Reisekranken- und Rückholversicherung*.

◁ *Florenz-Impressionen – Kunstgenuss, Kulinarisches und exklusive Kreationen*

Hund und Katze

Für Hunde und Katzen ist bei Reisen innerhalb der EU ein gültiger, vom Tierarzt ausgestellter *EU Heimtierausweis* vorgeschrieben, ebenso die Kennzeichnung durch Mikrochip oder Tätowierung. Bis zum Jahr 2011 gelten Übergangsregelungen.

Zollbestimmungen

Reisebedarf für den persönlichen Gebrauch obliegt *innerhalb der EU* keinen Beschränkungen und darf abgabenfrei eingeführt werden. Es gelten allerdings Richtmengen für den Privatreisenden, die zu beachten sind: 800 Zigaretten, 400 Zigarillos, 200 Zigarren, 1 kg Tabak, 10 l Spirituosen, 20 l Zwischenerzeugnisse, 90 l Wein (davon max. 60 l Schaumwein), 110 l Bier.

Bei Reisen in und durch *Drittländer* (Schweiz) dürfen zollfrei mitgeführt werden: 1 Stange Zigaretten, 1 l Spirituosen über 22 % oder 2 l Spirituosen unter 22 %, 50 ml Parfum, 250 ml Eau de Toilette, 500 g Kaffee und 100 g Tee.

Geld

Die gängigen *Kreditkarten* werden in Banken, Hotels und den meisten Geschäften akzeptiert. An *EC/Maestro-Geldautomaten* kann man rund um die Uhr Geld abheben.

Tourismusämter

APT (Agenzia per il Turismo di Firenze), Via A. Manzoni 16, Tel. 05 52 33 20, Fax 05 52 34 62 86, www.firenzeturismo.it, Mo–Fr 9–17 Uhr

APT, Provincia e Comune di Firenze, Via Cavour 1r, Tel. 055 29 08 32, Fax 05 52 76 03 83, Mo–Sa 8.30–18.30, So 8.30–13.30 Uhr

APT, Comune di Firenze, Piazza Stazione 4a, Tel. 055 21 22 45, Fax 05 52 38 12 26, Mo–Sa 9–19, So 8.30–14 Uhr

APT, Aeroporto di Firenze ›A. Vespucci‹, Via del Termine 1 , Peretola, Tel./Fax 0 55 31 58 74, tgl. 7.30–23.30 Uhr

Notrufnummern

Notruf: Tel. 112 (EU-weit, auch mobil: Polizei, Unfallrettung, Feuerwehr)

ACI-Pannendienst (Soccorso Stradale): Tel. 80 31 16. Man beachte die gelben Notrufsäulen auf den Autobahnen (ca. alle 2 km).

ADAC-Notrufstation Monza: Tel. 03 92 10 41 (rund um die Uhr)

ADAC-Notrufzentrale München: Tel. 00 49/89/22 22 22 (rund um die Uhr)

ADAC-Ambulanzdienst München: Tel. 00 49/89/76 76 76 (rund um die Uhr)

Österreichischer Automobil Motorrad und Touring Club
ÖAMTC Schutzbrief-Nothilfe: Tel. 00 43/(0)1/251 20 00

Touring Club Schweiz
TCS Zentrale Hilfsstelle: Tel. 00 41/(0) 224 17 22 20

Bei *Unfällen* mit Sachschäden ist es dringend erforderlich, Versicherung und Versicherungsnummer des Unfallgegners zu notieren. Bei Unfällen mit Personenschaden muss die Polizei verständigt werden.

Diebstahl

Bei Autodiebstählen wende man sich an die nächste Polizeidienststelle (Auskünfte über die Notrufnummer des ACI, Tel. 80 31 16). Diebstahlopfer sollten sofort eine Anzeige bei der Polizei- oder Carabinieri-Dienststelle aufgeben. Im Ausländeramt der Questura, des Polizeipräsidiums, sind Deutsch sprechende Beamte behilflich.

Questura, Via Zara 2, Tel. 05 54 97 71

Carabinieri, Borgo Ognissanti 48, Tel. 05 52 76 61

Ärztliche Versorgung

Wer schnell ärztliche Hilfe braucht, wählt den *ärztlichen Notruf* unter Tel. 112 oder wendet sich an die Erste-Hilfe-Station *(Pronto Soccorso)* eines Krankenhauses.

Ospedale Santa Maria Nuova, Piazza Santa Maria Nuova 1, Tel. 05 52 75 81

Medizinischer Bereitschaftsdienst (Guardia Medica): Tel. 05 52 33 94 56

Apotheken (rund um die Uhr geöffnet)
Farmacia Comunale N° 13, im Bahnhof Santa Maria Novella, Tel. 055 21 67 61

Farmacia Molteni, Via dei Calzaiuoli 7r, Tel. 055 28 94 90

Fundbüros

Städtisches Fundbüro *(Ufficio Oggetti Trovati)*, Via Francesco Veracini 5/5, Tel. 055 33 48 02

Fundbüro der Eisenbahn, im Bahnhof Santa Maria Novella, Gleis 5, Tel. 05 52 35 61 20

Abgeschleppte Autos (*Veicoli rimossi)*, Via Salvatore Allende, Tel. 05 54 22 41 42 (rund um die Uhr)

Diplomatische Vertretungen

Honorarkonsulat der Bundesrepublik Deutschland, Corso dei Tintori 3, 50122 Florenz, Tel. 05 52 34 35 43, Fax 05 52 47 62 08, rapp.toscana@ahk-italien.it

Österreichisches Honorarkonsulat, Lungarno A. Vespucci 58, 50123 Florenz, Tel. 05 52 65 42 22, Fax 05 74 29 54 57, cons.austria@albinipitigliani.it

Schweizer Konsulat, Piazzale Galileo 5, 50125 Florenz, Tel. 055 22 24 31, Fax 055 22 05 17, consolato@svizzerafirenze.it

Besondere Verkehrsbestimmungen

Tempolimits (in km/h): Für Pkw, Motorräder und Wohnmobile bis 3,5 t gilt innerorts 50, außerorts 90, auf Schnellstraßen 110 (bei Regen 90) und auf Autobahnen

130 (bei Regen 110). Für Wohnmobile über 3,5 t gilt außerorts und auf Schnellstraßen 80, auf Autobahnen 100; Pkw mit Anhänger dürfen außerorts und auf Schnellstraßen max. 70, auf Autobahnen 80 fahren.

Die *Promillegrenze* liegt bei 0,5.

Motorrad- und Mopedfahrer müssen immer mit *Abblendlicht* fahren, Autofahrer nur außerorts. Das Nationalitätenkennzeichen bzw. EU-Kennzeichen am Fahrzeug sind Pflicht. Jede Person, die bei einer Panne oder einem Unfall auf offener Straße den Wagen verlässt, muss eine reflektierende *Warnweste* tragen. Diese muss griffbereit im Auto mitgeführt werden.

Jede *Ladung*, die nach hinten überragt (Surfbretter, Boote, Fahrradständer) muss mit einer 50 x 50 cm großen rot-weiß-roten reflektierenden Warntafel (ggf. mit Rückstrahlern) versehen sein. Keine Ladung darf über die Vorderkante des Fahrzeugs hinausragen.

Öffentliche *Parkplätze* sind durch weiße oder blaue Markierungen gekennzeichnet. Die ›blauen‹ Parkplätze sind gebührenpflichtig.

Strom

Die *Netzspannung* beträgt 125 oder 220 V. Deutsche Stecker passen nicht in alle Steckdosen. Es empfiehlt sich die Mitnahme eines Zwischensteckers, der z. B. in ADAC-Geschäftsstellen erhältlich ist.

Anreise

Auto

Die wichtigsten *Routen* aus Deutschland und Österreich führen über den Brenner oder Reschenpass und Verona sowie Bologna nach Florenz. Eine beschaulichere Alternative zur Autostrada del Sol (A 1) bietet ab Bologna die pittoreske Landstraße SS 325, die bei Prato in die Zugangsstraßen gen Florenz mündet. Aus der Schweiz geht es über den St. Gotthard-Pass und dann über Mailand nach Florenz.

Die Autobahnen in Österreich und der Schweiz sind *mautpflichtig*. Vignetten sind bei den ADAC-Geschäftsstellen, an grenznahen Rastplätzen und Tankstellen erhältlich. Die *Autobahngebühren* in Italien richten sich nach zurückgelegter Strecke und Fahrzeugklasse. Bezahlt wird bei der Autobahnabfahrt in Euro oder per Kreditkarte. Besitzer der *Viacard* (beim ADAC, in Italien an den Autobahnstationen) werden an vielen Mautstellen auf eigenen Fahrspuren bargeldlos schneller abgefertigt.

Alle Autobahn-Tankstellen sind durchgehend geöffnet, die übrigen *Tankstellen* meist Mo–Fr 7–12.30 und 15.30–19.30 Uhr, am Wochenende im Schichtdienst. Auf Hauptstrecken gibt es SB-Tanksäulen, die Geldscheine zu 5 €, 10 € und 20 € sowie Kreditkarten annehmen.

Bahn

Florenz hat zwei Fernbahnhöfe. Neben dem Hauptbahnhof, **Stazione Centrale Santa Maria Novella**, wird auch der weiter östlich gelegene Bahnhof **Campo di Marte** angefahren. Beide Bahnhöfe verfügen über eine gute Busanbindung. Regionalzüge verkehren außerdem zum nördlich der Fortezza da Basso gelegenen Bahnhof **Statuto**.

Direktverbindungen nach Florenz gibt es täglich von den Großstädten Deutschlands, Österreichs und der Schweiz. Der Service umfasst auch Autoreisezüge (bis Verona) und Nachtzüge mit Schlaf- und Liegewagen.

Das Informationsbüro *F. F. Ufficio informazioni* am Hauptbahnhof gibt Auskunft über Fahrplan und Reservierungen.

Fahrplanauskunft:

Deutschland
Deutsche Bahn, Tel. 118 61 (persönlich, gebührenpflichtig), Tel. 08 00/150 70 90 (sprachgesteuert, gebührenfrei), www.bahn.de

Deutsche Bahn AutoZug, Tel. 018 05/24 12 24 (0,14 €/Min.), www.autozug.de

Citynightline, Tel. 018 05/14 15 14 (0,14 €/Min.), www.citynightline.de

Österreich
Österreichische Bundesbahn, Tel. 05 17 17 (zum Ortstarif), www.oebb.at

Schweiz
Schweizerische Bundesbahnen, Tel. 09 00 30 03 00 (gebührenpflichtig), www.sbb.ch

Italien
Trenitalia, Tel. 89 20 21 (innerhalb Italiens, gebührenpflichtig), www.trenitalia.com

Bus

Von zahlreichen größeren deutschen Städten verkehren Busse der Deutschen Touring nach Florenz. Zentrale Reservierungsstelle:

Deutsche Touring, Am Römerhof 17, 60486 Frankfurt/Main, Tel. 069/790 35 01, www.touring.de

Flugzeug

Der internationale Flughafen von Florenz befindet sich in Peretola, 6 km entfernt vom Zentrum:

Aeroporto Amerigo Vespucci (FLR), Via del Termine 11, Florenz, Tel. 05 53 06 13 00, www.aeroporto.firenze.it. Der Flughafen wird direkt von München, Frankfurt, Wien und Zürich angeflogen (weitere Verbindungen existieren via Mailand). Shuttlebusse (4 €) verkehren zwischen 5.30 und 23.30 Uhr alle 30 Min. und bringen Reisende in ca. 20 Min. vom Flughafen zum Bahnhof Santa Maria Novella.

Vom internationalen Flughafen von Pisa, **Aeroporto Galileo Galilei** (PSA), Tel. 050 84 93 00, www.pisa-airport.com, zu dem es u. a. aus mehreren deutschen Städten günstige Charterflüge gibt, gelangt man mit Bahn oder Bus in ca. 55 Min. zum Bahnhof Santa Maria Novella in Florenz.

Alitalia, Tel. 018 05/07 47 47, www.alitalia.com

Austrian Airlines, Tel. 05 17 66 10 00, www.aua.com

Lufthansa, Tel. 018 05/83 84 26, www.lufthansa.de

Swiss Air, Tel. 848 70 07 00 (innerhalb der Schweiz), 018 03/00 03 37 (von außerhalb), www.swiss.com

Bank, Post, Telefon

Bank

Öffnungszeiten: in der Regel Mo–Fr 8.30–13.30 und 14.30–15.45 Uhr. Die Bank am Hauptbahnhof von Florenz ist Mo–Fr 8–20 Uhr geöffnet.

Post

Öffnungszeiten: in der Regel Mo–Fr 8–13.30/14, Sa 8–12 Uhr.

Die *Hauptpost* (Mo–Sa 8.15–19 Uhr) befindet sich in der Via Pellicceria 3, gleich an

Kaufrausch und Stöberfreuden

Inmitten einer an Geschichte und Kunstwerken aller Epochen so reichen Region liegt es für eine Händler- und Handwerkerstadt wie Florenz nahe, dass hier auch der Handel mit **Antiquitäten** blüht. Viele Händler haben ihr Metier schon seit Generationen ›im Blut‹: Namen wie Bacarelli, Bellini, Romano oder Bartalozzi haben Florenz als Zentrum des Antiquitätenhandels weltweit berühmt gemacht.

In Florenz als Stadt mit einer jahrhundertelangen Tradition des **Kunsthandwerks** ist der Begriff der ›Bottega‹, die räumliche Einheit von Herstellung und Verkauf, auch heute noch lebendig. Da Handwerkerläden dieser Art keine hohen Renditen versprechen, sind sie rar geworden. In den Vierteln südlich des Arno, Santo Spirito und San Frediano, trifft man sie jedoch noch häufig an: die Rahmenmacher, Ziseleure, Kunstschmiede, ›Bronzisti‹ und restaurierenden Schreiner.

Vielfach werden noch alte Herstellungsverfahren ohne moderne technische Hilfsmittel angewandt. Die **Lederbearbeitung** zur Fertigung von Schachteln und Dosen sowie für Buchbindearbeiten ist ein Beispiel dafür. Noch immer werden auch handgeschöpfte dekorative **Papiere** produziert wie die *Carta fiorentina*, die nach einem im 17. Jh. aus dem Orient importierten Verfahren entsteht.

Die Herstellung von Artikeln aus **Terrakotta** (gebrannter Ton) ist heute aus der Stadt in das Umland verlagert. Die Bemalung per Hand kann man jedoch noch gelegentlich in einer ›Bottega‹ beobachten. Nicht nur in den Cappelle Medicee [s. Nr. 50] oder dem Opificio delle Pietre Dure [s. Nr. 62], sondern auch in Läden des Zentrums kann man die dekorativen **Einlegearbeiten** mit Halbedelsteinen bewundern, die seit dem 16. Jh. gefertigt werden. Die kunstvoll und mit höchster Perfektion gearbeiteten Dosen, Schmuckschatullen, Schalen, Wandbilder und Tischplatten tragen alte und neue Motive.

Auch Freunde von **Spitzen** und **Stickerei** kommen in Florenz auf ihre Kosten. Noch gibt es geübte Hände, die diese hier seit Jahrhunderten geschätzten Arbeiten mit wertvollen Stoffen

(Leinen, Seide) meisterlich beherrschen und deren Erzeugnisse in einigen Geschäften zu finden sind.

Wo die italienische **Küche** Einzug hält in deutsche Haushalte, braucht man natürlich auch das rechte ›Handwerkszeug‹. Käsereibe, Nudelmaschine, Spaghettizange, Knoblauchpresse, Ölkännchen, Espressomaschine und die passenden Tassen – alles das und noch viel mehr wird hier natürlich in größerer Auswahl und oft auch günstiger angeboten als zu Hause.

Der Siegeszug des modernen italienischen **Designs** im Einrichtungsbereich währt nun schon Jahre. Und so wächst die Zahl der Anhänger dieser teils klassisch-raffinierten, teils witzig-verfremdeten Stilrichtung ständig. Während Schranksysteme und Sesselgarnituren sicher nicht gerade als Mitbringsel geeignet sind, gibt es doch z. B. **Leuchten** in durchaus transportablen Größen, bei denen sich der Einkauf in Italien lohnt. Zudem kann man sich mit den Produkten italienischer Innendekoration den heimischen Alltag mit relativ preiswerten **Accessoires** verschönern, etwa einem Brieföffner von Danese, einer Zuckerdose von Guzzini oder einer Toilettenbürste von …!

Italienischer Wohnstil und italienische Küchenwerkzeuge – da fehlen noch die ›Zutaten‹, die **Lebensmittel**. Ein ordentlicher Vorrat an Hartweizen-Spaghetti (der besseren Sorte), ein gutes Stück Parmesankäse, die bevorzugte Kaffeesorte für den Espresso, einige Leckereien in Olivenöl, ein paar Flaschen Chianti, Vin Santo oder Vernaccia – da übersteht man das Heimweh nach Florenz später viel besser!

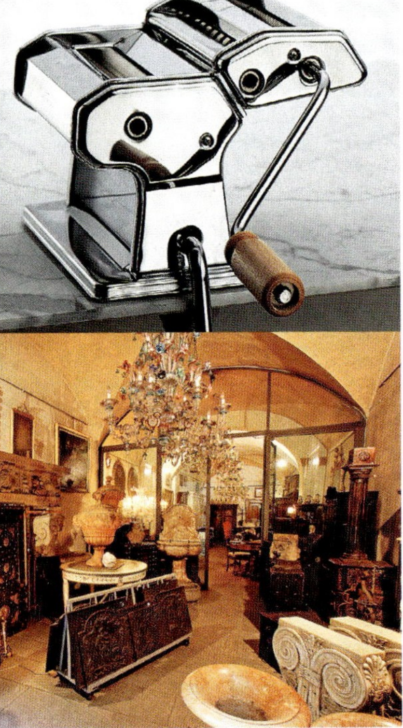

◁ *Mekka für Shoppingfreunde: Feinstes Schuhwerk, handbemaltes Geschirr von Sbigoli, die klassische Nudelmaschine, Entdeckungen im Antiquitätenladen – Florenz ist eine unendliche Fundgrube der Souvenirs*

der Piazza Repubblica. Briefmarken (*Francobolli*) sind jedoch auch in Tabakläden (*Tabacchi*) erhältlich.

Telefon

Internationale Vorwahlen:
Italien 00 39
Deutschland 00 49
Österreich 00 43
Schweiz 00 41

In Italien ist die Ortskennzahl fester Bestandteil der Telefonnummern und muss **immer** (inkl. der 0) mitgewählt werden. Dagegen fällt bei Handy-Nummern die Null weg.

Die Benutzung handelsüblicher *Mobiltelefone* (*Telefoni cellulari*) ist in ganz Italien möglich. Man sollte sich vor Reiseantritt über das günstigste Netz vor Ort informieren und das eigene Handy entsprechend programmieren.

Öffentliche Telefonzellen funktionieren mit *Telefonkarten* (*Scheda telefonica*, perforierte Ecke abreißen), die in Tabakläden, Kiosken und z. T. in Bars verkauft werden.

Einkaufen

Zur Orientierung: Die Hausnummern sind in Florenz farbig geordnet. Wohnhäuser und Paläste haben schwarze oder blaue Hausnummern. Geschäfte, Restaurants etc. sind mit roten Nummern versehen, die meist auch den Zusatz ›r‹ für *rosso* (rot) tragen. Die Zählung ist dabei nur für die jeweilige Farbe durchgängig!

Öffnungszeiten: in der Regel Mo – Sa 8.30/9–12.30/13 und 15.30/16–19.30/20 Uhr. Am Mittwochnachmittag haben die Lebensmittelläden, am Montagvormittag alle übrigen Geschäfte geschlossen. Im Sommer bleiben alle Geschäfte auch am Samstagnachmittag geschlossen.

Auf den ersten Blick mag das Zentrum von Florenz als eine einzige große Luxusboutique erscheinen. Nur in den Altstadtteilen südlich des Arno haben kleine Werkstätten ihren ursprünglichen Platz im Straßenbild bis heute bewahrt.

Antiquitäten

Beim Streifzug durch die Stadt – besonders in der Via dei Fossi, Borgo Ognissanti, Via Maggio, Borgo San Jacopo – steht man immer wieder beeindruckt vor Geschäften, die kleinen Museen oder Galerien gleichen. Das Angebot an Möbeln der toskanischen Renaissance ist reich, aber auch andere Epochen und Regionen sind vertreten. Skulptur, Malerei, Majolika und Kleinantiquitäten runden das Angebot ab.

Antichità Piselli Balzano, Via Maggio 23 r, Tel. 05 52 39 80 29, www.antichitapisellibalzano.it

Bacarelli – Galleria di Antichità, Via dei Fossi 33 r, Tel. 055 21 54 57, www.bacarelli.com

Guido Bartolozzi Antichità, Via Maggio 18 r, Tel. 055 21 56 02, www.guidobartolozzi.com

Romano Paolo Antichità, Borgo Ognissanti 20 r, Tel. 055 29 32 94

Bücher

Alinari, Largo Fratelli Alinari 15, Tel. 05 52 39 51, www.alinari.it. Reproduktionen historischer Fotos.

Feltrinelli, Via de' Cerretani 30/32 r, Tel. 05 52 38 26 52, www.lafeltrinelli.it. Vollsortiment.

Salimbeni, Via M. Palmieri 14/16 r, Tel. 05 52 34 09 04, www.libreriasalimbeni.com. Kunstgeschichte, Antiquariat.

Das gestylte Einkaufsparadies ›Coin‹ befindet sich tatsächlich im Centro Storico

Kaufhäuser

Warenhäuser sind in Italien und in Florenz rar. Zwei Kaufhäuser sind in der Nähe der Piazza della Repubblica angesiedelt: *Coin* und *La Rinascente*. In den gestylten Einkaufstempeln werden außer Kleidung auch Drogerie-, Haushalts- und Geschenkartikel angeboten.

Coin, Via dei Calzaiuoli 56 r, Tel. 055 28 05 31, www.coin.it

La Rinascente, Piazza della Repubblica 1, Tel. 055 21 91 13, www.rinascente.it

Küchengeräte

Armando Poggi, Via Calzaiuoli 103 r, Tel. 055 21 17 19, www.apoggi.com. Wertvolles Geschirr, Kristall, Silber.

Bartolini, Via de' Servi 30 r, Tel. 055 21 18 95, www.dinobartolini.it. Alles von der Knoblauchpresse bis zur Nudelmaschine.

Braschi, Via del Corso 67 r, Tel. 055 28 77 43. Das nötige Handwerkszeug für eine perfekte ›Cucina fiorentina‹.

Chiti, Via dell'Ariento 59/63 r, Tel. 055 28 47 86. Italienische Küchengeräte und Accessoires.

Richard Ginori, Via dei Rondinelli 17 r, Tel. 055 21 00 41, www.negozirichardginori.com. Berühmter Hersteller einfacher und aufwendiger Porzellane.

Ugo Poggi, Via degli Strozzi 26 r, Tel. 055 21 67 41, www.ugopoggifirenze.it. Berühmt für feine Porzellane und Silberwaren.

TOP TIPP **Viceversa**, Via Ricasoli 53 r, Tel. 05 52 39 82 81, www.viceversa.it. Design-Kunst und Küchenaccessoires: ein Feuerwerk von ›unverzichtbaren‹ Utensilien für den modernen und postmodernen Lebensstil!

Kunsthandwerk

TOP TIPP **Antico Setificio Fiorentino**, Via L. Bartolini 4, Tel. 055 21 38 61, www.anticosetificiofiorentino.com. Einzigartig ist die Weberei mit ihren schweren handgewebten Damast- und Brokatstoffen, von denen einige noch auf Webstühlen aus dem 18. Jh. hergestellt werden.

Argentiere Pagliai, Borgo San Jacopo 41 r, Tel. 055 28 28 40. Gebrauchssilber, Restaurierung.

Galleria Bazzanti, Lungarno Corsini 46 r, Tel. 055 21 56 49, www.galleriabazzanti.it.

Die Hohe Kunst des Instrumentenbaus

Abgüsse und Skulpturen aus Marmor und Bronze, Kopien berühmter Skulpturen.

Giannini, Piazza Pitti 37 r, Tel. 055 21 26 21. Marmoriertes, handgeschöpftes Papier nach alter Tradition, Buchbinderei.

Il Papiro, Piazza Duomo 24 r, Tel. 055 28 16 28, www.ilpapirofirenze.it. Marmorierte Papiere und alles, was man zum Schreiben braucht.

La Bottega del Mosaico, Via Guicciardini 126 r, Tel. 055 21 07 18, www.bottegadelmosaico.com. Steinmosaiken.

Loretta Caponi, Piazza Antinori 4 r, Tel. 055 21 36 68, www.lorettacaponi.com. Feine Spitzen, Dessous, Tafeltuch und Servietten in erlesener Machart.

Moscardi Cornici, Lungarno Corsini 36 r, Tel. 055 21 44 14. Traditionsfirma, die in erster Linie kostbare Bilderrahmen fertigt.

Sbigoli Terrecotte, Via San Egidio 4 r, Tel. 05 52 47 97 13, www.sbigoliterrecotte.it. Handbemaltes Tongeschirr, Terrakotta.

Lebensmittel

Alessi, Via delle Oche 27–29–31 r, Tel. 055 21 49 66, www.enotecaalessi.it. Weine und Spirituosen.

Consorzio Agrario Firenze, Via Casentino 30, Tel. 055 41 20 43, www.consorzioagrariofirenze.it. Genossenschaftsladen, in dem man relativ günstig Wein und Olivenöl bekommt.

Traumhafte Stoffe werden bis heute in der Antico Setificio Fiorentino gewebt

Enoteca Pinchiorri, Via Ghibellina 87, Tel. 055 24 27 77, www.enotecapinchiorri.com. Exklusive Weine, mit angeschlossenem Luxus-Restaurant [s. S. 167].

Le Volpi e l'Uva, Piazza de' Rossi 1 r, Tel. 055 23 98 132, www.levolpieluva.com. Weinbar und Weinhandlung.

TOP TIPP **Pegna**, Via dello Studio 8, Tel. 055 28 27 01, www.pegna.it. Feinkost, Gewürze, Olivenöl und großes Weinangebot gleich beim Dom.

Zanobini, Via Sant'Antonino 47 r, Tel. 055 23 96 850. Alteingesessener Weinhändler.

Märkte und Messen

Arti e Mestieri d'Oltrarno, Piazza Santo Spirito und Borgo Tegolaio, jeden 2. So im Monat, 9–19 Uhr (außer Juli/Aug.). Großer (Kunst-)Handwerksmarkt.

Mercato Centrale di San Lorenzo, Piazza Mercato Centrale, Via dell'Ariento, Mo–Sa 7–14, im Winter zusätzlich Sa bis 17 Uhr. Ob mit oder ohne Einkaufsabsichten, ein Gang durch die alte Markthalle von San Lorenzo und die zahlreichen Straßenstände ist für jeden ein Muss [s. S. 88].

Mercato dei Liberi Artisti Artigiani, Giardino di Piazza dei Ciompi, Do–Sa/Fei. Kunsthandwerk.

Mercato delle Pulci o del Piccolo Antiquariato, Piazza dei Ciompi, im Sommer tgl. 9–20, im Winter Di–So 9–19.30 Uhr. Völlig ungestört kann man auf diesem Dauerflohmarkt in dem bunten Angebot stöbern.

(12) **Mercato Sant'Ambrogio**, Piazza Ghiberti, Mo–Sa 7–14 Uhr. Kleinere Markthalle mit hervorragendem Angebot an Obst, Gemüse, Fleisch, Fisch, Käse, Backwaren und Allerlei [s. Nr. 80].

Mercato usato e antiquariato, Piazza dei Ciompi und umliegende Gassen, jeden letzten So im Monat. Gebrauchtes, Altes und Antikes wechselt auf dem riesigen Flohmarkt den Besitzer.

Mostra Internazionale dell'Artigianato, Fortezza da Basso, www.mostraartigianato.it, Ende April–Anfang Mai. Hier werden italienisches Kunsthandwerk sowie ein reiches Angebot von Produkten aus Ländern der Dritten Welt angeboten.

Mostra Mercato Internazionale dell' Antiquariato – Biennale dell'Antiquariato, Palazzo Corsini, Tel. 055 28 26 35, www.mostraantiquariato.it. Auf dem fruchtbaren Boden des Florentiner Antiquitätenhandels ist diese Verkaufsmesse entstanden, die Ende Sept./Anfang Okt. in ungeraden Jahren stattfindet und ergänzt wird durch Ausstellungen sowie andere Veranstaltungen.

Mode

Florenz ist eine Stadt der Mode. Rund um die *Piazza del Duomo* und die *Piazza della Signoria* sowie auf der *Via dei Tornabuoni*, dem Laufsteg der **Haute Couture**, sind fast alle Namen versammelt, die in der

Modewelt von Bedeutung sind. Im Stadtviertel *Santa Croce* geht es nicht ganz so exklusiv zu. Hier ist das Zentrum der **Lederwarenherstellung** mit zahllosen kleinen Läden in engen Gassen. Sehenswerte Einkaufsstraßen auf der anderen Seite des Arno sind *Borgo San Jacopo* und die zum Palazzo Pitti führende *Via Guicciardini.*

Kleidung, Accessoires

Armani, Via dei Tornabuoni 48 r, Tel. 055 21 90 41, www.giorgioarmani.com

Emilio Pucci, Via dei Tornabuoni 20–22 r, Tel. 05 52 65 80 82, www.emiliopucci.com

Emporio Armani, Piazza Strozzi 16 r, Tel. 055 28 43 15, www.emporioarmani.com

Escada, Via Strozzi 32 r, Tel. 055 29 04 04, www.escada.com

Ferragamo, Via dei Tornabuoni 4 r–14 r, Tel. 055 29 21 23, www.ferragamo.com

Gianfranco Ferré, Via della Vigna Nuova 2 r, Tel. 055 29 05 51, www.gianfrancoferre.com

Gucci, Via dei Tornabuoni 73 r, Tel. 055 26 40 11, www.gucci.com

Luisa, Via Roma 19/21 r, Tel. 05 59 06 41 16, www.luisaviaroma.com

Principe, Via del Sole 2, Tel. 055 29 27 64, www.principedifirenze.com

Trussardi, Via dei Tornabuoni 34/36 r, Tel. 05 52 65 46 48, www.trussardi.com

Valentino, Via dei Tosinghi 52 r, Tel. 055 29 31 42, www.valentino.com

Versace, Via dei Tornabuoni 13 r, Tel. 05 52 39 61 67, www.versace.com

Zegna, Via dei Tornabuoni 3 r, Tel. 055 26 42 54, www.zegna.com

Lederwaren

Cellerini, Via del Sole 37 r, Tel. 055 28 25 33, www.cellerini.it

Gucci, Via dei Tornabuoni 73 r, Tel. 055 26 40 11, www.gucci.com

Louis Vuitton, Piazza degli Strozzi 1, Tel. 055 26 69 81, www.louisvuitton.com

Schuhe

Beltrami, Via della Vigna Nuova 70 r, Tel. 055 28 77 79, www.beltramifirenze.it

Casadei, Via dei Tornabuoni 33 r, Tel. 055 28 72 40, www.casadei.com

Ferragamo, Via dei Tornabuoni 4 r–14 r, Tel. 055 29 21 23, www.ferragamo.com

Raspini, Via Martelli 5 r, Tel. 05 52 39 83 36, Via Por Santa Maria 72 r, Tel. 055 21 57 96, Via Roma 25 r, Tel. 055 21 30 77, www.raspini.com

Romano, Via degli Speziali 10 r, Tel. 055 21 65 35, www.romanofirenze.com

Saskia Wittmer, Via di Santa Lucia 24 r, Tel. 055 29 32 91. Die Berlinerin in Florenz fertigt ausschließlich Schuhe nach Maß.

Tanino Crisci, Via dei Tornabuoni 43–45 r, Tel. 055 21 46 92, www.taninocrisci.it

Möbel und Innendekoration

Archimede Seguso, Via dei Rondinelli 3 r, Tel. 055 28 34 67. Leuchter und andere Gegenstände der berühmten venezianischen Firma – alles aus mundgeblasenem Murano-Glas.

Formitalia, Lungarno Guicciardini 21–23 r, Tel. 055 29 42 57, www.mirabili.it. Reines Möbelhaus.

Illum, Via XXVII Aprile 16, Tel. 055 48 63 28, www.illum.it. Designer-Lampen.

Feinstes Leder verwendet Saskia Wittmer für ihre handgearbeiteten Maßanfertigungen

Interform, Via Lamarmora 29 u, Tel. 055 57 85 52. Schönstes modernes Italo-Design, Möbel aus Holz, Stahl, Leder und die passenden Leuchtkörper.

International Design, Via Lamarmora 32, Tel. 055 57 14 71. Möbel und Leuchten italienischer und internationaler Designer.

Mobilcasa, Viale dei Mille 109, Tel. 055 58 82 01, www.mobilcasafirenze.it. Ausgewählte italienische und internationale Designerstücke.

Schmuck

Wer Florenz besucht, kann nicht umhin, einmal die Auslagen der Gold- und Silbergeschäfte auf dem *Ponte Vecchio* zu bewundern, der nach alter Tradition Sitz zahlreicher Juweliere ist. Die meisten renommierten Geschäfte haben diesen belebten Standort jedoch inzwischen aufgegeben und sind in die exklusivere *Via dei Tornabuoni* umgezogen.

Buccellati, Via dei Tornabuoni 71 r, Tel. 05 52 39 65 79. Exklusiver Schmuck aus edelsten Materialien lockt im Ladengeschäft der berühmten italienischen Juweliersdynastie.

Bulgari, Via dei Tornabuoni 61/63 r, Tel. 05 52 39 67 86, www.bulgari.com. Nobles Geschmeide für noble Anlässe.

Cartier, Via dei Tornabuoni 40 r, Tel. 055 29 21 15, www.cartier.com. Gold, Juwelen, Brillanten und mehr – unvergängliche Schätze.

Tiffany, Via dei Tornabuoni 25 r, Tel. 055 21 55 06, www.tiffany.com. Ein edler Name, der nicht nur eine Audrey Hepburn in Versuchung führt.

Torrini, Piazza del Duomo 10 r, Tel. 05 52 30 24 01, www.torrini.com. Seit dem Mittelalter (1369) stellt die Familie Torrini in Florenz Schmuck her; ihr in alle Stücke eingraviertes Symbol gilt als das älteste registrierte Markenzeichen der Welt. Sozusagen als Nachweis birgt das Ladengeschäft gegenüber dem Dom ein kleines Museum mit 250 Objekten eigener Fertigung aus den letzten vier Jahrhunderten.

Essen und Trinken

Die **toskanische Küche** ist einfach, fast bäuerlich rustikal. Ihr Erfolg beruht auf der Qualität der Zutaten, die mit wenigen typischen Gewürzen wie Knoblauch, Salbei, Rosmarin, Petersilie, Basilikum und natürlich dem guten Olivenöl angerichtet werden.

Auf jeder Speisekarte findet man als **Vorspeise** (Antipasto) die *Crostini*, eine Geflügelleberpastete auf kleinen Weißbrotscheiben, außerdem *Affettati* (Aufschnitt) wie *Finocchiona*, eine Art frische, mit Fenchelsamen gewürzte Salami, oder *Prosciutto crudo toscano*, einen kräftigen rohen Schinken im Pfeffermantel.

Vom **ersten Gang** (Primi piatti) sollte man die *Ribollita* probieren, eine vorzügliche Brotsuppe aus der ländlichen Tradition mit weißen Bohnen, Grünkohl und anderen Gemüsesorten. Auch die *Pappa al pomodoro* ist eine Brotsuppe, jedoch mit Tomaten, Knoblauch und Basilikum angerichtet. Bei den *Pappardelle alla lepre* handelt es sich um meist hausgemachte breite Bandnudeln mit einer Sauce aus fein gehacktem Hasenfleisch.

Ein Glanzstück unter den **Hauptgerichten** (Secondi piatti) ist die *Bistecca alla fiorentina*. Die Bezeichnung ›alla fiorentina‹ ist tatsächlich gerechtfertigt, denn aus Florenz stammt die Kunst des richtigen Schnittes. Aus dem Lendenstück eines Jungrindes wird – über Holzkohle ›al sangue‹ (blutig) gegrillt – eine äußerst zarte Delikatesse, die auf der Zunge zergeht. Dazu passen als Beilage *Fagioli freschi* (frische weiße Bohnen). Die *Fagioli all'uccelletto*, weiße Bohnen mit Salbei in Tomatensauce, die traditionell in Tongefäßen langsam gekocht werden, isst man zu den *Salsicce*, sehr groben würzigen Würstchen. Ein weiteres Merkmal der Florentiner Küche sind die *Fritti*, frittiertes Fleisch (Huhn, Kaninchen etc.) oder Gemüse (Zucchini, Zucchiniblüten, Artischockenherzen). Fast jede Speisekarte bietet auch Innereien, besonders die *Trippa alla fiorentina*, in Tomaten und Wein gedünstete Kutteln, mit Parmesankäse überstreut.

Als **Getränk** zum Essen passt meist ein Rotwein, hier der *Chianti*, der aus dem Umland von Florenz stammt. Zwei Anbaugebiete tragen ein Symbol als Markenzeichen, das gleichzeitig eine gewisse Qualität sicherstellt: der *Gallo nero* (schwarzer Hahn) und der *Putto*. Zu Fisch und leichten Gerichten passen die – selteneren – toskanischen Weißweine wie *Vernaccia di San Gimignano* und *Bianco di Pitigliano*.

Zum **Abschluss** kann man zum Käse greifen, z. B. *Pecorino*: Schafskäse verschiedener Alterungsstufen, ferner zu frischem Obst, zu süßen Desserts oder zu den typischen *Biscotti* oder *Cantucci di Prato*, einem harten Mandelgebäck, das in *Vin santo* getaucht wird.

Übrigens: Das *Rauchen* ist in allen Lokalen, Bars, Restaurants und Klubs verboten, die nicht über separate, belüftete Räumlichkeiten verfügen. Die Missachtung des Rauchverbots kann mit Geldstrafen bis zu 275 € geahndet werden.

Restaurants

Spitzenrestaurants

TOP TIPP **Enoteca Pinchiorri**, Via Ghibellina 87, Tel. 055 24 27 77, www.enotecapinchiorri.com. Die von allen Kritikern gelobte und von Michelin mit drei Sternen ausgezeichnete Enoteca zählt zu den ersten Restaurants am Ort. Bei der Reise in kulinarische Höhen sind die Besitzer perfekte Führer und Ratgeber und sorgen für einen erstklassigen Service. Zum Restaurant gehört ein Weinkeller für höchste Ansprüche (So–Mi mittags sowie Aug. geschl.).

Sabatini, Via dei Panzani 9 a, Tel. 055 21 15 59, www.ristorantesabatini.it. In dem altbekannten, renommierten Res-taurant sollte man die köstliche Lammkeule probieren (Mo geschl.).

Obere Preislage

TOP TIPP **Alle Murate**, Via del Proconsolo 16 r, Tel. 055 24 06 18, www.artenotai.com. Erlesener Genuss für Auge und Gaumen: Im noblen ehem. Zunftpalast mit seinen wunderbaren Wandmalereien des 14./15. Jh. speist man meisterlich zubereitete regionale Küche (mittags nur auf Vorbestellung, Mo geschl.) [s. Nr. 19].

Cammillo, Borgo San Jacopo 57 r, Tel. 055 21 24 27. Seit über einem halben Jahrhundert besteht die Trattoria, die die grundkonservative Florentiner Küche mit gastronomischen Neuigkeiten wie den köstlichen *Scampi al curry* bereichert hat (Di/Mi und Aug. geschl.).

Cantinetta Antinori, Wine Bar, Palazzo Antinori, Piazza degli Antinori 3, Tel. 055 29 22 34, www.cantinetta-antinori.com. Ein Beispiel für die überall noch spürbaren Aktivitäten des Florentiner Adels. Im Erdgeschoss des Familienpalastes der Antinori speist man und probiert als Nachtisch vielleicht die viel gepriesenen *Pesche intere sciroppate*, eingemachte ganze Pfirsiche in Saft. Im Keller lagern hochwertige Weine von den Gütern der Familie und anderer toskanischer Lagen (Sa/So geschl.).

TOP TIPP (12) **Cibréo**, Via del Verrocchio 8 r, Tel. 055 23 41 100. Im Restaurant des Spitzenkochs Fabio Picchi wird die alte toskanische Küche gepflegt, z. B. mit Bauernsuppen und gefülltem Geflügel (Tauben und Enten). Die tagesfrischen Zutaten stammen vom nahen Markt Sant'Ambrogio (So/Mo und Aug. geschl.). Beim Eingang zur Markthalle kann man Picchis Küche zu günstigeren Preisen auch in der Trattoria **Cibreino** (Via dei Macci 122 r) kosten. Ein weiteres Lokal hier ist das von Picchi und seiner Frau, der Schauspielerin Maria Cassi, gegründete **Teatro del Sale** (Via dei Macci 111 r, Tel. 055 20 01 492, www.teatrodelsale.com), in dem nach dem Abendessen Kleinkunst auf dem Programm steht.

Dino, Via Ghibellina 47 r, Tel. 055 24 14 52, www.ristorantedino.it. Seit fast 50 Jahren berühmt für seine Gerichte nach historischen Rezepten aus der Zeit der Medici, wie etwa *Stracotto del Granduca*, Schmorbraten nach Art des Großherzogs (So und Mo mittags geschl.).

Garga, Via del Moro 48 r, Tel. 055 23 98 898. Alte Rezepte wiederentdeckt haben auch die Eheleute Gargani in ihrer Trattoria in einer der typischen engen Gassen des historischen Zentrums. Empfehlenswert sind hier die *Crostini di funghi*, die Florentiner schätzen auch sehr den gedünsteten Stockfisch mit Kichererbsen oder Lauch (Mo geschl.).

TOP TIPP **La Loggia**, Piazzale Michelangelo 1, Tel. 055 23 42 832, www.ristorantelaloggia.it. Elegantes traditionelles Restaurant in der Loggia direkt am Piazzale Michelangelo. Von hier hat man einen herrlichen Blick über die Stadt und auf die Hügel von Fiesole [s. Nr. 101].

Mamma Gina, Borgo San Jacopo 37 r, Tel. 055 23 96 009, www.mammagina.it. Gehobene Spezialitätenküche in einem schönen Palast des 15. Jh. (So geschl.).

Omero, Via Pian dei Giullari 11 r, Tel. 055 22 00 53, www.ristoranteomero.it. Im Grün der Florenz umgebenden Hügel gelegen mit wunderschönem Blick auf die Stadt, bietet es die Möglichkeit auch im Freien zu speisen. Zu empfehlen: *Ravioli di ricotta e verdura*, mit Quark und Gemüse gefüllte Nudeltaschen (Di geschl.).

Sostanza detto il Troia, Via della Porcellana 25 r, Tel. 055 21 26 91. Ein noch charakteristisches Erscheinungsbild bietet Sostanza, bei dem sich eine ruppige Einfachheit der Ausstattung mit einer exzellenten Küche verbindet. Hier ›muss‹ man einfach die *Bistecca alla fiorentina* essen, mit frischen weißen Bohnen in Olivenöl (So geschl.).

Mittlere Preislage

Acqua al 2, Via della Vigna Vecchia 40 r, Tel. 055 28 41 70, www.acquaal2.it. Als Variation des französischen Bistros könnte man diesen Treffpunkt für überwiegend junge Leute bezeichnen, wo man auch nach dem Theater- oder Kinobesuch noch bis 1 Uhr nachts essen kann, sehr gut z. B. *Ravioloni con funghi e mascarpone* (nur abends geöffnet).

Angiolino, Via Santo Spirito 36 r, Tel. 05 52 39 89 76. Gemütliche Cantina-Atmosphäre. Empfehlenswert sind die Leber-Crostini.

Belle Donne, Via delle Belle Donne 16 r, Tel. 05 52 38 26 09, www.casatrattoria.com. In dieser Osteria sitzen die Gäste an langen Tischen im Milieu einer ehemaligen Weinschänke und genießen traditionelle toskanische Gerichte.

Buca dell'Orafo, Volta de' Girolami 28 a, Tel. 055 21 36 19. In altem Kellergewölbe eingerichtetes Restaurant in der Nähe des Ponte Vecchio (So/Mo geschl.).

Buca Lapi, Via del Trebbio 1 r, Tel. 055 21 37 68, www.bucalapi.com. Speisen unter schönem Gewölbe im Keller des Palazzo Antinori (So geschl.).

Coco Lezzone, Via del Parioncino 26 r, Tel. 055 28 71 78. Einfach und gut. Hier sind alle traditionellen Gerichte wie Crostini, Ribollita, Pappa al pomodore etc. zu empfehlen (So und Di abends geschl.).

Da Pennello, Via Dante Alighieri 4 r, Tel. 055 29 48 48. Berühmt vor allem wegen seines großen Vorspeisen-Buffets – im Sommer wird auch im Garten serviert (So/Mo geschl.).

Il Latini, Via dei Palchetti 6 r, Tel. 055 21 09 16, www.illatini.com. Als ehemalige Weinwirte führen die Latini seit Jahren ein stadtbekanntes Speiselokal, das im noblen Palazzo Rucellai (Eingang Via dei Palchetti) untergebracht ist. Unter den zahlreichen von der Decke hängenden Schinken sitzen die Gäste an langen Tischen und fühlen sich wie in der ›Großfamilie‹ (Mo geschl.).

Il Tirabusciò, Via de' Benci 34 r, Tel. 05 52 47 62 25. Typisch florentinische Gerichte wie *Trippa alla fiorentina* und *Bistecca alla fiorentina*, aber auch ein preisgünstiges leichtes Drei-Gänge-Menü.

Osteria Natalino, Borgo Albizi 17 r, Tel. 055 28 94 04. Einst ›die‹ Künstlerkneipe von Florenz, wird Natalino immer noch von den Malern des volkstümlichen Viertels Santa Croce frequentiert. Im Sommer gibt es auch Tische im Freien (Mo geschl.).

Trianon, Via Dante da Castiglione 20, Ortsteil Cercina, Sesto Fiorentino, Tel. 055 40 20 07. Lokal mit einfachem, aber einladendem Ambiente in den Hügeln von Florenz. Für Liebhaber von frittiertem Fleisch – Huhn und Kaninchen – lohnt die Suche (Mo geschl.).

Untere Preislage

Acquacotta, Via dei Pilastri 51 r, Tel. 055 24 29 07. Benannt nach einer Gemüsesuppe mit gerösteten Brotscheiben aus der Maremma, bietet auch gute Frikadellen oder Kochfleisch mit Zwiebeln (So geschl.).

Da Benvenuto, Via della Mosca 16 r (Ecke Via dei Neri), Tel. 055 21 48 33, www.trattoriadabenvenuto.it. Hier isst man zwar preisgünstig, doch ist nicht immer gleich ein Platz frei, etwas Wartezeit sollte man daher einkalkulieren, es lohnt sich! Hervorzuheben ist die Auswahl an *Bolliti* (Kochfleisch), das mit *Salsa verde*, einer

Pane e coperto

Die Italiener legen besonderen Wert auf die Qualität der Speisen und sind auch bereit, dafür mehr Geld auszugeben, als das bei uns durchschnittlicherweise üblich ist. Der Italienreisende gewöhnt sich an Ersteres gern, Letzteres kann er – durch die Wahl des Restaurants – etwas beeinflussen. Dabei muss man bedenken, dass preislich immer noch **Pane e coperto** (Brot und Gedeck) hinzugerechnet werden und dass man, besonders in den besseren Lokalen, nicht nur einen Teller Spaghetti essen kann. Empfehlenswert ist das ›Menù turistico‹, bei dem alles im Preis inbegriffen ist. Ein Trinkgeld von etwa 10 % des Rechnungsbetrags ist eine selbstverständliche Zugabe.

Im Café Rivoire hat man das Leben auf der Piazza della Signoria bestens im Blick

grünen Sauce mit Petersilie, Sardellen und Kapern, serviert wird (So geschl.).

Da i' Conte Diladdarno, Via dei Serragli 108 r, Tel. 055 22 50 01, www.contediladdarno.it. Im Viertel San Frediano, inmitten von Handwerker-Werkstätten. Im Sommer lädt hier auch ein kleiner Garten ein (Mo, Di–Do mittags geschl.).

Il Cantinone, Via Santo Spirito 6 r, Tel. 055 21 88 98. Um hier die typisch toskanischen Gerichte zu genießen, muss man hinuntersteigen in ein rustikales, aber nicht folkloristisches Ambiente (Mo geschl.).

TOP TIPP **La Casalinga**, Via dei Michelozzi 9 r, Tel. 055 21 86 24. Handwerker, Studenten und Touristen treffen sich hier. Trippa, Ribollita, Pappa pomodoro, Penne strascicate – alles, was die einfache toskanische Küche bietet (So geschl.).

Mario, Via Rosina 2 r (Mercato Centrale), Tel. 055 21 85 50. Originelle Kundschaft trifft man mittags bei Mario in der Nähe der Markthalle von San Lorenzo (abends und So geschl.).

Zàzà, Piazza Mercato Centrale 26 r, Tel. 055 21 54 11, www.trattoriazaza.it. Gehört zu den immer vollen Trattorien am Marktplatz (So geschl.).

Cafés und Bars

Die italienische Bar ist ein Stehcafé, in dem man Cappuccino oder Espresso, aber auch Erfrischungsgetränke und Alkoholika bestellen und appetitliche Kleinigkeiten essen kann. In etlichen Bars kann man sitzen, doch bezahlt man dann das Doppelte, wenn nicht Dreifache des ›Stehpreises‹. Die Preise hängen meist auf einer Tafel hinter der Kasse aus: ›Banco‹ bedeutet am Tresen, ›Tavolo‹ am Tisch. Man zahlt zuerst und geht dann mit der Quittung zum Tresen.

Giacosa, Via della Spada 10 r, Tel. 05 52 77 63 28. Im traditionsreichen, eleganten Giacosa an der Via dei Tornabuoni wurde einst der Negroni-Cocktail erfunden. Mittlerweile zog das Café ein paar Häuser weiter und wurde von Star-Designer Roberto Cavalli umgestaltet.

Gilli, Via Roma 1 r (Piazza della Repubblica), Tel. 055 21 38 96, www.gilli.it. Berühmt sind die Backwaren aus eigener Produktion und die kandierten Maroni [s. S. 59].

Giubbe Rosse, Piazza della Repubblica 13/14 r, Tel. 055 21 22 80, www.giubberosse.it. Einstiger Treffpunkt von Literaten und Dichtern [s. S. 59].

Paszkowski, Piazza della Repubblica 6, Tel. 055 21 02 36. Wo sich früher bekannte Maler zusammenfanden, treffen sich heute die Touristen [s. S. 59].

TOP TIPP **Procacci**, Via dei Tornabuoni 64 r, Tel. 055 21 16 56, www.antinori.it. Eine Besonderheit ist diese florentinische ›Institution‹ mit über 100-jähriger Tradition. An nur drei alten Marmortischen treffen sich überwiegend Stammgäste und genießen z. B. die ein-

Die Qual der Wahl: Das Angebot Florentiner Eisdielen ist oft atemberaubend

zigartigen *Panini tartufati*, Trüffelsandwiches, oder trinken Tomatensaft nach Art des Hauses (So geschl.).

TOP TIPP **Rivoire**, Piazza della Signoria 4 r, Tel. 055 21 13 02, www.rivoire.it. Nach wie vor bekannt und gerühmt – nicht nur wegen seiner exquisiten heißen Schokolade. Das seit 1872 bestehende Café konnte die Atmosphäre des 19. Jh. bewahren. Man kann besagte Schokolade aber auch im Freien genießen, während man das lebhafte Treiben auf der Piazza Signoria betrachtet.

Scudieri, Piazza San Giovanni 19 r, Tel. 055 21 07 33. Von dem alteingesessenen Café mit bekannter Konditorei genießt man einen schönen Blick auf Dom und Baptisterium.

Konditoreien (Pasticcerie)

Nach erstklassigen Konditoreien braucht man in Florenz nicht lange zu suchen. Meist haben sie auch einen Kaffeeausschank, sodass man Süßes gleich an Ort und Stelle verzehren kann. Neben diesen kleinen, meist cremehaltigen Stücken (Paste) gibt es auch Kekse (Biscotti) aus eigener Herstellung wie das typische harte Mandelgebäck (Biscotti di Prato), das in Dessertwein (z. B. Vin santo) eingetaucht wird.

TOP TIPP **Dolci e Dolcezze**, Piazza Beccaria 8 r, Tel. 055 234 54 58. Mit der herausragenden Qualität ihrer Erzeugnisse zieht diese Konditorei zahlreiche Kunden an. Hier werden gute Zutaten tagesfrisch ohne Zusätze verarbeitet. Daraus entstehen z. B. Zitronenschnitten (Crostate di limone), eine feine dünne Zartbittertorte oder die traditionellen Desserts Zuccotto (Halbgefrorenes umhüllt von alkoholgetränkten Biskuits) und Profiterole oder Bongo (kleine schokoladenumhüllte Gebäckkugeln mit Cremefüllung).

Maioli, Via Guicciardini 43 r, Tel. 055 21 47 01. Feinschmecker gehen zu Maioli, wo der Chef die traditionelle Herstellung der Süßwaren noch selbst überwacht.

Robiglio, Via dei Servi 112 r, Tel. 055 21 45 01, www.robigliocatering.com. Das piemontesische Familienunternehmen hat lange Tradition. Viele Florentiner Konditoren haben hier ihr Handwerk gelernt. Ihre Spezialitäten sind u. a. der Pandoro (ein Panettone – der typische Hefe-Weihnachtskuchen – jedoch ohne die sonst üblichen kandierten Früchte), die beiden Kuchensorten Schiacciata fiorentina und Torta della nonna sowie exquisite Pralinen und Gebäck.

Eisdielen (Gelaterie)

Wer italienisches Eis zu kennen glaubt, wird überrascht sein. Das florentinische Eis ist noch cremiger, noch fruchtiger, das Sortiment unendlich groß, bis hin zu Reis- und Karotteneis (!), und angereichert mit mediterranen Früchten (z. B. Feigeneis).

Carabé, Via Ricasoli 60 r, Tel. 055 28 94 76, www.gelatocarabe.com. In der sizilianischen Eisdiele wählt man unter den vielen Sorten, ehe man sich dem Kunstgenuss in der Galleria dell'Accademia hingibt.

Cavini, Piazza delle Cure 19 r, Tel. 055 58 74 89. Das altbekannte Cavini hält mit ca. 50 Sorten wohl den städtischen Rekord, darunter sind allein sechs Schokoladenvariationen, alle ohne Zusatzstoffe. Hier gibt es auch das oben erwähnte Karotteneis.

Perchè no?, Via dei Tavolini 19 r, Tel. 055 52 39 89 69, www.percheno.firenze.it. Schmales Ladenlokal mit einem scheinbar endlos langen Tresen in der Nähe der Piazza Signoria.

Vivoli, Via Isola delle Stinche 7 r, Tel. 055 29 23 34, www.vivoli.it. Zur zweifellos bekanntesten Eisdiele von Florenz strömen die Leckermäuler aus aller Welt in Massen, und selbst nach Übersee wurde das Eis schon exportiert.

Feiertage

1. Januar (*Capodanno*), 6. Januar (*Epifania*), Ostersonntag (*Pasqua*) und Ostermontag (*Pasquetta*), 25. April (*Liberazione*, Tag der Befreiung von der deutschen Besatzung 1945), 1. Mai (*Festa del Lavoro*), 15. August (*Ferragosto*, Mariä Himmelfahrt), 1. November (*Ognissanti*), 8. Dezember (*Immacolata Concezione*), 25./26. Dezember (*Natale*).

Festivals und Events

Das ganze Jahr über finden termingebundene, immer wiederkehrende Feste und Veranstaltungen statt. Im Folgenden eine Auswahl der wichtigsten Ereignisse.

März

Scoppio del Carro: Das am Ostersonntag auf dem Platz zwischen Dom und Baptisterium während der Mittagsmesse stattfindende Spektakel [s. S. 172] blickt auf eine lange Geschichte zurück. Im Jahr 1096 nahm ein Mitglied der Florentiner Familie Pazzi mit 2000 Mann am Ersten Kreuzzug ins Heilige Land teil. Pazzino de' Pazzi brachte drei Feuersteine vom Heiligen Grab in Jerusalem mit nach Hause. Mit diesen wertvollen Reliquien wird am Ostersamstag das heilige Feuer in der Kirche Santi Apostoli entzündet und in einer Prozession zum Domaltar gebracht.

Mai

Festa del Grillo: Am Sonntag nach Himmelfahrt verwandelt sich der Cascine-Park in einen großen Jahrmarkt mit mehreren Hundert Verkaufsständen. Der Ursprung dieses Volksfestes, das möglicherweise aus dem Mittelalter stammt, ist ungeklärt. Die Kinder bekommen kleine Drahtkäfige geschenkt, in denen Grillen sitzen. Diese werden mit Salat gefüttert, und es wird erwartet, dass sie ›singen‹. Am nächsten Tag erhalten sie ihre Freiheit zurück.

Mai/Juni

Maggio Musicale Fiorentino (www.maggiofiorentino.com): Das herausragende musikalische Ereignis des Jahres ist der Musikalische Mai, der – entgegen seinem Namen – von Ende April bis Ende Juni dauert. Die Veranstaltungen finden überwiegend im *Teatro Comunale* und *Teatro della Pergola* statt. Das breit gefächerte Programm des Festivals mit langer Tradition ist oft Gegenstand heftiger Diskussionen, da es das Publikum auch mit zeitgenössischen und experimentellen Stücken konfrontiert. Information und Kartenvorverkauf:

Call Center (Kartenvorverkauf mit Kreditkarte): Tel. 055 527 79 350 (Mo–Fr 10–18 Uhr), tickets@maggiofiorentino.com

Teatro Comunale, Corso Italia 16, Tel. 055 21 35 35 (Di–Fr 10–16.30, Sa 10–13 Uhr)

Box Office Florenz, Via Luigi Alamanni 39, Tel. 055 21 08 04 (Di–Sa 10–19.30, Mo 15.30–19.30 Uhr)

Fabbrica Europa: Experimentelles Theaterfestival in der *Stazione Leopolda*, einem umfunktionierten Bahnhof [s. S. 173].

Fabbrica Europa, Borgo degli Albizi 15, Tel. 055 52 63 84 80, www.ffeac.org

Juni

Florence Dance Festival: Das von Marga Nativo geleitete **Florence Dance Center** organisiert in der ersten Junihälfte das Festival mit erstklassiger internationaler Beteiligung und einem überwiegend zeitgenössischen Programm.

Florence Dance Cultural Center, Borgo Stella 23 r, Tel. 055 28 92 76, www.florencedance.org

Calcio Storico (www.calciostorico.it): Der Begriff Fußball, Calcio, ist für das seit dem 15. Jh. veranstaltete Kampfspiel etwas ir-

Volksbelustigung mit Tradition: der ›Calcio Storico‹ auf der Piazza Santa Croce

reführend. Zwei Mannschaften mit jeweils 27 Spielern jagen eine Stunde lang – fast regellos – unter Einsatz aller physischen Kräfte dem Ball nach. Gegner in vier Spielen auf der Piazza Santa Croce oder der Piazza della Signoria sind die Vereine der vier Stadtviertel des historischen Zentrums: *San Giovanni* (die Grünen), *Santa Maria Novella* (die Roten), *Santa Croce* (die Blauen) und *Santo Spirito* (die Weißen). Jedem der an den Sonntagen im Juni stattfindenden Wettkämpfe geht ein *Umzug* durch die Innenstadt voraus, an dem sich etwa 500 historisch Kostümierte beteiligen. Der Geschichte des Fußballs von seiner traditionellen Form bis in die Gegenwart widmet sich ein kleines Museum am Stadtrand (*Museo del Calcio*, Viale A. Palazzeschi 20, Coverciano, Tel. 055 60 05 26, www.museodelcalcio.it, Mo–Fr 9–13 und 16–19, Sa 9–13 Uhr).

Palio Remiero di San Giovanni: Am 24. Juni, dem Tag Johannes' des Täufers, des Schutzpatrons der Stadt, findet das Fest statt. Bei einer Ruderregatta auf dem Arno treten die Mannschaften der vier historischen Stadtviertel gegeneinander an. Krönender Abschluss ist das abendliche Feuerwerk über der Stadt (vom Piazzale Michelangelo), mit dem alle bösen Geister gründlich vertrieben werden.

Juni/Juli/August/September

Firenze Estate (www.fi-esta.it): Der Florentiner Sommer bietet klassische Konzerte, aber auch Folklore, Jazz, Rock und Pop. Oft finden die Veranstaltungen im Freien in einzigartiger Umgebung statt.

Estate Fiesolana (www.estatefiesolana.it): Im Juli/August finden in Fiesole Theater- und Ballett-Aufführungen im *Teatro Romano*, dem römischen Amphitheater, und im Hof der *Badia Fiesolana* statt.

September

La Rificolona: Beim Laternenfest am 7. September ziehen die Kinder mit oft selbst gebastelten Lichtern (Rificolone)

Scoppio del Carro

Ein von vier weißen Ochsen gezogener Wagen (Carro), mit Girlanden von Feuerwerkskörpern geschmückt, durchfährt die Stadt von der Porta a Prato bis zum Domplatz. Ein Seil verbindet ihn mit dem Hauptaltar des Domes, wo der Erzbischof mit dem heiligen Feuer eine Feuerwerksrakete in Form einer Taube (Colombina) entzündet, die dann auf dem Seil bis zum Wagen entlangschwirrt. Unter dem Läuten der Glocken explodieren die Feuerwerksgirlanden (Scoppio). Hat die Taube den Weg zwischen Altar und Carro ohne Zwischenfälle zurückgelegt, wird das als gutes Omen für die Ernte betrachtet.

durch die Stadt zur Piazza Santissima Annunziata. Am 8. September endet das Fest zu Ehren der Geburt Mariä mit einer Fahrt auf dem Arno in laternengeschmückten Booten. Es waren Bauern aus dem Umland, die früher zum Fest mit Laternen aus Pappmaschee in die Stadt zogen, um ihre Erzeugnisse auf der Piazza zu verkaufen. Die Florentiner nannten sie Rificolone (schlecht gekleidet).

Klima und Reisezeit

In Florenz ist eigentlich immer Saison. In den Sommermonaten sind lange Warteschlangen vor den Museen üblich. Auch die Preise in Cafés, Restaurants und Hotels erreichen dann teils unerfreuliche Höhen. Wer die Stadt außerhalb der Hauptreisezeit besucht, wird zwar weniger häufig auf einer sonnigen Piazza sitzen, doch lassen sich ihre Kunstschätze wesentlich entspannter genießen.

Klimadaten Florenz

Monat	Luft (°C) min./max.	Sonnen-std./Tag	Regen-tage
Januar	2/ 8	4	8
Februar	3/10	4	7
März	6/14	5	8
April	8/18	7	8
Mai	12/23	9	8
Juni	16/28	9	7
Juli	19/31	11	3
August	18/30	9	4
September	16/26	8	6
Oktober	11/19	6	9
November	7/13	4	10
Dezember	3/9	3	9

Kultur live

Im **Teatro Comunale** mit eigenem Orchester und Ballett finden die wichtigsten Ereignisse im Bereich der klassischen Musik statt. Die Saison beginnt im Herbst mit einem Konzert-Zyklus, der von Oktober bis Dezember andauert. Vom Januar bis zum Frühjahr stehen überwiegend Opern auf dem Programm des Theaters, in dem im Mai/Juni auch viele Veranstaltungen im Rahmen des Festivals *Maggio Musicale Fiorentino* [s. S. 171] stattfinden.

Das klassische Musikrepertoire wird durch weitere qualitätvolle Orchester bereichert. So richten die **Amici delle Musica** (www.amicimusica.fi.it) im Teatro della Pergola [s. unten] Konzerte mit Künstlern von internationalem Rang aus. Das **Orchestra Regionale Toscana** (www.orchestradellatoscana.it) spielt an verschiedenen Stätten, das Repertoire umfasst vorrangig Werke der Sakralmusik. Das **Orchestra da Camera Fiorentina** (www.orcafi.it) musiziert im Hof des Museo Nazionale del Bargello und in Orsanmichele.

Konzerte bekannter internationaler oder italienischer Popgruppen finden im *Auditorium Flog* statt. Beliebt sind auch die Veranstaltungen (Konzerte, Theater etc.) im *Saschall*, dem früheren Teatro Tenda, einem Zelt am Ufer des Arno.

Auditorium Flog, Via M. Mercati 24 b, Tel. 055 48 71 45, www.flog.it

Saschall, Via Fabrizio De André, Ecke Lungarno Aldo Moro 3, Tel. 05 56 50 41 12, www.saschall.it

Teatro Comunale, Corso Italia 16, Tel. 055 21 35 35, www.maggio fiorentino.com

Sprechtheater

Die bedeutendste Bühne für das gesprochene Wort ist in Florenz das **Teatro della Pergola**. Hier spielen von Oktober bis Mai Stars des italienischen Theaters ein überwiegend klassisches Repertoire.

Revuen, Musicals und Aufführungen mit eher volkstümlichem Charakter werden meist in das größere **Teatro Verdi** mit seinen sechs Logenreihen verlegt.

1996 hat man zudem den ehem. Bahnhof, **Stazione Leopolda**, nahe der Porta Prato, umfunktioniert. Hier finden heute Performances und Happenings statt, aber vor allem im Mai und Juni das experimentelle Theater der *Fabbrica Europa* [s. S. 171].

Stazione Leopolda, Viale Fratelli Rosselli 5, Tel. 055 21 26 22, www.stazione-leopolda.com

Teatro della Pergola, Via della Pergola 12, Tel. 05 52 26 43 53, www.pergola.firenze.it

Teatro Verdi, Via Ghibellina 99, Tel. 05 52 39 62 42, www.teatroverdifirenze.it

Kartenvorverkauf

Box Office, Via Luigi Alamanni 39, Tel. 055 21 08 04, www.boxol.it. Kartenvorverkauf für Theater, Musik und Sport.

Museen, Kirchen, Klöster

Bei **Firenze Musei** (Tel. 055 29 48 83, www.firenzemusei.it) sowie bei **Weekend a Firenze** (www.weekendafirenze.com) können Eintrittskarten für die wichtigsten Museen reserviert werden, um lange Wartezeiten an den Eingängen zu vermeiden. Die angegebenen Öffnungszeiten der Museen können sich kurzfristig ändern. Die Museumskassen schließen häufig 1 Std. bis 30 Min. früher als die Räumlichkeiten. An Feiertagen [s. S. 171] bleiben die meisten Museen geschlossen.

Einige Museen wie der Palazzo Vecchio und das Museo Stibbert bieten für **Kinder und Jugendliche** ein spezielles Programm, damit Kunst und Geschichte in Florenz zu einer spannenden Entdeckungsreise werden. Informationen und Kartenreservierungen:

Associazione Musei dei Ragazzi, Tel. 05 52 76 82 24, www.museiragazzifirenze.it

Kirchen, Klöster, Kapellen

Die Kirchen haben gewöhnlich tgl. 8–12 und 16–18 Uhr geöffnet, wobei gerade nachmittags die Zeiten zwischen 15 und 17 bzw. 17 und 19 Uhr schwanken können.

Nachtleben

Die Disco-, Nightclub- und Kaffeehaus-Szene in Florenz hat sich in den letzten Jahren gewandelt, genau genommen kann man erst seit Kurzem überhaupt von einer ›Szene‹ sprechen.

Nach dem Abendessen im häuslichen Kreis trifft man sich in einer Bar oder einem Café, zieht ein wenig ›um die Häuser‹ und findet sich gegen Mitternacht in einer der Diskotheken wieder. Diese Nächte (Fuori) enden meist erst in den frühen Morgenstunden – nicht selten in einer Bar bei Cappuccino und ofenfrischen Cornetti. Im Sommer gibt es temporäre Bars, z. B. an der Piazza dei Ciompi und der Piazza Santo Spirito. Infos zu den aktuellen Events und Ausgehtipps sind z. B. im Stadtmagazin **Firenze Spettacolo** (www.firenzespettacolo) zu finden.

Cafés und Musiklokale

Caffè Ricchi, Piazza Santo Spirito 8–9 r, Tel. 055 21 58 64, www.caffericchi.com. Während der heißen Sommerabende und -nächte verlässt man die Piazza kaum ohne ein hausgemachtes Eis aus dem Café, von dessen kleinem Vorgarten aus man das Leben und Treiben auf dem Platz gut beobachten kann (So geschl.).

Capocaccia, Lungarno Corsini 12–14 r, Tel. 055 21 07 51. Die schönsten Leute von Florenz und solche, die sich dafür halten, sind hier gerne zu Gast (Mo abends geschl.).

Dolce Vita, Piazza del Carmine, Tel. 055 28 45 95, www.dolcevitaflorence.com. Eine der Lieblingsbars junger Leute auf der südlichen Arno-Seite, in die man bevorzugt geht wegen des Sehen-und-Gesehen-werdens.

Full up, Via della Vigna Vecchia 23–25 r, Tel. 055 29 30 06, www.fullupclub.com. In dieser Discobar nahe der Piazza Santa Croce geht es relativ ruhig zu (So–Di geschl.).

Jazz-Club, Via Nuova dei Caccini 3, Tel. 05 52 47 97 00, www.jazzclubfirenze.com. Live-Musik ›made in Florence‹ für ein überwiegend studentisches Publikum (So/Mo geschl.).

La Cabiria, Piazza Santo Spirito, Tel. 055 21 57 32. Auf der Piazza Santo Spirito, dem allabendlichen Treffpunkt der Florentiner Jeunesse, ist das Café ein ›Muss‹ (Di geschl.).

Porfirio Rubirosa, Viale Strozzi 18–20 r, Tel. 055 49 09 65. Auf den beiden elegant gestylten Stockwerken geben sich die ›beautiful people‹ von Florenz ein Stelldichein (Mo geschl.).

Red Garter, Via de' Benci 33 r, Tel. 05 52 34 49 04. Gegründet in den 60er-Jahren des 20. Jh., ist das Red Garter schon ein leicht angegrauter Klassiker unter den Musikkneipen im Stil des Western Saloons. Touristen sind zahlreich vertreten.

Diskotheken

Central Park, Via del Fosso Macinante 2. Am Ende der Cascine öffnet während der Sommermonate die große Open-Air-Diskothek und lockt Scharen von Jugendlichen mit dem Auto an (nur Mi–Sa geöffnet).

Meccanò, Viale degli Olmi 1, Tel. 055 33 13 71. Die beliebte Diskothek von Florenz liegt am Eingang zum Park der Cascine – getanzt wird oben und unten, drinnen und draußen (So/Mo geschl.).

Je später der Abend – im Jazz-Club ist täglich ein Livekonzert geboten

Space Electronic Discoteca, Via Palazzuolo 37, Tel. 055 29 30 82, www.spaceelectronic.net. Größte Disco der Stadt für ca. 800 Gäste nahe der Stazione Centrale.

Tenax, Via Pratese 46, Tel. 055 30 81 60, www.tenax.org. Zu Rock, House und Salsa wiegen sich hier am Stadtrand Richtung Prato über 600 Tanzwütige (nur Fr/Sa geöffnet).

Yab, Via Sassetti 5 r, Tel. 055 21 51 60, www.yab.it. Das Disco-Club-Restaurant mitten im Zentrum – beliebt und gut bevölkert – wartet mit einem Musikprogramm von lateinamerikanischen Rhythmen bis zum Jazz auf (So geschl.).

Sport

Auch eine Kulturmetropole wie Florenz kommt ohne Sport nicht aus. Schon das große Fußball-Fest des ›Calcio Storico‹ [s. S. 171] ist ein Hinweis darauf, welches Vergnügen den von den Besichtigungen ermüdeten Gast auf den Sportplätzen und in den Schwimmbädern erwartet.

Fußball

AC Florenz (*ACF Fiorentina*), Stadio Artemio Franchi, Viale Manfredo Fanti 4, Tel. 055 55 03 01, www.acffiorentina.it. Der Verein spielt in Italiens erster Liga, der Serie A – die zwei italienischen Meisterschaften liegen allerdings schon etwas zurück.

Golf

Circolo del Golf dell' Ugolino, Via Chiantigiana 3, Grassina, Tel. 055 230 10 09, Fax 055 230 11 41, www.golfugolino.it. Der Florentiner Golfclub Ugolino besteht bereits seit 1889. Der Parcour mit 18 Löchern ca. 10 km südlich von Florenz ist gerahmt von Pinien und Zypressen. Dazu gehören Schwimmbecken und Tennisplatz.

Schwimmbäder

Bellariva – Piscina Nannini, Lungarno Aldo Moro 6, Tel. 055 67 75 21, im Sommer tgl. 10–18, Mo–Fr auch 20–23 Uhr. Große Schwimmanlage mit Freibad.

Costoli, Viale Pasquale Paoli 7, Tel. 055 623 60 27, im Sommer tgl. 10–18 Uhr. Größtes Freibad der Stadt.

Tennis

A. S. Fiesole Tennis, Via Pian del Mugnone 1, Fiesole, Tel. 055 54 12 37, www.fiesoletennis.it

Match Ball, Via della Massa, Candeli, Tel. 055 631752

Stadtbesichtigung

Wer Florenz und seine Umgebung im Überblick kennen lernen möchte, sollte an einer Stadtrundfahrt teilnehmen. Die Reisebüros bieten solche mehrstündigen Besichtigungstouren mit einem Abstecher nach Fiesole sowie Ausflüge in die umliegenden Städte der Toskana an.

CIT Viaggi, Staatliche Reiseagentur, Piazza Stazione 51 r, Tel. 055 28 49 36, Fax 055 21 40 97, www.citviaggi.it

Außerdem unterhält die ATAF, die den öffentlichen Busverkehr in Florenz betreibt, zwei *Touristenlinien*: Linie A (Abfahrt: Piazza Stazione 9–19 Uhr alle 30 Min.), eine Stadtrundfahrt mit beliebig vielen Unterbrechungen oder Linie B (Abfahrt: Porta San Frediano 9–18 Uhr alle 30 Min.) nach Fiesole.

ATAF, Piazza Stazione, Tel. 05 55 65 01, innerhalb Italiens: Tel. 800 42 45 00 (kostenlos), www.ataf.net

Florenz kann man im Sommer auch vom Arno aus bewundern. Restaurierte historische Lastkähne, die mit Staken bewegten *renaioli*, starten zwischen Ponte Vecchio und Ponte alle Grazie in der Nähe der Piazza Mentana (Juni–Okt. tgl. 9–11 und 18–24 Uhr).

Florence River, Vinci, Tel./Fax 05 71 50 13 66, www.florenceriver.it

Aussichtspunkte

Bellosguardo, Piazza di Bellosguardo, Blick von Südwesten über Florenz und Fiesole.

Campanile (84 m, 414 Stufen, kein Aufzug), Tel. 05 52 30 28 85, tgl. 8.30–19.30 Uhr [Nr. 4]

Domkuppel (91 m, 463 Stufen, kein Aufzug), Tel. 05 52 30 28 85, Mo–Fr 8.30–19, Sa 8.30–17.40, 1. Sa im Monat bis 15.20 Uhr [s. S. 28]

Forte di Belvedere, Via San Leonardo, weiter Blick über die Stadt und die umliegenden Hügel [Nr. 104]

Piazzale Michelangelo, Aussichtsplatz südlich des Arno mit Blick auf die Innenstadt [Nr. 101].

Settignano, Piazza Desiderio, Aussichtsplatz mit Blick von Nordosten über die Stadt und in die südlichen Florentiner Hügel.

Fiesole, die Aussichtsterrasse vor der Kirche San Francesco gewährt einen Blick von Norden über ganz Florenz und in die südliche Hügellandschaft hinein [Nr. 106].

Statistik

Bedeutung: Florenz, Hauptstadt der gleichnamigen Provinz und der Toskana, ist heute die achtgrößte Stadt Italiens mit einer bekannten Universität und Sitz eines Erzbistums sowie wichtiges Mode-Zentrum Italiens. Vor allem aber ist die von der Renaissance geprägte Stadt mit ihren weltbekannten Bauwerken, Kunstschätzen und zahlreichen Museen ein Anziehungspunkt für Kunstfreunde aus aller Welt.

Lage: 43° 46' nördlicher Breite und 11° 16' östlicher Länge; 49–70 m ü. d. M.

Fläche des Stadtgebietes: 102,4 km^2 mit fast 2000 Straßen und 120 Plätzen.

Einwohnerzahl: 370 000

Grünanlagen: Vor allem durch den ausgedehnten Cascine-Park, die ›grüne Lunge der Stadt‹, besitzt Florenz 4 000 000 m^2 öffentlich zugängliche Grünanlagen mit über 80 000 großen Bäumen.

Stadtverwaltung: Florenz wird von einem Stadtrat regiert, der alle fünf Jahre gewählt wird und dem der Bürgermeister vorsteht. Die Stadt ist in fünf Verwaltungsbezirke unterteilt: 1. Centro Storico, 2. Campo di Marte, 3. Gavinana-Galluzzo, 4. Isolotto-Legnaia und 5. Rifredi.

Stadtfarben: Weiß und Rot

Stadtwappen: Rote Lilie auf weißem Grund

Stadtpatron: Johannes der Täufer

Partnerstädte: Sydney (Australien), Nanjing (China), Dresden, Kassel (D), Reims (F), Edinburgh (GB), Kyoto (Japan), Riga (Lettland), Fez (Marokko), Kiew (Ukraine), Philadelphia (USA) u. a.

Unterkunft

Camping

In Florenz selbst gibt es ebenso wie vor den Toren der Stadt einige Campingplätze, eine beliebte Alternative für preisbewusste Reisende. Eine Auswahl geprüfter Campingplätze bietet der jährlich erscheinende *ADAC Camping Caravaning Führer,* Band Südeuropa (auch als CD-Rom). Darüber hinaus informiert der ebenfalls jährlich erscheinende *ADAC Urlaubsführer Europa* über das Angebot an Bungalows auf Campingplätzen (www.adac.de/campingfuehrer).

Hotels

In Florenz hat man die Wahl zwischen unzähligen Hotels und Alberghi (Pensionen) sowie günstigen Hostels oder privaten Jugendherbergen: Das gediegene Hotel im Zentrum, die anmutige Villa in den Hügeln über Florenz, das stille Kloster oder die kleine Familienpension mit

Eine der ersten Hoteladressen in Florenz: das Traditionshaus ›The Westin Excelsior‹

internationalem Publikum – sie alle sind Teil jener Atmosphäre, die eine Touristenstadt mit ehrwürdiger Vergangenheit auszeichnet. Allerdings muss der heutige Besucher rechtzeitig reservieren.

Luxushotels *****

Grand Hotel, Piazza Ognissanti 1, Tel. 05 52 71 61, Fax 055 21 74 00, www.starwood.com/grandflorence. Gegenüber vom Excelsior gelegen und ebenso prestigereich.

Helvetia & Bristol, Via dei Pescioni 2, Tel. 05 52 66 51, Fax 055 28 83 53, www.royaldemeure.com. Im Stadtkern beim Palazzo Strozzi, aber dennoch ruhig liegt dieses elegante, komfortable Hotel mit nostalgischem Flair.

Regency, Piazza d'Azeglio 3, Tel. 055 24 52 47, Fax 05 52 34 67 35, www.regency-hotel.com. Das Hotel im Universitätsviertel galt lange als ›Geheimtipp‹. Das Restaurant im Haus gehört zur Kette Relais le Jardin und zu den besten der Stadt. Schöner Garten.

The Westin Excelsior, Piazza Ognissanti 3, Tel. 05 52 71 51, Fax 055 21 02 78, www.starwoodhotels.com. Traditionshotel am Arno-Ufer mit großzügigen Räumlichkeiten, schöner Dachterrasse und renommiertem Restaurant.

Villa Medici, Via Il Prato 42, Tel. 05 52 38 13 31, Fax 05 52 38 13 36, www.sinahotels.com. Großzügig-luxuriös und trotzdem gemütlich mit schönem Swimmingpool im Garten.

First Class Hotels ****

TOP TIPP **Brunelleschi**, Piazza Santa Elisabetta 3, Tel. 05 52 73 70, Fax 055 21 96 53, www.hotelbrunelleschi.it. Architektonisch ein Spaziergang durch die Epochen vom Mittelalter zur Moderne, in der Ausstattung großzügig und üppig zugleich. Wenige Schritte vom Dom an einer ruhigen kleinen Piazza [s. Nr. 23].

Croce di Malta, Via della Scala 7, Tel. 055 21 83 51, Fax 055 28 71 21, www.crocedimaltaflorence.com. Ein modernes, angenehmes Haus in Bahnhofsnähe. Die Zimmer sind teilweise auf zwei Ebenen angelegt, im Innenhof locken Pool und Restaurant.

De la Ville, Piazza Antinori 1, Tel. 05 52 38 18 05, Fax 05 52 38 18 09, www.hoteldelaville.it. Angenehmes, konservatives Haus mitten im eleganten Einkaufsviertel.

Grand Hotel Minerva, Piazza Santa Maria Novella 16, Tel. 05 52 72 30, Fax 055 26 82 81, www.grandhotelminerva.com. Modernisiertes Traditionshotel hinter dem Bahnhof; Schwimmbad und Restaurant im Haus.

Kraft Hotel, Via Solferino 2, Tel. 055 28 42 73, Fax 05 52 39 82 67, www.krafthotel.it. Seine Nähe zum Teatro Comunale und die beliebte Bar machen dieses Haus für Konzertbesucher besonders anziehend. Im Sommer sind Restaurant und Pool auf dem Dachgarten weitere Attraktionen.

Süß schlummern – von Putti bewacht – lässt es sich im Palazzo Niccolini al Duomo

Laurus al Duomo, Via dei Cerretani 54 r, Tel. 05 52 38 17 52, Fax 055 26 83 08, www.vivahotels.com. Sachliches, jüngst renoviertes Haus, zwischen Bahnhof und Dom. Mit Dachterrasse, ohne Restaurant.

TOP TIPP **Lungarno**, Borgo San Jacopo 14, Tel. 055 27 26 40 00, Fax 055 26 84 37, www.lungarnohotels.com. Am südlichen Arno-Ufer zwischen Ponte Vecchio und Ponte Santa Trìnita gelegen. Man hat von den meisten mit antiken Möbeln und Originalen moderner Künstler ausgestatteten Zimmern einen bezaubernden Blick auf den Fluss.

Palazzo dal Borgo – Hotel Aprile, Via della Scala 6, Tel. 055 21 62 37, Fax 055 28 09 47, www.hotelaprile.it. Elegantes Hotel in Renaissance-Palazzo mit schattigem Garten – wenige Minuten vom Hauptbahnhof.

Palazzo Niccolini al Duomo, Via dei Servi 2, Tel. 055 28 24 12, Fax 055 29 09 79, www.niccolinidomepalace.com. Gleich beim Dom gelegenes Hotel in historischem Palazzo. Die Zimmer sind z. T. mit Wandmalereien geschmückt.

TOP TIPP **Torre di Bellosguardo**, Via Roti Michelozzi 2, Tel. 05 52 29 81 45, Fax 055 22 90 08, www.torrebellosguardo.com. Romantische Villa am linken Arno-Ufer im Park mit Traumblick über die Stadt. Freundlicher Service, Pool – aber keine Busverbindung.

*Mittelklassehotels ****

TOP TIPP **Annalena**, Via Romana 34, Tel. 055 22 24 02, Fax 055 22 24 03, www.hotelannalena.it. Pension alten Stils mit Veranden und einem zauberhaften Garten – ideal für Verliebte und Romantiker (Zimmer zur Straße nicht empfehlenswert).

Le Due Fontane, Piazza Santissima Annunziata 14, Tel. 055 21 01 85, Fax 055 29 44 61, www.leduefontane.it. Neben dem Findelhaus zentral im Dreieck Piazza Santissima Annunziata, Piazza San Marco und Dom gelegen. Große Zimmer und freundlicher Service.

Loggiato dei Serviti, Piazza Santissima Annunziata 3, Tel. 055 28 95 92, Fax 055 28 95 95, www.loggiatodeiservitihotel.it. Im 1527 errichtete Gebäude des Servitenordens wurde unter Beibehaltung der alten Strukturen ein gepflegtes Hotel eingerichtet.

Malaspina, Piazza Indipendenza 24, Tel. 055 48 98 69, Fax 055 47 48 09, www.malaspinahotel.it. Traditionelles, ruhiges Stadthotel zwischen Hauptbahnhof und Universitätsviertel.

Porta Rossa, Via Porta Rossa 19, Tel. 055 28 75 51, Fax 055 28 21 79, www.hotelportarossa.com. Das älteste Hotel von Florenz mit nostalgischem Flair. Gute Lage zwischen Dom und Palazzo Vecchio.

Royal, Via delle Ruote 50–54, Tel. 055 48 32 87, Fax 055 49 09 76, www.hotelroyalfirenze.it. Die Villa aus dem

19. Jh. mit ihrer üppigen, aber durchaus geschmackvollen Ausstattung wird von einem Garten umgeben. Ideale Lage nahe Piazza San Marco und Hauptbahnhof.

Silla, Via dei Renai 5, Tel. 05 52 34 28 88, Fax 05 52 34 14 37, www.hotelsilla.it. Auf der südlichen Arno-Seite, gegenüber den Uffizien, liegt diese unprätentiöse, nette Pension. Mit Frühstücks-Terrasse.

*Preisgünstige Hotels ***

Alessandra, Borgo Santi Apostoli 17, Tel. 055 28 34 38, Fax 055 21 06 19, www.hotelalessandra.com. Freundliche Pension in einer der ältesten Straßen der Stadt. Einige Zimmer bieten einen schönen Blick auf den Fluss.

Florence Room, Via Fiume 1, Tel. 055 21 26 17, Fax 055 29 68 27, www.florenceroom.it. Angenehmes Bed & Breakfast in unmittelbarer Bahnhofsnähe.

La Scaletta, Via Guicciardini 13, Tel. 055 28 30 28, Fax 055 28 30 13, www.lascaletta.com. Ein Juwel zwischen Ponte Vecchio und Palazzo Pitti: hohe geräumige Zimmer, die man gerade im Sommer zu schätzen weiß, freundlicher Service – und am Abend den schönen Blick von einer der großen Terrassen über die Stadt genießen.

Verkehrsmittel

Auto

Nahezu das gesamte Zentrum von Florenz ist von 8 bis 20 Uhr für den **Individualverkehr** gesperrt. Dieser Bereich beiderseits des Arno wird als ›Zona blu‹ (blaue Zone) oder ›Zona traffico limitato‹ (verkehrsbeschränkte Zone) bezeichnet. Touristen auf Hotelsuche haben für eine Stunde *Zufahrtsberechtigung*, gleiches gilt für das Ausladen des Gepäcks am Hotel. Viele ›Parcheggio‹ (Parkplätze) bieten Touristen bzw. Langzeitparkern günstige Tarife (www.firenzeparcheggi.it).

Parkplätze

Fortezza Fiera, Fortezza da Basso, Piazzale Caduti nei Lager, Tel. 055 49 59 69, 24-Std.-Service

Mercato Centrale, Tel. 055 28 24 27, 24-Std.-Service

Oltrarno, Piazza della Calza, Tel. 055 22 32 74, 24-Std.-Service

Parterre, Via Madonna Della Tosse 9, Tel. 05 55 00 19 94, 24-Std.-Service

Piazza della Libertà, Tel. 05 55 00 19 94, tgl. 8– 20 Uhr

Piazza Vittorio Veneto, Tel. 055 31 93 37, Mo–Fr 8–20, Sa 8–14 Uhr

Stazione Centrale S. M. Novella, Tel. 05 52 30 26 55, 24-Std.-Service

Öffentliche Verkehrsmittel

Der städtische Verkehr wird von orangefarbenen **Bussen** der ATAF bewältigt. Ein Busplan ist in den Informationsbüros erhältlich. *Fahrkarten* können bei ATAF an der Piazza Stazione oder in Tabakläden und Bars mit dem Hinweis ›Biglietti ATAF‹ gekauft werden, nicht jedoch im Bus. Es werden auch Tickets angeboten, die 24 Stunden, zwei, drei oder sieben Tage gültig sind. Linienbusse wie CAP, LAZZI und SITA verbinden Florenz mit dem Umland, zentrale Haltestellen in Bahnhofsnähe.

ATAF, Piazza Stazione , Tel. 05 55 65 01, innerhalb Italiens: Tel. 800 42 45 00 (kostenlos), www.ataf.net

CAP, Largo Fratelli Alinari 9, Tel. 055 21 46 37, www.capautolinee.it

LAZZI, Piazza Adua (bei der Piazza Stazione), Info-Tel. 055 35 10 61, Ticketverkauf Tel. 055 21 51 55, www.lazzi.it

SITA, Via Santa Caterina da Siena 17, Tel. 055 21 84 44, www.sitabus.it

Zurzeit wird der Bau von drei **Tramlinien** (Tramvia) in der Stadt vorangetrieben: *Linie 1* führt von Scandicci im Westen zum Hauptbahnhof, *Linie 2* vom Flughafen durchs historische Zentrum zur Piazza Libertà, *Linie 3* von Careggi im Norden zum Hauptbahnhof. Die endgültige Fertigstellung ist für 2011 geplant. Bis dahin muss mit Behinderungen durch Baustellen gerechnet werden (Infos zur Tram s. Homepage der Stadt: www.comune.fi.it.).

Mietwagen

Für Mitglieder bietet die *ADAC Autovermietung GmbH* günstige Bedingungen. Buchung über ADAC-Geschäftsstellen oder unter Tel. 018 05/31 81 81 (0,14 €/Min.). Auch die internationalen Autovermieter sind in Florenz (Innenstadt und Flughafen) vertreten.

Taxi

Es befinden sich Taxistände am Bahnhof und an allen größeren Plätzen. Ansonsten ruft man ein Radiotaxi.

CO.TA.FI, Tel. 055 43 90 oder 055 44 99
SO.CO.TA, Tel. 055 47 98 oder 055 42 42

Sprachführer

Italienisch für die Reise

Das Wichtigste in Kürze

Ja/Nein	*Si/No*
Bitte/Danke	*Per favore/Grazie*
In Ordnung./Einverstanden.	*Va bene./D'accordo.*
Entschuldigung!	*Scusi!*
Wie bitte?	*Come dice?*
Ich verstehe Sie nicht.	*Non La capisco.*
Ich spreche nur wenig Italienisch.	*Parlo solo un po' d'italiano.*
Können Sie mir bitte helfen?	*Mi può aiutare, per favore?*
Das gefällt mir (nicht).	*(Non) Mi piace.*
Ich möchte …	*Vorrei …*
Haben Sie …?	*Ha …?*
Wie viel kostet …?/	*Quanto costa …?*
Kann ich mit Kreditkarte bezahlen?	*Posso pagare con la carta di credito?*
Wie viel Uhr ist es?	*Che ore sono?/Che ora è?*
Guten Morgen!/Guten Tag!	*Buon giorno!*
Guten Abend!	*Buona sera!*
Gute Nacht!	*Buona notte!*
Hallo!/Grüß dich!	*Ciao!*
Wie ist Ihr Name, bitte?	*Come si chiama, per favore?*
Mein Name ist …	*Mi chiamo …*
Ich bin Deutsche(r)	*Sono tedesca(-o)*
Ich komme aus Deutschland.	*Sono della Germania.*
Wie geht es Ihnen?	*Come sta?*
Auf Wiedersehen!	*Arrivederci!*
Tschüs!	*Ciao!*
Bis bald!	*A presto!*
Bis morgen!	*A domani!*
gestern/heute/morgen	*ieri/oggi/domani*
am Vormittag/am Nachmittag	*la mattina/al pomeriggio*
am Abend/in der Nacht	*la sera/la notte*
um 1 Uhr/um 2 Uhr …	*all'una/alle due …*
um Viertel vor (nach) ...	*alle ... meno un quarto (e un quarto)*
um ... Uhr 30	*alle ... e trenta*
Minute(n)/Stunde(n)	*minuto(-i)/ora(-e)*
Tag(e)/Woche(n)	*giorno(-i)/settimana(-e)*
Monat(e)/Jahr(e)	*mese(-i)/anno(-i)*

Zahlen

0	*zero*	19	*diciannove*
1	*uno*	20	*venti*
2	*due*	21	*ventuno*
3	*tre*	22	*ventidue*
4	*quattro*	30	*trenta*
5	*cinque*	40	*quaranta*
6	*sei*	50	*cinquanta*
7	*sette*	60	*sessanta*
8	*otto*	70	*settanta*
9	*nove*	80	*ottanta*
10	*dieci*	90	*novanta*
11	*undici*	100	*cento*
12	*dodici*	200	*duecento*
13	*tredici*	1000	*mille*
14	*quattordici*	2000	*duemila*
15	*quindici*	10 000	*diecimila*
16	*sedici*	1 000 000	*un millione*
17	*diciassette*	1/2	*mezzo*
18	*diciotto*	1/4	*un quarto*

Wochentage

Montag	*lunedì*
Dienstag	*martedì*
Mittwoch	*mercoledì*
Donnerstag	*giovedì*
Freitag	*venerdì*
Samstag	*sabato*
Sonntag	*domenica*

Monate

Januar	*gennaio*
Februar	*febbraio*
März	*marzo*
April	*aprile*
Mai	*maggio*
Juni	*giugno*
Juli	*luglio*
August	*agosto*
September	*settembre*
Oktober	*ottobre*
November	*novembre*
Dezember	*dicembre*

Maße

Kilometer	*chilometro(-i)*
Meter	*metro(-i)*
Zentimeter	*centimetro(-i)*
Kilogramm	*chilo(-i)*
Pfund	*mezzo chilo*
100 Gramm	*etto(-i)*
Liter	*litro(-i)*

Unterwegs

Nord/Süd/West/Ost	*nord/sud/ovest/est*
oben/unten	*sopra/sotto*
geöffnet/geschlossen	*aperto/chiuso*
geradeaus/links/ rechts/zurück	*diritto/sinistra/ destra/indietro*
nah/weit	*vicino/lontano*
Wie weit ist ...?	*A che distanza si trova...?*
Wo sind die Toiletten?	*Dove sono le toilette?*
Wo ist die (der) nächste ...	*Dove si trova nelle vicinanze ...*
Telefonzelle/	*una cabina telefonica/*
Bank/	*una banca/*
Geldautomat/	*un bancomat/*
Post/	*la posta/*
Polizei?	*la polizia?*
Bitte, wo ist ...	*Scusi, dov'è ...*
der Hauptbahnhof/	*la stazione centrale/*
der Busbahnhof/	*la stazione autolinee/*
der Flughafen?	*l'aeroporto?*
Wo finde ich ...	*Dove si trova ...*
eine Bäckerei/	*un panificio/*
Fotoartikel/	*gli articoli fotografici*
ein Kaufhaus/	*un grande magazzino/*
ein Lebensmittel-geschäft/	*un negozio di alimentari/*
den Markt?	*il mercato?*
Ist das der Weg/ die Straße nach ...?	*È questa la strada per ....?*
Ich möchte mit ...	*Vorrei andare ...*
dem Zug/	*col treno/*
dem Schiff/	*colla nave/*
der Fähre/	*col traghetto/*
dem Flugzeug	*col aereo*
nach ... fahren.	*a ...*
Gilt dieser Preis für Hin- und Rückfahrt?	*È la tariffa di andata e ritorno?*
Wie lange gilt das Ticket?	*Fino a quando è valido il biglietto?*
Wo ist das Fremden-verkehrsamt/	*Dov'è l'Ufficio per il turismo/*
ein Reisebüro?	*un'agenzia viaggi?*
Ich suche eine Hotelunterkunft.	*Cerco un albergo.*
Wo kann ich mein Gepäck lassen?	*Dove posso deposi-tare i miei bagagli?*
Ich habe meinen Koffer verloren.	*Ho perso la mia valigia.*
Ich möchte eine Anzeige erstatten.	*Vorrei fare una denuncia.*
Man hat mir ...	*Mi hanno rubato ...*
Geld/die Tasche/	*i soldi/la borsa/*
die Papiere/	*i documenti/*
die Schlüssel/	*le chiavi/*
den Fotoapparat/	*la macchina foto-grafica/*
den Koffer/	*la valigia/*
das Fahrrad	*la bicicletta.*
gestohlen.	

Freizeit

Ich möchte ein ...	*Vorrei noleggiare ...*
Fahrrad/	*una bicicletta/*
Motorrad/	*un moto/*
Surfbrett/	*una tavola da surf/*
Mountainbike/	*un mountain bike/*
Boot/	*una barca/*
Pferd mieten.	*un cavallo.*
Gibt es in der Nähe ein(en) ...	*Dove si trova nelle vicinanze ...*
Freizeitpark/	*un parco di divertimento/*
Freibad/	*una piscina pubblica/*
Golfplatz/	*un campo di golf/*
Strand?	*una spiaggia?*
Wann hat ... geöffnet?	*Quando è aperto (aperta) ...?*

Bank, Post, Telefon

Brauchen Sie meinen Ausweis?	*Vuole vedere i miei documenti?*
Wo soll ich unterschreiben?	*Dove debbo firmare?*
Ich möchte eine Telefon-verbindung nach ...	*Vorrei un colle-gamento telefonico con ...*
Wie lautet die Vorwahl für ...?	*Qual è il prefisso per ...?*
Wo gibt es ...	*Dove trovo ...*
Telefonkarten/	*le schede telefoniche/*
Briefmarken?	*i francobolli?*

Tankstelle

Wo ist die nächste Tankstelle?	*Dov'è la stazione di servizio più vicina?*

Hinweise zur Aussprache

c, cc	vor ›e‹ und ›i‹ wie ›tsch‹, Bsp.: **ci**ao; sonst wie ›k‹, Bsp.: **co**me
ch, cch	wie ›k‹, Bsp.: **ch**e, **ch**ilo
g, gg	vor ›e‹ und ›i‹ wie ›dsch‹, Bsp.: **ge**nte; sonst wie ›g‹, Bsp.: **go**la
gli	wie ›Lilie‹, Bsp.: fi**gli**o
gn	wie ›Cognac‹, Bsp.: ba**gn**o
sc	vor ›e‹ und ›i‹ wie ›sch‹, Bsp.: **sci**opero; sonst wie ›sk‹, Bsp.: **sc**ala
sch	wie ›sk‹, Bsp.: I**sch**ia
sci	vor ›a,o,u‹ wie ›sch‹, Bsp.: la**scia**re
z	wie ›ds‹, Bsp.: **z**uppa

Ich möchte … Liter … Benzin/Super/Diesel.	*Vorrei … litri … di benzina/super/diesel.*
Volltanken, bitte.	*Faccia il pieno, per favore.*
Bitte prüfen Sie …	*Verifichi per favore …*
den Reifendruck/	*la pressione delle ruote/*
den Ölstand/	*il livello dell'olio/*
den Wasserstand/	*il livello dell'acqua/*
das Wasser für die Scheibenwischanlage/	*l'acqua per il tergicristallo/*
die Batterie.	*la batteria.*
Würden Sie bitte …	*Per favore, mi può …*
den Ölwechsel vornehmen/	*cambiare l'olio/*
den Radwechsel vornehmen/	*cambiare la ruota/*
die Sicherung austauschen/	*sostituire il fusibile/*
die Zündkerzen erneuern/	*sostituire le candele/*
die Zündung nachstellen.	*regolare l'accensione.*

Panne

Ich habe eine Panne.	*Ho un guasto.*
Der Motor startet nicht.	*La macchina non parte.*
Ich habe die Schlüssel im Wagen gelassen.	*Ho le chiavi in macchina.*
Ich habe kein Benzin/Diesel.	*Non ho più benzina/diesel.*
Gibt es hier in der Nähe eine Werkstatt?	*C'è un'officina qui vicino?*
Können Sie mein Auto abschleppen?	*Può effettuare il traino?*
Können Sie mir einen Abschleppwagen schicken?	*Mi potrebbe mandare un carro attrezzi?*
Können Sie den Wagen reparieren?	*Può riparare la mia macchina?*
Bis wann?	*Quando sarà pronta?*

Mietwagen

Ich möchte ein Auto mieten.	*Vorrei noleggiare una macchina.*
Was kostet die Miete …	*Quanto costa il noleggio …*
pro Tag/	*al giorno/*
pro Woche/	*alla settimana/*
mit unbegrenzter km-Zahl/	*senza limite chilometraggio/*
mit Kasko-versicherung/	*con assicurazione ›kasko‹/*
mit Kaution?	*con cauzione?*
Wo kann ich den Wagen zurückgeben?	*Dove posso restituire la macchina?*

Unfall

Hilfe!	*Aiuto!*
Achtung!/Vorsicht!	*Attenzione!*
Rufen Sie bitte schnell …	*Per favore, chiami subito …*
einen Kranken-wagen/	*un'ambulanza/*
die Polizei/	*la polizia/*
die Feuerwehr.	*i vigili del fuoco.*
Es war (nicht) meine Schuld.	*(Non) È stata colpa mia.*
Geben Sie mir bitte Ihren Namen und Ihre Adresse.	*Mi dia il suo nome ed indirizzo, per favore.*
Ich brauche die Angaben zu Ihrer Autoversicherung.	*Mi dia i particolari della sua assicurazione auto.*

Krankheit

Können Sie mir einen guten Deutsch sprechenden Arzt/Zahnarzt empfehlen?	*Mi può consigliare un bravo medico/dentista che parla il tedesco?*
Wann hat er Sprechstunde?	*Qual è l'orario delle visite?*
Wo ist die nächste Apotheke?	*Dove si trova la farmacia più vicina?*
Ich brauche ein Mittel gegen …	*Vorrei qualcosa contro …*
Durchfall/	*la diarrea/*
Halsschmerzen/	*mal di gola/*
Fieber/	*la febbre/*
Insektenstiche/	*le punture d'insetti/*
Kopfschmerzen	*mal di testa*
Verstopfung/	*la costipazione/*
Zahnschmerzen	*mal di denti.*

Hotel

Können Sie mir bitte ein Hotel/eine Pension empfehlen?	*Potrebbe consigliarmi un albergo/una pensione, per favore?*
Ich habe bei Ihnen ein Zimmer reserviert.	*Ho prenotato una camera.*
Haben Sie ein Einzel-/Doppelzimmer …	*Ha una camera singola/doppia …*
mit Dusche/	*con doccia/*
mit Bad/WC/	*con bagno/toilette/*
für eine Nacht/	*per una notte/*
für eine Woche/	*per una settimana/*
mit Blick aufs Meer?	*con vista sul mare?*
Was kostet das Zimmer …	*Quanto costa una camera …*
mit Frühstück/	*con prima colazione/*

mit Halbpension/	*con mezza pensione/*
mit Vollpension?	*con pensione completa?*
Wie lange gibt es Frühstück?	*Fino a che ora viene servita la colazione?*
Ich möchte um … Uhr geweckt werden.	*Vorrei essere svegliato alle ore …*
Ich reise heute Abend/ morgen früh ab.	*Vorrei partire questa sera/ domani mattina.*
Haben Sie ein Fax/ einen Internet-anschluss/ einen Hotelsafe?	*Ha un fax/ un collegamento Internet/ una cassetta di sicurezza?*
Kann ich mit Kreditkarte zahlen?	*Posso pagare con la carta di credito?*

Restaurant

Ich suche ein gutes/günstiges Restaurant.	*Cerco un buon ristorante/ un ristorante non troppo caro.*
Die Speisekarte/ Getränkekarte, bitte.	*Vorrei la carta/ la lista delle bevande, per favore.*
Welches Gericht können Sie besonders empfehlen?	*Quale piatto mi può consigliare?*
Ich möchte das Tagesgericht/ das Menü (zu …).	*Vorrei il piatto del giorno/ il menù (da …).*
Ich möchte nur eine Kleinigkeit essen.	*Vorrei uno spuntino.*
Haben Sie …	*Ha dei …*
vegetarische Gerichte/	*piatti vegetariani/*
offenen Wein/	*vini della casa/*
alkoholfreie Getränke?	*analcolici?*
Kann ich bitte … ein Messer/ eine Gabel/ einen Löffel haben?	*Vorrei avere … un coltello/ una forchetta/ un cucchiaio.*
Die Rechnung/ Bezahlen bitte!	*Vorrei il conto, per favore!*

Essen und Trinken

Abendessen	*cena*
Apfel	*mela*
Artischocken	*carciofi*
Auberginen	*melanzane*
Bier	*birra*
Bohnen	*fagioli*
Brot/Brötchen	*pane/panino*
Butter	*burro*
Ei (Eier)	*uovo (uova)*
Ente	*anitra*
Erdbeeren	*fragole*
Espresso (mit Milch)	*caffè (macchiato)*
Essig	*aceto*
Feigen	*fichi*
Fisch	*pesce*
Flasche	*bottiglia*
Fleisch	*carne*
Fruchtsaft	*succo di frutta*
Frühstück	*prima colazione*
gegrillt	*ai ferri/alla griglia*
Gemüse	*verdura*
Glas	*bicchiere*
Huhn	*pollo*
Kalbfleisch	*vitello*
Kalbshaxenscheibe	*ossobuco*
Kaninchen	*coniglio*
Kartoffeln	*patate*
Käse	*formaggio*
Knoblauch	*aglio*
Kotlett	*costoletta*
Krabben	*gamberetti*
Lamm	*agnello*
Languste	*aragosta*
Maisgericht	*polenta*
Meeresfrüchte	*frutti di mare*
Miesmuscheln	*cozze*
Milch mit einem Schuss Espresso	*latte macchiato*
Milchkaffee	*caffellatte*
Mineralwasser (mit/ ohne Kohlensäure)	*acqua minerale (con/senza gas)*
Mittagessen	*pranzo*
Nachspeise	*dolce*
Obst	*frutta*
Öl	*olio*
Orange	*arancia*
Parmesankäse	*parmigiano*
Pfeffer	*pepe*
Pfirsich	*pesca*
Pilze	*funghi*
Rindfleisch	*carne di manzo*
Salat	*insalata*
Salz	*sale*
Schafskäse	*ricotta*
Schinken	*prosciutto*
Schweinefleisch	*carne di maiale*
Spinat	*spinaci*
Steak	*bistecca*
Suppe	*minestra/zuppa*
Thunfisch	*tonno*
Tintenfische	*polpetti*
Tomaten	*pomodori*
Venusmuscheln	*vongole*
Vorspeisen	*antipasti*
Wein,	*vino*
Weiß-/	*bianco/*
Rot-/	*rosso/*
Rosé-Wein	*rosato*
Weintrauben	*uva*
Zucker	*zucchero*
Zwiebeln	*cipolle*

ADAC Reiseführer – die besten, die wir je gemacht haben.

144 bzw. 192 Seiten, je Band 6,50 € (D), 6,70 € (A), 12,– sFr.

Ägypten
Algarve
Allgäu
Amsterdam
Andalusien
Australien
Bali & Lombok
Baltikum
Barcelona
Berlin
Bodensee
Brandenburg
Brasilien
Bretagne
Budapest
Bulg. Schwarzmeerküste
Burgund
City Guide Germany
Costa Brava & Costa Daurada
Côte d'Azur
Dänemark
Deutschland – Die schönsten Städtetouren
Dominikanische Republik
Dresden
Dubai, Vereinigte Arabische Emirate, Oman
Elsass
Emilia Romagna
Florenz
Florida
Franz. Atlantikküste
Fuerteventura
Gardasee
Golf von Neapel
Gran Canaria
Hamburg
Harz
Hongkong & Macau
Ibiza & Formentera
Irland
Israel
Istanbul 3/2009
Italienische Adria
Italienische Riviera
Jamaika
Kalifornien
Kanada – Der Osten
Kanada – Der Westen
Karibik
Kenia
Korfu & Ionische Inseln
Kreta
Kuba
Kroatische Küste – Dalmatien
Kroatische Küste – Istrien
Kykladen
Lanzarote
Leipzig
London
Madeira
Mallorca
Malta
Marokko
Mauritius & Rodrigues
Mecklenburg-Vorpommern
Mexiko
München
Neuengland
Neuseeland
New York
Niederlande
Norwegen
Oberbayern
Österreich
Paris
Peloponnes
Piemont, Lombardei, Valle d'Aosta
Polen
Portugal
Prag
Provence
Rhodos
Rom
Rügen, Hiddensee, Stralsund
Salzburg
Sardinien
Schleswig-Holstein
Schottland
Schwarzwald
Schweden
Schweiz
Sizilien
Spanien
St. Petersburg
Südafrika
Südengland
Südtirol
Sylt
Teneriffa
Tessin
Thailand
Thüringen 3/2009
Toskana
Türkei – Südküste
Türkei – Westküste
Tunesien
Umbrien
Ungarn
USA – Südstaaten
USA – Südwest
Usedom
Venedig
Venetien & Friaul
Wien
Zypern

Weitere Titel in Vorbereitung.

ADAC Reiseführer Jubiläumsbände – Maxi-Umfang! Mini-Preis!

348 bzw. 450 Seiten, je Band 9,95 € (D), 10,25 € (A), 17,50 sFr.

Deutschland
Freizeitparadies Alpen
Italien

ADAC Reiseführer plus – Top-Reiseführer mit perfekten Urlaubskarten.

144 bzw. 192 Seiten, je Band 8,95 € (D), 9,20 € (A), 16,80 sFr.

Ägypten
Allgäu
Amsterdam
Andalusien
Australien
Baltikum
Barcelona
Berlin
Berlin (engl.)
Bodensee
Brandenburg
Budapest
Côte d'Azur
Dänemark
Deutschland – Die schönsten Autotouren
Dresden
Dubai
Elsass
Florenz
Französische Atlantikküste
Fuerteventura
Gardasee
Gran Canaria
Golf von Neapel
Hamburg
Harz
Irland
Italienische Adria
Italienische Riviera
Kanada – Der Westen
Kanada – Der Osten
Kenia
Korfu/Ionische Inseln
Kreta
Kuba
Kroatische Küste – Dalmatien
Kroatische Küste – Istrien
Leipzig
London
Madeira
Mallorca
Malta
Mecklenburg-Vorpommern
München
New York
Norwegen
Oberbayern
Österreich
Paris
Piemont und Lombardei
Polen
Portugal
Prag
Rhodos
Rom
Rügen, Hiddensee, Stralsund
Salzburg
Sardinien
Schleswig-Holstein
Schwarzwald
Schweden
Schweiz
Sizilien
Spanien
St. Petersburg
Südtirol
Südengland
Sylt
Teneriffa
Thailand
Toskana
Tunesien
Türkei – Südküste
Türkei – Westküste
Usedom
Venedig
Venetien
Wien
Zypern

Weitere Titel in Vorbereitung.

ADAC Reiseführer Audio – umfassende Information und einzigartiges Hörerlebnis.

144 bzw. 192 Seiten, mit TourSet auf CD, 9,95 € (D), 10,25 € (A), 17,50 sFr.

Barcelona
Berlin
Dresden
Florenz
Hamburg
Leipzig
London
München
New York
Paris
Prag
Rom
Wien

Weitere Titel in Vorbereitung.

Register

N

O

P

ADAC
reisemagazin
AUSTRALIEN
SYDNEY OCEAN ROAD OUTBACK DESIGNER
MELBOURNE & PERTH WUNDER AM RIFF
ABORIGINES KIMBERLEY TASMANIEN
300 TIPPS FÜR IHRE REISE: RESTAURANTS, HOTELS, STRÄNDE

ADAC
reisemagazin
BALTIKUM
ESTLAND | LETTLAND | LITAUEN
Zeiten-Sprünge
KALININGRAD: AUSFLUG INS EHEMALIGE KÖNIGSBERG

ADAC
reisemagazin
BODENSEE
Glücks-Momente
AKTIVZEIT:
Segeln Skaten
Natur erleben
KULTURZEIT:
Städte Festivals
Architektur
AUSZEIT:
Schiffspartien
Literatur am See
DIE BESTEN TIPPS FÜR HOTELS, RESTAURANTS, AUSFLÜGE

ADAC
reisemagazin
INDIEN
Zwischen Mythos
und Morgenrot
EINBLICK Mumbai, Delhi, Kalkutta, Gurus & Ashrams, Dorfleben
DURCHBLICK Die schönsten Strände, Ayurveda-Resorts, Paläste
AUSBLICK Architektur, Slum-Hilfe, Wirtschaftsboom, Himalaya

ADAC
reisemagazin
ITALIENISCHE
INSELN
Lust auf Meer
SIZILIEN STROMBOLI SARDINIEN SALINA
LAGUNE VON VENEDIG CAPRI PANTELLERIA ELBA
PALERMO INSIDE | WANDERROUTEN | THERMALBÄDER | VULKANE
DIE BESTEN TIPPS FÜR IHRE REISE: RESTAURANTS, HOTELS, SHOPPING

ADAC
reisemagazin
NEUSEELAND
Lust auf Natur

ADAC
reisemagazin
PARIS
JUBILÄUMS
NR. 100
AUSGABE
Die
Stadt
der
Träume
MONTMARTRE
CHANSONS
ARCHITEKTUR
MODE & LIFESTYLE
SHOPPING-GUIDE
MODERNES DESIGN
LOUVRE & MUSEEN
BOHÈME-VIERTEL
PARIS AM WASSER
AUSFLÜGE
DIE BESTEN TIPPS FÜR BRASSERIEN, BARS, GÜNSTIGE HOTELS

ADAC
reisemagazin
POLEN
Neue Horizonte

ADAC
reisemagazin
TOSKANA
Sanfte Hügel, süßes Leben
ENTDECKEN: MEHR ALS 350 TIPPS UND ADRESSEN FÜR IHRE REISE

ADAC
reisemagazin
TÜRKEI
Mehr erleben
ENTDECKEN: MEHR ALS 400 TIPPS UND ADRESSEN FÜR IHRE REISE

ADAC
reisemagazin
UNGARN
Europas neuer Stern

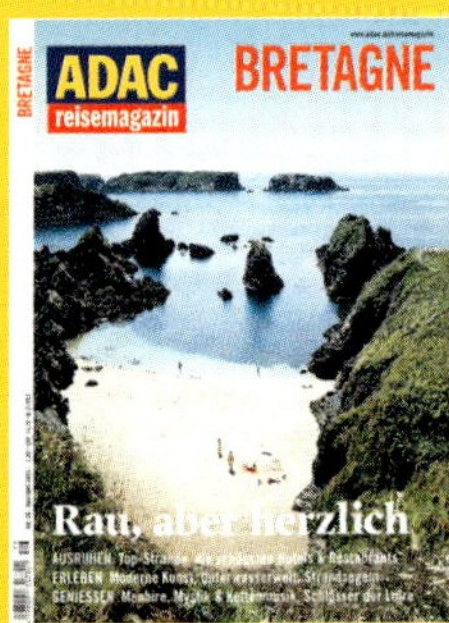
ADAC
reisemagazin
BRETAGNE
Rau, aber herzlich

ADAC
reisemagazin
DEUTSCHLAND
NEU ENTDECKEN
Wellness auf SYLT
Paddeln in Thüringen
Wandern am Rhein
Kunst in BERLIN
Mehr als 150 Urlaubsideen – von Sylt bis zum Starnberger See

ADAC
reisemagazin
ECUADOR
PERU
BOLIVIEN
Im
Reich der
Inka
GALAPAGOS
AMAZONAS INDIOS
VULKANE
REPORTAGEN, TIPPS & DIE BESTEN ADRESSEN VON LIMA BIS LA PAZ

ADAC
reisemagazin
ITALIENISCHE
SEEN
Italiens blaue Wunder
GARDASEE LAGO D'ORTA TRENTINER SEEN
LAGO MAGGIORE COMER SEE LAGO D'ISEO
REPORTAGEN UND DIE BESTEN TIPPS VON SÜDTIROL BIS PIEMONT

ADAC
reisemagazin
KROATIEN
Die Stars der Adria
DUBROVNIK TOP-STRÄNDE INSELHÜPFEN
ZAGREB RAFTING ISTRIEN KÜSTEN-SEGLER
350 TIPPS: RESTAURANTS, HOTELS, CAMPINGPLÄTZE & MEHR

ADAC
reisemagazin
MÜNCHEN
Die bewegte Stadt

ADAC
reisemagazin
ROM
Ewig schön, ewig jung

ADAC
reisemagazin
SÜDAFRIKA
UND NAMIBIA
Auf neuen Pfaden
ZIELE Nationalparks, schöne Lodges, Drakensberge, Garden Route
ENTDECKUNGEN Strandmetropole Durban, Fußball, Wein
ABSTECHER Lesotho, Johannesburg, einmal quer durch Namibia
43 SEITEN EXTRA: DIE BESTEN TIPPS FÜR KAPSTADT UND DAS KAP

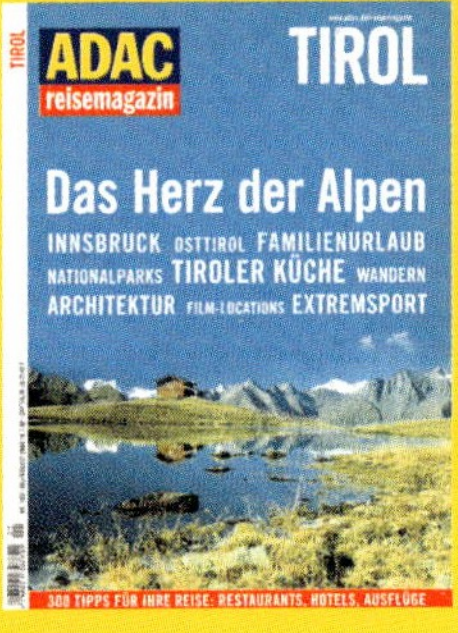
ADAC
reisemagazin
TIROL
Das Herz der Alpen
INNSBRUCK OSTTIROL FAMILIENURLAUB
NATIONALPARKS TIROLER KÜCHE WANDERN
ARCHITEKTUR FILM-LOCATIONS EXTREMSPORT
300 TIPPS FÜR IHRE REISE: RESTAURANTS, HOTELS, AUSFLÜGE

ADAC
reisemagazin
USA
WESTKÜSTE
Amerikas schönste Seiten
SAN FRANCISCO LOS ANGELES HOLLYWOOD
LAS VEGAS SEATTLE NATIONALPARKS
UND TOP-TIPPS AUS KALIFORNIEN, OREGON, WASHINGTON & NEVADA

ADAC
reisemagazin
VIETNAM
LAOS & KAMBODSCHA
Stop-over
zwischen den Zeiten

ADAC
reisemagazin
WIEN
Glanzvoller Auftritt
OUVERTÜRE Prächtige Paläste, Burgtheater, Museen, Sängerknaben
SZENE Leopoldstadt, Nachtclubs, Architektur-Avantgarde
GRÜNES FINALE Prater, Heurige, Donau-Auen, Ausflugsziele
KLEINE PAUSEN KAFFEEHÄUSER, RESTAURANTS, GASTGÄRTEN

Impressum

Redaktionsleitung: Dr. Dagmar Walden
Lektorat: Irene Unterriker
Bildredaktion: Irene Unterriker, Astrid Rohmfeld
Karten: Mohrbach Kreative Kartographie, München (Umschlag), Huber Kartographie, München (innen)
Herstellung: Martina Baur
Druck, Bindung: Stürtz GmbH, Würzburg
Printed in Germany

Ansprechpartner für den Anzeigenverkauf:
Kommunalverlag GmbH & Co KG, MediaCenterMünchen, Tel. 089/92 80 96 44

ISBN 978-3-89905-445-3
ISBN 978-3-89905-713-3 Reiseführer Plus

Gedruckt auf chlorfrei gebleichtem Papier

Neu bearbeitete Auflage 2009

Bildnachweis

Umschlag-Vorderseite: Blick vom Piazzale Michelangelo über die Arnostadt
Foto: Bildagentur-online, Burgkunstadt
Umschlag-Vorderseite Reiseführer Plus: Die Altstadt von Florenz erstrahlt im Abendlicht
Foto: Visum, Hamburg (Alfred Büllesbach)

Titelseite
Oben: Hort weltberühmter Kunstwerke – die Uffizien (Wh. von S. 42/43)
Mitte: Grandiose Fresken zieren die Cappella Brancacci in Santa Maria del Carmine (Wh. von S. 11)
Unten: Ein wunderbares Stadtpanorama bietet der Blick vom Piazzale Michelangelo (Wh. von S. 6/7)

akg-images, Berlin: 7 Mitte (Rabatti-Domingie), 9 Mitte, 26 (Orsi Battaglini), 29, 65, 76 (Rabatti-Domingie), 84 (Erich Lessing), 86 (Andrea Jemolo), 87 (Rabatti-Domingie), 90/91 (Orsi Battaglini), 93, 94/95 (Erich Lessing), 97 unten (Electa), 105 (Gérard Degeorge), 113 (Rabatti-Domingie), 123, 124/125 (Orsi Battaglini), 140 unten, 140/141 (Rabatti-Domingie), 148 unten (Orsi Battaglini) – Raffaelo Bencini, Florenz: 44(2), 47 oben, 64, 71, 74, 80/81, 90, 97 oben, 101, 117, 120 oben, 133, 139 – Bildagentur-online, Burgkunstadt: 98/99, 144/145 – Bilderberg, Hamburg: 41 (Berthold Steinhilber) – Bridgeman Art, Berlin: 33 – Das Fotoarchiv, Essen: 10, 156 unten links (Masino) – dpa-Picture-Alliance, Frankfurt am Main: 16 (akg-images), 30 (akg-images/Andrea Jemolo), 55 (chromorange), 114 (Uwe Gerig) – Hartmut Friedrichsmeier, Hamburg: 66/67, 104 (R. Kutter), 110/111, 127 oben (D. Renckhoff), 132 (2) (R. Kutter), 146 unten (D. Renckhoff) – Gruppe 28, Hamburg: 28, 121 (Hans Madej) – Bildagentur Huber, Garmisch-Partenkirchen: 6/7 (G. Simeone), 18/19 (Gräfenhain), 27 (Puku), 30/31 (Kaos 02), 88 unten links (Bruno Morandi), 130/131, 131 oben (Kaos 03), 156 Mitte (G. Simeone), 161/1 (Kaos 03) – Ifa Bilderteam, Ottobrunn: 6 Mitte (Siebig), 11 unten rechts (Shashin Koubou), 68/69 (Wh. von S. 11) – Ippodromi Cascine Srl, Florenz: 81 – Istituto e Museo di Storia della Scienza, Florenz: 48 unten – Laif, Köln: 70 (Galli), 122 (Raffaele Celentano) 156 oben links (Sabine Bungert), 169 (Galli) – Look, München: 8 links unten (Peter Richter), 22 (Rainer Martini), 44/45, 47 unten (Wh. von S. 8), 50/51, 100/101, 130 oben (Jürgen Richter), 156 oben rechts (Wh. von S. 22) – mauritius images, Mittenwald: 56/57 (Rolf Hicker), 58 (CuboImages), 60 (Cash), 61 (age), 108/109 (CuboImages), 147 (imagebroker/Raimund Kutter), 149 (CuboImages), 156 unten rechts (Wh. von S. 61), 161/3 (Poehlmann) – Peter Mertz, Innsbruck: 52 –Museo Stibbert, Florenz: 77 – Jürgen Richter, München: 23, 24/25, 39 unten, 82/83, 88 unten rechts, 102 oben, 102/103, 108 oben, 129, 137, 138, 142/143, 152/153, 161/2, 161/4, 163, 164, 172, 177, 178 – Schapowalow Bildagentur, Hamburg: 7 oben (FAN), 8 rechts (SIME), 11 oben, 11 Mitte, 32, 35, 53, 45, 62, 78 (Atlantide), 85 (SIME), 92, 106, 119 (Atlantide), 120 unten (Cora), 124, 134/135 (Atlantide), 146 oben (SIME), 155 oben (Atlantide), 162 (Cora), 165 (Wh. von S. 11) – Süddeutscher Verlag (DIZ), München: 13, 14, 15, 16 oben, 40, 49, 116 – Martin Thomas, Aachen: 39 – Ufficio Stampa, Palazzo Vecchio, Florenz: 17 – Ullstein Bild, Berlin: 8 links oben (imagebroker.net), 11 unten links (Alinari Archive, Florenz), 36/37 (Maier/Ex-Press), 48 oben (Aisa), 79 (Alinari Archive, Florenz), 89 unten (imagebroker.net – Egmont), 107 oben (Alinari Archive, Florenz), 107 unten (Luisa Ricciarini), 170 (Wh. von S. 8) – Visum, Hamburg: 8/9 oben (Alfred Büllesbach), Hanna Wagner, Wörth: 74, 74/75 – Thomas Peter Widmann, Regensburg: 20/21, 58/59, 88/89, 111 oben, 126/127, 148 oben, 155 unten, 175 – Ernst Wrba, Wiesbaden: 56, 66 – Fulvio Zanettini, Köln: 43, 99

1 Tag in Florenz

Den Morgen sollte man sich für die zentralen Plätze reservieren: die **Piazza del Duomo** [Nr. 1] mit **Dom** [Nr. 3] und **Baptisterium** [Nr. 2], danach zur **Piazza della Signoria** [Nr. 10] mit **Palazzo Vecchio** [Nr. 11] und **Loggia dei Lanzi** [Nr. 12] und im Rivoire, dem

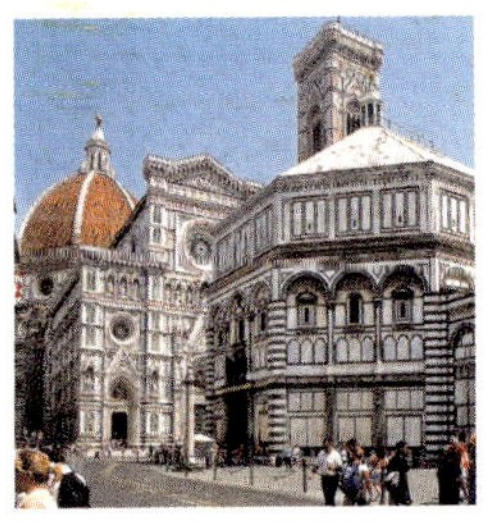

schönsten Café von Florenz, eine heiße Schokolade oder einen Cappuccino trinken und dabei die Platzanlage genießen. Nachmittags kann man über den belebten **Ponte Vecchio** [Nr. 83] zum **Palazzo Pitti** [Nr. 85] gehen und im Grün des **Giardino di Boboli** [Nr. 86] spazieren gehen. Für den frühen Abend bietet sich ein Gang durch die elegante **Via dei Tornabuoni** [Nr. 29] an, bei dem man je nach Belieben die Auslagen bestaunen oder sich von den Waren zum Kauf verlocken lassen kann. Nach dem Abendessen lohnt ein Gang über die **Piazza Santo Spirito** [Nr. 91] mit ihrem jugendlichen Treiben und einladenden Cafés. Als Alternative bietet sich je nach Saison der Genuss klassischer Musik im Teatro Comunale sowie Ballett im Teatro Romano.

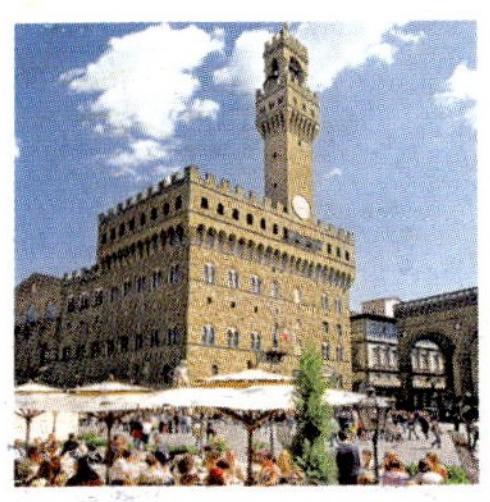

1 Wochenende in Florenz

Freitag: Ein Bummel durchs Zentrum, wobei das Auge durch die Fassaden der Palazzi und Kirchen sowie die edlen Auslagen der Geschäfte Abwechslung erfährt. Nach einer Stärkung mit Cappuccino und Gebäck oder einem Tramezzino in einer der vielen Bars geht es zum **Dom** und **Baptisterium**. Anschließend kann man entweder Domkuppel oder **Campanile** [Nr. 4] besteigen, um Florenz von oben zu genießen. Abends an der **Piazza Santo Spirito** essen und dem Treiben der Florentiner Jeunesse zuschauen, danach ein Bummel über den **Ponte Vecchio** mit Blick über den Arno und die Brücken von Florenz zur **Piazza della Signoria**, an den fliegenden Händlern und vielen Musikanten vorbei.

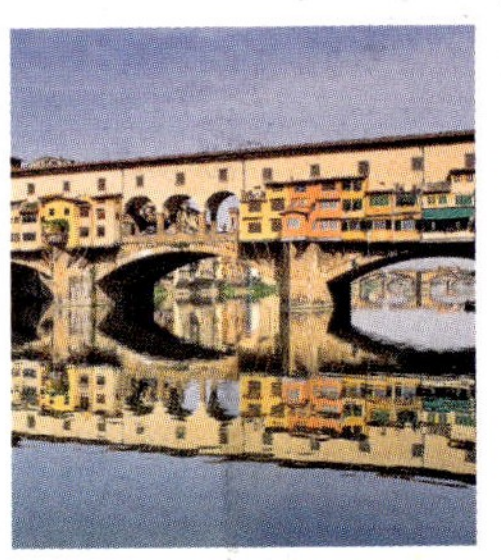

Samstag: Vormittags in die **Galleria degli Uffizi** [Nr. 13] – frühzeitiges Reservieren der Eintrittskarten statt Schlange stehen lohnt sich – oder zur Piazza San Lorenzo, um nach Besuch von Kirche [Nr. 49] und **Cappelle Medicee** [Nr. 50] dem herrlich bunten Treiben in den Markthallen des Mercato Centrale zuzuschauen und toskanische Leckereien einzukaufen. Anschließend lohnt ein Bummel durch die Marktstände mit Kleidung, Schuhen und Souvenirs in den Straßen rund um den Platz. Nachmittags eine der beiden Bettelordenskirchen **Santa**

Croce [Nr. 72] oder **Santa Maria Novella** [Nr. 38] mit ihren berühmten Freskenausstattungen anschauen und in den umliegenden Gassen eigene Entdeckungen machen. Abends Tischreservierung in einem der feinen Restaurants an der Via Ghibellina oder ein Konzert in der Kirche **Santo Stefano al Ponte** [Nr. 36].

Sonntag: Morgens im **Museo di San Marco** [Nr. 59] die Mönchszellen mit den berühmten Fresken Fra Angelicos bewundern – auch hier schützt frühes Reservieren vor langen Wartezeiten. Weiterer Kunstgenuss bietet sich gleich um die Ecke mit *Andrea del Castagnos* Abendmahlfresko im **Cenacolo di Sant'Apollonia** [Nr. 57]. Nachmittags zum **Palazzo**

Pitti und im **Giardino di Boboli** schlendern, als krönenden Abschluss der Genuss eines Eisbechers auf der **Piazzale Michelangelo** [Nr. 101] mit dem herrlichen Blick auf Florenz und die umliegenden Hügel.

ADAC-Autovermietung
EUROPA
Mit uns kommen
Sie weiter!
Zielort durchstarten.
ADAC
. Besser dran.